복음의 다섯 꼭짓점

# 복음의
# 다섯 꼭짓점

복음을 복음 되게 하는 다섯 가지 '오직'을
다시 변호하고 선포하라!

● ● ● ● ●

박순용 지음

아가페

## 추천의 글

이 책 『복음의 다섯 꼭짓점』은 각 장에 성경의 가르침에 대한 경건한 묵상과 더불어 교회 역사의 교훈에 대한 혜안이 풍성하게 담겨 있습니다. 또 종교개혁 이후 진행된 개혁신학의 역사와 신학을 녹여낸 실천적이며 목회적인 적용과 대안을 탄탄한 학문적 이해 위에서 설득력 있게 제시합니다. 그리고 오늘날 한국 교회 강단과 목회 가운데 발생한 여러 한계와 문제의 원인이 복음을 수단화했기 때문이라고 정확하게 진단합니다. 그러면서 종교개혁자들이 내세운 다섯 가지 구호를 통해 한국 교회의 개혁을 위한 유용한 대안을 제시합니다. 이 진단과 대안 제시는 짧은 숙고로 준비된 것이 아닙니다. 이 책의 모든 내용은 지난 5년에 걸친 컨퍼런스를 통해 여러 목회자가 함께 기도하고 토론하면서 정련한 결정체입니다. 그래서 이 책은 하나님께서 지금도 이 땅에 자신의 자녀를 불러 참된 교회를 세우고 계심을 확신하며 고백하는 모든 독자에게 귀중한 지침서가 됩니다. 세상을 이기신 예수 그리스도를 주로 고백하고 따르는 모든 목회자와 신학생 그리고 성도들에게 이 책을 적극 추천합니다.

_ 김요섭(총신대학교 신학대학원 역사신학 교수)

『복음의 다섯 꼭짓점』은 성경이 가르치는 복음과 개혁주의 신학의 요약이라고 말할 수 있습니다. 복음을 담은 성경의 절대적 위치를 말하는 '오직 성경', 복음의 내용 자체를 말하는 '오직 그리스도'와 '오직 은혜', 그리고 복음을 알고 소유하게 되는 복된 길 '오직 믿음', 복음을 믿은 신자의 자연스러운 반응과 삶을 말하는 '오직 하나님께 영광'으로 다섯 개의 솔라(오직)를 정리한 박순용 목사님의 가르침은 정말 탁월합니다. 본서는 성경 말씀과 건전한 교리 그리고 신자의 삶이 '다섯 가지 오직'의 원리 안에서 어떤 방식으로 통합되는지 특히 잘 가르쳐줍니다. 저자의 노고를 통해 독자는 풍성하고 균형 잡힌 관점에서 종교개혁과 개혁주의 신학의 핵심 원리를 공부할 수 있습니다. 본서를 통해 한국 교회가 성경의 신리를 세계적으로 배우고 적용하기를 소원합니다. 끝으로 한국 교회를 위해 꼭 필요한 작업을 해주신 박순용 목사님의 귀한 노고에 진심으로 감사드립니다.

_ 안상혁(합동신학대학원대학교 역사신학 교수)

한국 교회는 하나님을 기쁘시게 하는 게 아니라 사람을 만족시키고 인간의 생각이 지배하는 곳으로 변해가고 있지는 않은지 겸손히 돌아보아야 할 시점이 되었습니다. 저는 몇 가지 이유로 본서를 적극 추천합니다.

첫째, 본서는 현대 교회를 어떻게 다시 복음의 토대 위에 올려놓을 수 있을지 지난 10년간 깊이 기도하고 고민하고 공동으로 연구한 결과물이라는 점에서 가치가 있습니다. 둘째, 본서는 종교개혁의 5대 정신 해설을 넘어, 복음을 회복하고 궁극적으로 하나님께 영광 돌리기 위한 목회자이자 개혁신학자인 저자의 깊은 성찰과 선명한 방향 제시가 드러난 역작입니다. 셋째, 종교개혁 시대의 다섯 가지 솔라(SOLA)가 현대에 와서 어떻게 무의미하게 되었는지 신학사와 철학사적 맥락에서 명확하게 짚어주고 있습니다. 마지막으로, 자신의 현학을 자랑하는 태도가 아니라 복음과 교회를 사랑하는 거룩한 열정이 느껴져 더 큰 감동을 줍니다. 독자들이 이 책을 읽으며 개혁신학과 교회를 향한 열정을 회복할 수 있을 거라 확신합니다. 땀 흘리며 수고한 박순용 목사님에게 감사와 격려의 마음을 전합니다.

_ 안인섭(총신대학교 신학대학원 역사신학 교수 / 총신대 개혁신학연구처장)

아담 이래로 전적인 타락과 무능에 빠진 인간에게 오직 그리스도, 오직 은혜 그리고 오직 믿음의 길 외에는 소망이 없었습니다. 이를 온 영혼으로 인식하고, 우리 인생의 목적이 자아실현이나 재화축적에 있지 않고, 창조주이자 구속자이신 하나님의 영광을 위해 사는 데 있다는 것, 그리고 우리의 신앙과 삶의 기준이 성경 외에는 없음을 믿고 살아내는 것은 단순히 학문적인 관심사이거나 특정인에게만 해당하는 것이 아닙니다. 그리스도를 주와 구주로 믿는 신실한 모든 그리스도인에게 다섯 가지 오직은 지성과 가슴으로 믿고 삶으로 고백해야 할 핵심적 진리입니다. 이 중요한 종교개혁의 다섯 요점에 대해 이 책은 명쾌하게 잘 해명하고 있습니다. 참교추 세미나에서 5년간 전한 10편의 강의를 이렇게 책으로 출간하게 되어 매우 기쁩니다. 속 빈 강정같이 빈 구호로 남발되기도 하는 다섯 가지 오직의 내용이 무엇인지 진지하게 고민하는 많은 그리스도인에게 본서를 추천합니다. 종교개혁의 요점이 잘 이해될 뿐 아니라, 이 다섯 가지 진리의 장작으로 신앙의 열정이 다시 불붙게 되기를 소망합니다.

_ 이상웅(총신대학교 신학대학원 조직신학 교수)

종교개혁은 '오직'(sola)이라는 이름으로 '그리고'(et)에 기초한 로마교회를 개혁했습니다. 이 오직은 참된 교회가 주님 오실 때까지 계속 지켜가야 할 위대한 유산입니다. 그러나 다원화 된 사회에서 오직이라는 구호는 사람들에게 호소력을 잃고 있습니다. 그들에게 오직은 아주 배타적이고 독선적이라는 인상을 줍니다. 따라서 오늘날 교회는 믿음의 젊은이들에게 오직의 의미를 정확히 전달해야 할 뿐 아니라, 아름답고 설득력 있게 전해야 할 책임이 있습니다. 이 점에서 박순용 목사님의 『복음의 다섯 꼭짓점』의 출간을 기쁘게 생각합니다. 이 책은 독자들에게 오직을 잘 이해시켜 이 시대의 교묘한 오류를 분별하게 할 뿐 아니라, 오직에 담겨 있는 풍성한 삶을 사랑하고 열망하게 만듭니다. 이 책이 오직의 중요성뿐 아니라 오직의 아름다움을 느끼게 하기 때문입니다. 목회자들이 이 책을 읽고 성도를 잘 가르친다면, 교회 전체가 큰 유익을 누리게 될 것이라고 확신합니다.

_ 이성호(고려신학대학원 역사신학 교수)

# CONTENTS

**추천의 글** 005

**들어가며** 012

01  왜 '오직 성경'이어야 하는가   019

02  '오직 성경' 위에 선 신앙과 삶 그리고 목회   046

03  대체할 수 없는 '그리스도'(1)   074

04  대체할 수 없는 '그리스도'(2)   096

05  참 생명을 긷는 유일한 샘 '은혜'   139

06 교회가 선명하게 경험하고 선포해야 할 '오직 은혜'　167

07 거센 풍랑 속에 선 '오직 믿음'　197

08 지금도 복음의 대답은 '오직 믿음'　223

09 보고 놀라서 찬양해야 할 '나타난 하나님의 영광'　254

10 목마름으로 구해야 할 '오직 그 영광'　277

주　311

들어
가며

## 복음은
## 교회의 생존 수단이 아니다

　우리가 사는 이 시대는 객관적 진리나 절대적 권위 같은 것을 인정하지 않으려는 정신이 팽배합니다. 모든 사람이 따라야 할 도덕적 기준이 있는지 의심하며, 그보다는 개인의 판단과 생각, 취향과 기호를 더 중시합니다. 그 결과 자신을 최고 권위자로 여기며, 선택과 행위의 궁극적인 동기와 목적을 자신의 유익 여부에 둡니다. 오늘날 교회는 이 같은 포스트모더니즘 자아관이 보편화 된 환경에서, 복음으로 사람들을 일깨우며 구원으로 이끌고자 애쓰고 있습니다. 그러나 이러한 시대적 분위기로 교회는 존폐마저 크게 위협받고 있습니다.

　여기서 주목하고 주의해야 할 것이 있습니다. 오늘날 교회는 이 시대 사람들에게 호응을 얻기 위해 다양한 시도를 해왔습니다. 그러나 그 결과에 대해서는 누구도 책임지지 않는 안타까운 변화가 뒤따르게 되었습니다. 곧 하나님의 말씀, 진리의 복음을 사람들의 입맛에 맞게 전함으로써, 주관적인 성경 이해와 자아 중심적인 신앙생활이 교회 안에 자리 잡으며, 그 같은 교회 분위기와 문화를 형성했습니다.

예를 들면, 복음이 세속적 성공에 대한 동기와 정당성을 부여하고 용기를 북돋아주는 실용주의적 메시지나, 죄를 질병 같은 것으로 축소해 다루는 심리 치유적인 메시지 또는 좀 더 나은 삶에 도전하는 도덕주의적인 메시지 등으로 변형되어 가는 것입니다. 요즘은 거기서 더 나아가, 포스트모던 시대 사람들의 헛된 갈망과 욕구를 깨뜨리고 해결해 줄 이는 오직 예수 또는 복음밖에 없다는 나름대로 건전한 생각을 가지고, 사람들의 복잡한 감정에 대한 해결책으로 기획하고 맞춘 메시지를 복음으로 전하는 현상까지 나타나고 있습니다. 이런 시도는 사람들을 불러 모으는 데는 효과적일 수 있습니다. 그러나 동시에 예수를 믿는다고 하면서, 이 시대 정신에 따른 생각과 마음으로 사는 사람도 늘고 있습니다. 문제는 그로 인해 교회 안에 형성되는 영적인 흐름에 대해서는 아무도 책임지지 않는다는 것입니다. 복음을 듣고 진실로 예수 그리스도를 믿게 되었으면, 성령에 의한 두 가지가 변화가 뚜렷하게 있어야 합니다. 하나는 옛 생활에서 돌이켜 예수 그리스도를 자신의 구주와 주로 믿는 것이고, 또 하나는 그로부터 거룩함으로 나아가는 것입니다. 그런데 오늘날 복음을 듣고 믿었다고 하는 사람들에게서 그런 변화는 찾아보기 어렵고, 그렇지 못한 태도가 그리스도인으로서 수용되고 인정되는 분위기입니다.

## 복음은 교회의 존재 이유다

우리는 이런 현실 앞에서 더 진지하게 질문해야 합니다. 단순히 어떻게 살아남을 것인가, 교회의 존속을 위해 필요한 것이 무엇인가 하는 질문을 넘어, 교회는 왜 존재해야 하는지 물어야 합니다. 교회의 존속을 위해 이 시대에 적응된 기독교 진리가 아니라, 복음을 참되게 보존하고 전하기 위해 교회가 존재한다는 의식을 회복해야 합니다.

그런 자각 속에서 참교추(참된 교회를 추구하는 목회자들의 모임)에 속한 목회자들은 10년 전부터, 오늘날 교회 안에 복음이 타협되고 가려진 실상에 대해 고민하며, 이런 현실을 두고 기도해야 할 필요성에 공감하게 되었습니다. 그리고 그에 따라 교회의 생명과도 같은 복음, 우리가 바르게 알고 품고 불타는 마음으로 지키고 전해야 할 기독교의 핵심을 컨퍼런스에서 함께 나누기로 했습니다. 그에 따라 참교추 컨퍼런스에서는 복음을 가린 여러 현실을 돌아보고, 종교개혁 이래 믿음의 선배들이 힘써 외치며 수많은 사람을 일깨우고 회심과 거룩한 변화로 이끌어 참된 교회를 세우게 한 기독교 핵심 5솔라(SOLAs)를 하나씩 다루게 되었습니다.

이 책은 바로 그 다섯 가지 기독교의 핵심을 5년에 걸쳐 다룬 내용을 담았습니다. 종교개혁 500주년 이전부터 오늘날 기독교와 교회시역 현장과 그리스도인의 신앙과 삶에 대한 고민에 이르기까지 초점을 맞추고 있습니다. 그래서 여기서는 종교개혁 원리나 5솔라에 대한 지식을 정리하지는 않았습니다. 다만 이 세상이나 시대정신을 탓하기 전에 사람들을 구원하고 이 땅에 참된 교회를 세우는 복음, 궁극적으로 하나님의 영광을 사람들에게 드러내 그분께 영광 돌리게 하는 복음의 회복을 갈망하며, 참교추 컨퍼런스에서 이 시대를 섬기는 목회자들과 교회를 위해 나눈 내용입니다.

컨퍼런스에서 여러 목회자와 성도들이 그랬던 것처럼, 이 책을 통해 다시 한번 우리가 가진 복된 유산이 목회자와 모든 예수 믿는 자들의 사역과 삶에서 결코 놓쳐서는 안 되는 것임을 확신하고 깊이 공감하게 되길 소망합니다. 교회가 아무리 외적으로 성공해도 이것을 잃거나 놓치면 성공일 수 없습니다. 외적인 성공이 오히려 기독교를 오염시키고 잘못된 신자를 양산하는 결과를 낳을 수 있다는 무거운 책임감이 필요합니다. 하나님의 참된 역사 속에 항상 있던 것, 그리고 앞으로도 영혼을 구원하고 이 땅에서 참된 교회를 세우기 위해 꼭 있어야 하는 이 진리가, 교회 안에서 견고하게 보존되고 이 땅에 풍성하게 전해지길 간절히 기도합니다. 이 진리를 가감 없이 열정적으로 전할 사역자들과, 또 그들을 통해 복음과 은혜의 영광에 열심을 품는 주의 백성을 일으켜 주시기를 간구합니다.

"다른 복음은 없나니 다만 어떤 사람들이 너희를 교란하여
그리스도의 복음을 변하게 하려 함이라"
_ 갈라디아서 1장 7절

복음은 교회의 생존 수단이 아니다.
교회의 존재 이유다!

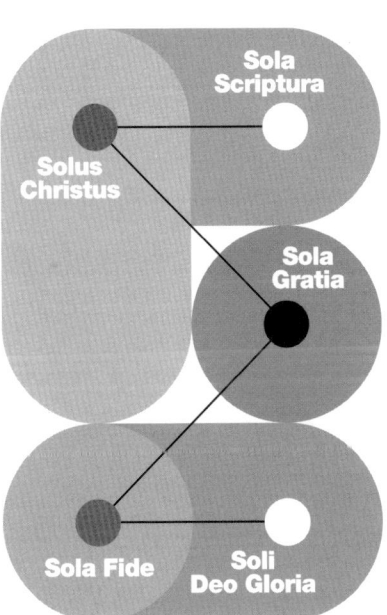

FIVE SOLAS

# 01

## 왜 '오직 성경'이어야 하는가

또 어려서부터 성경을 알았나니 성경은 능히 너로 하여금 그리스도 예수 안에 있는 믿음으로 말미암아 구원에 이르는 지혜가 있게 하느니라 모든 성경은 하나님의 감동으로 된 것으로 교훈과 책망과 바르게 함과 의로 교육하기에 유익하니 이는 하나님의 사람으로 온전하게 하며 모든 선한 일을 행할 능력을 갖추게 하려 함이라 _ **딤후 3:15-17**

### 진정한 의미에서 복음의 능력

복음은 가망 없는 죄인을 위해 하나님 편에서 은혜로 행하신 일을 말합니다. 그러한 하나님의 역사(役事)는 창세기부터 요한계시록에 이르기까지 면면히 흐르고 있습니다. 특히 우리 주 예수 그리스도 안에서 구체적으로 드러났습니다. 일반적으로 복음은 타락한 우리를 찾아 육신을 입고 친히 이 땅에 오신 그리스도의 인격과 사역, 그리고 그분으로 인해 우리가 누리게 된 모든 것으로 말할 수 있습니다. 믿음의 선배들은 바로 그와 같은 내용을 '다섯 가지 오직'(Five Solas)으로 요약해서 표현하기도 했습니다.

이 다섯 가지에는 복음을 담은 성경의 절대적인 위치를 말하는 '오직 성경'(Sola Scriptura)과 복음의 내용 자체를 말하는 '오직 그리스도'(Solus Christus)와 '오직 은혜'(Sola Gratia), 그리고 그와 같은 복음을 알고 소유하는 복된 길을 말하는 '오직 믿음'(Sola Fide), 마지막으로 복음을 알고 소유한 자가 이해하고 그 가운데서 자연스럽게 반응하고 살아내는 '오직 하나님께 영광'(Soli Deo Gloria)이 있습니다. 이런 것을 단순한 교리 지식이나 생기 없는 죽은 관념으로 반복해 말하는 것은 아무 소용 없습니다. 이 책을 통해 복음이 왜 하나님의 능력인지, 이 복음이 어떻게 우리의 신앙과 삶 그리고 사역에 역동성을 갖게 하는지를 생각하고 확인해야 합니다.

어떤 사람들은 과장과 감상적인 표현으로 감정을 부풀려, 마치 자신이 복음의 영광스러움을 알고 있는 것처럼 말합니다. 여기서 생각해야 할 것은 우리가 가진 복음이 중요하다는 지식, 복음은 하나님의 능력이라는 지식을 우리 스스로 드러내려는 것과, 우리가 복음을 증언할 때 하나님께서 허락하시는 '성령의 나타나심' 사이의 차이입니다. 바울은 "내 말과 내 전도함이 설득력 있는 지혜의 말로 하지 아니하고 다만 성령의 나타나심과 능력으로 하여"(고전 2:4)라고 말했습니다.

이 두 가지는 같은 것이 아닙니다. 우리가 복음의 가치와 중요성, 특히 복음을 통한 하나님의 능력과 그러한 복음을 전하는 영광스러움을 머리로 알고 열변을 토하면서 가르치고 전하는 것 자체를 성령의 나타나심과 능력으로 여기는 것은 착각입니다. 아무리 청교도나 탁월한 믿음의 선배들의 사상과 말을 인용하면서 많은 지식을 쏟아

내도, 그것이 곧 성령의 나타나심과 능력은 아닙니다. 그러나 우리는 얼마든지 이런 식의 자기기만 가운데 사역하면서 자아도취에 빠질 수 있습니다.

성령의 나타나심과 능력은 우리가 사역 가운데 전하는 지식과 드러내는 감정을 넘어섭니다. 그것은 생명의 역사 곧 거듭남과 회심이 있고, 그로 인해 사람의 인격이 거룩하게 변하는 것, 사람이 이전과 달리 하나님을 향하게 되는 그야말로 하나님께 속한 능력입니다. 이와 같은 성령의 나타나심과 능력, 그리고 그에 따른 생명의 역사와 거룩한 변화는 단순히 사람이 교회생활을 잘하게 되는 것과는 다릅니다. 성령의 나타나심과 능력은 결국 복음을 전하는 자나 듣는 자를 모두 거룩한 변화로 이끕니다. 자칫 우리는 과거의 탁월한 선배들을 모방하면서, 그들과 우리 자신을 동일시하며 스스로 바른길을 가고 있다고 자위할 수 있습니다. 그러나 복음을 말할 때 진정으로 있어야 하는 것은 성령의 나타나심과 능력, 곧 우리 자신을 부정하고 오직 하나님과 예수 그리스도가 드러나는 거룩한 변화입니다.

## 우리는 과연 '오직 성경' 위에 서 있는가

제2차 세계대전 후 암울한 영적 분위기 속에서, 영국에서는 로이드 존스 목사가 소위 개혁주의 신학의 부흥을 일으킵니다. 1970년대 이후 미국에서도 개혁주의 신학의 부흥이 일기 시작합니다. 그런 영향 아래 우리나라에서도 최근 많은 젊은 목회자와 청년들 사이에서 개혁주의에 대한 관심이 일고 있습니다. 이것은 분명

고무적인 현상입니다.

  그러나 그런 긍정적인 움직임 가운데서 발견되는 한 가지 안타까운 사실은, 개혁주의를 말하는 사람들이 자신이 읽고 배운 것으로 서로 판단하면서, 오히려 개혁주의에 대한 부정적인 생각을 갖게 만드는 것입니다. 그리하여 결국 개혁주의를 스스로 못 박고 있습니다.

  신천지 같은 이단이 득세하고 기독교인이 욕먹는 현실 속에서, 바른 신앙을 추구하는 것은 분명 긍정적인 일입니다. 그러나 사탄은 간교하게도 바른 것을 추구하는 사람들 사이에도 가라지를 뿌려, 복음을 통한 능력이 더욱 풍성히 나타나고 하나님께 영광 돌리는 것을 가리고 있습니다. 그 결과 바른 신학과 신앙을 추구하는 것도 이제는 의심의 눈과 거부감을 가지고 바라보게 되었습니다. 우리는 이런 현실 속에서 신앙과 사역이 성경적인지 진단하고 바르게 세우기 위해 고민해야 합니다. 이러한 고민과 관련해 어느 목회자가 다음과 같은 이메일을 보내왔습니다.

> 한국 교회는 무엇인가 잘못 되어가고 있다는 징후가 여기저기서 점점 더 분명하게 나타나고 있음을 부정할 수가 없습니다. 제가 볼 때, 한국 교회는 참으로 혼란스럽습니다. 교회마다 아무것도 하지 않는 사람을 용납하지 않습니다. 다들 뭔가를 열심히 합니다. 그러나 마치 길을 잃은 아이가 열심히 길을 찾지만 집에서 점점 더 멀어지는 것같이, 교회 상황은 목표를 정하고 열심히 실천해 가는데도 점점 더 심각해지고 있습니다. 그런데 정작 부표처럼 떠도는 한국 교회의 많은 운동을 주도하는 사람을 만나보면, 주장의 근거로 성

경을 제시하고 있는 아이러니를 봅니다. 심지어 구원파나 신천지도 자신들이야말로 성경적이라고 주장합니다.

이처럼 성경적이지 못한 단체가 스스로 성경적이라고 포장하거나 주장하는 사례를 쉽게 찾아볼 수 있습니다. 이런 상황에서 단순히 성경으로 돌아가자고 목청 높여 외치는 것은 별 소용이 없어 보입니다. 오히려 정말 성경적인지 고민하게 됩니다. 최근에 데이비드 웰스(D. Wells)의 『신학실종』과 리처드 멀러(R. Muller)의 『신학 공부 방법』을 읽으면서 그 질문에 대한 고민은 더 깊어졌습니다. 교회가 성경을 따라 방황하는 것은 웰스 말대로, 곧 교회가 성경을 버리지 않았지만 성경을 교회 중심에 두는 것은 부담스러워하고 있으며, 성경을 버리지 않음으로 성경의 흔적은 쉽게 찾아볼 수 있어도 성경이 교회 중심에 있는가는 의문스럽다는 것입니다. 지금 한국 교회의 전반적인 분위기는 성경을 열심히 읽는 사람조차도 성경에 대해 감정적이고 신비주의적으로 반응할 뿐 신학적이고 실천적으로 반응하지 못한다고 봅니다. 그것은 멀러의 말대로 교회 안에서 신학이 파편화되었기 때문입니다. 바로 그 신학의 파편화가 교회가 성경을 강요하면서도 정작 성경과는 점점 더 멀어지게 된 주요 원인이라고 생각합니다. 그래서 교회는 감정적이고 신비주의적이고 개인주의적인 방식으로 성경을 열렬히 환영하는 동시에, 교리적이고 통합적이고 전통적인 방식으로는 성경과 결별하게 되었다고 봅니다.

이 목회자의 말처럼 지금 고민해야 할 것은 성경을 얼마나 많이 언급하는지, 얼마나 많이 활용하는지의 문제가 아닙니다. 우리에게 정말 필요한 고민은, 우리가 성경의 복음이 무엇인지 진실로 알고, 그 복음 안에서 살아갈 만큼 성경이 말하는 것에 충실한가 하는 것입니다. 다시 말해, 우리는 신앙의 선배들이 외친 오직 성경 위에 서 있는가 하는 것입니다. 그래서 이 책에서는 다섯 가지 오직과 관련해 첫 번째로 성경에 충실한 목회와 교회는 무엇이며, 어떻게 그러한 교회를 세울지 신앙적이고 목회적인 고민을 다루고자 합니다.

## 익숙함으로는 충분치 않다

그리스도인으로서 성경은 매우 익숙합니다. 그래서 종종 성경을 다 아는 것처럼 가볍게 대합니다. 그러나 교회가 경험하는 대부분의 문제는 성경에서 벗어남으로써 야기됩니다. 따라서 '오직 성경' 위에 서 있는지는 심각하고 중대한 질문입니다. 오직 성경이 무너지면 모든 것이 무너지고, 가짜와 유사 신앙이 판치게 됩니다.

우선 몇 가지 질문을 자신에게 던져볼 필요가 있습니다. '나는 성경이 성령의 감동으로 된 하나님의 말씀임을 확고히 믿고, 그 권위를 나 자신과 다른 사람들의 대화 속에서, 그리고 말씀 증거 속에서 드러내고 있는가?' '오직 성경만으로 우리의 구원과 삶을 이끌어가기에 충분하다는 것을 실제로 믿음으로써, 성경 안에서 신앙을 갖고 그 믿음으로 살고 있는가?' '그런 가운데 성령의 나타나심과 능력을 경험하고 있는가?'

특별히 사역자에게 이 질문은 중요합니다. 사역자는 타락한 본성을 가지고 자기중심적으로 살고자 하면서 끝없이 자기에게 몰입하는 사람들에게, 심지어 교회를 다니면서도 그러고 싶은 본성을 가진 사람들에게, 세상과 마귀와 육체의 소욕으로부터 끝없이 죄의 유혹을 받는 사람들에게, 성령의 감동으로 된 성경을 전하는 사람입니다. 그럼으로써 성령께서 교훈하고 책망하고 바르게 하고 의로 교육하여, 하나님의 사람으로 온전하게 하시는 역사를 자신 안에서뿐 아니라 다른 사람 안에서도 보아야 할 사람입니다.

사역자뿐 아니라 모든 신자에게도 성경이 하나님의 말씀으로서 권위와 능력이 있음을 경험적으로 보는 것은 매우 중요합니다. 만일 이런 경험과 역사가 없다면, 자신이 오직 성경 위에 서 있지 않기 때문입니다. 이 문제는 우리가 생각하는 이상으로 중대하고, 오늘날 기독교가 난잡하고 혼란스러운 영적 현실을 갖게 된 중대한 원인이기도 합니다.

오직 성경 위에 서 있지 못한 현실은 오랜 세월 점진적으로 진행된 것이므로 심각성을 인식하지 못할 수도 있습니다. 그래서 어설픈 기초 위에 멋진 집을 지으려 애쓰고, 뿌리가 썩은 나무에서 좋은 열매를 기대하고 있는지도 모릅니다.

어떤 사람은 그러한 현재 모습을 돌아보는 데는 관심 없고, 오직 성경 위에 서 있는 신앙과 삶이 무엇인지만 알면 된다고 생각합니다. 그러나 그것은 문제를 제대로 보는 방법이 아닙니다. 성경은 항상 우리의 조건과 실상을 비추는 소극적이고 부정적인 내용을 먼저 말한 후에 적극적인 내용을 말합니다. 그런데도 우리의 본성은 소극적인 내용을 건너뛰고 싶어합니다. 자신의 실상이 밝혀지고, 자신의 죄악된 조건과 문제를 보는 것이 싫기 때문입니다. 특히 성공주의와 승리주의를 외치며 소위 번성신학과 긍정의 힘을 말하는 사람이 언제나 이 소극적인 것을 건너뜁니다.

그러나 그것은 하나님 말씀의 방식과 다른 길입니다. 먼저 오직 성경과 동떨어진 현실을 정확히 직시하고 그다음으로 나아가야 합니다. 먼저 오늘날 교회와 신자들이 오직 성경 위에 서 있는지 구체적으로 살펴보아야 합니다. 가톨릭이나 각종 이단 등은 차치하고라도, 소위 복음주의 진영에 속한 교회 역시 성경을 부지런히 사용하면서도, 실제적으로는 성경에서 이탈한 방향으로 나아가는 경우가 드물지 않기 때문입니다.

## 성경을 정말 하나님의 말씀으로 대하는가

지금도 우리는 계속 성경을 읽고 듣고 설교합니다. 그럼에도 우리의 현실은 '우리가 성말 성경적인가?'라는 질문을 갖게 합니다. 교회 안에서 성경을 사용하면서도, 동시에 성경이 말하지도 않는 신비주의적인 체험이나 심리적인 권면이 버젓이 통용되고 있기 때문입니다. 게다가 많은 사람이 성경이 자신에게 감동될 때만 하나님의 말씀인 것으로 여깁니다. 성경이 감동되지 않을 때는 하나님의 말씀이 아닌 것처럼 가볍게 취급합니다. 또 성경을 축복과 성공의 도구로 사용해, 그와 관련된 내용만 더 비중 있게 다루는 현상도 벌어지고 있습니다.

그러나 이 모든 것보다 더 보편적인 문제는, 성경을 읽든 듣든 공부하든 그저 지식으로만 알 뿐 하나님이 지금 말씀하시는 것으로 듣고 반응하지 않는 것입니다. 하나님의 말씀을 듣지만 두렵고 떠는 모습이 없고, 그 같은 중심 위에 선 신앙과 삶이 없습니다. 이것은 성경을 전하는 설교자에게서부터 나타나는 모습입니다. 성경을 기독교의 경전 정도로 대하는 것입니다. 그래서 하나님의 생생한 말씀을 경외심을 갖고 전하지 못하고 있습니다.

설교자부터 신자까지 성경을 자신의 취향과 원함에 따라 요리하고, 편리에 따라 얼마든지 더하거나 뺄 수도 있는 재료로 대하는 것입니다. 특히 설교자 중에는 신학교에서 배운 지식과 기술을 활용해 사람들에게 기독교적 내용을 알게 하고, 기독교적인 형식을 유지시키기 위한 차원에서 성경을 활용하는 사람도 있습니다. 성경이 그야말로 '쓸만한 연구 대상과 이용 도구'가 되고 있는 것입니다. 이러한 것은 성경이 무엇인지 모르는 오늘날 교회의 실상을 말해 줍니다. 데이비드 웰스는 『하나님의 거룩한 사랑』에서 이렇게 말했습니다.

> 하나님은 성경이 말하는 것을 말씀하신다. 따라서 하나님은 성경에 있는 말씀을 통해 우리에게 말씀하신다. 성경 말씀은 하나님의 말씀이다. 그리고 오늘날 우리가 하나님의 말씀을 읽거나 들을 때 성령이 그 말씀을 다시 우리에게 말씀하신다.[01]

그런데 오늘날 교회 안에 있는 많은 사람과 설교자는 더 이상 이런 사실을 믿지 않습니다. 이런 식으로 성경을 대하지도 않습니다.

성경을 말하면서도 하나님의 말씀이라 생각하지 않고, 자꾸 자기 말처럼 하려고 이것저것을 덧붙입니다.

그렇게 하나님의 말씀을 대하는 태도에 겸비함과 경외함은 없습니다. 너무 가볍고 경솔합니다. 그러다 보니 듣는 사람도 하나님의 말씀으로 듣지 않고, 자신의 삶에 필요한 좋은 교훈이나 덕담처럼 듣습니다. 때로는 자신의 마음을 종교적으로 고양시켜주거나 뭔가 신비한 것을 체험시켜주는 정도로 듣는 일까지 벌어집니다.

그보다 더 심각한 것은, 자신이 읽고 듣는 말씀을 하나님의 말씀이라고 생각하지 않음으로써 무시하고 있다는 것입니다. 때로는 친구의 말이나 비즈니스에서 주고받는 말보다도 신뢰하지 못합니다.

이처럼 우리는 성경에 대한 신학적 이탈에서부터 예배와 설교, 신자 개개인의 신앙과 삶의 영역에서, 성경을 무엇을 더하거나 뺄 수 있는 하나님의 말씀이라고 생각합니다. 성경의 절대적 권위를 인정하지 않으면서, 각기 소견에 옳은 것을 더하여 행하는 모습이 흔합니다. 그것은 하나님 말씀에 대한 무지요 무시입니다. 웰스는 "오늘날 복음주의 교회의 성경에 대한 무지가 하늘 높은 줄 모르고 치솟는 것과 하나님과 그의 성품과 사역에 대한 지식이 곤두박질치는 것이 함께 가는 것은 당연하다"[02]고 말했습니다.

## '오직 성경'에서 이탈하게 된 역사

이처럼 오늘날 교회가 성경을 말하면서도 성경에서 멀어져 변질된 신앙과 삶을 사는 데는 배경과 과정, 역사가 있습니다. 종교개혁 이후 교회는 신앙고백을 작성하며 오직 성경 위에 서 있었습니다. 그런데 어느 때부터 오직 성경에서 다시 이탈하기 시작했는데, 그 두드러진 시기가 바로 계몽주의의 영향을 받을 때였습니다. 그때부터 교회는 오직 성경 위에 선 신앙이 흔들렸습니다.

계몽주의는 이성을 기반으로 성경에 기록된 초자연적인 내용을 무시했고, 이성으로 설명되지 않거나 수용되지 않는 것은 진리가 될 수 없다는 신념을 주장하면서 교회에 영향을 미쳤습니다. 그로 인해 성경의 영감과 권위와 충족성은 무시되고, 성경은 그저 하나의 비이성적인 고대 문서로 폄하되었습니다. 그런데 안타깝게도 계몽주의 사상이 교회 안에 유입되면서 영국에서는 이신론(理神論)이 등장하고, 독일에서는 합리주의와 함께 슐라이어마허(Schuleiermacher)에 의한 낭만주의의 영향을 받은 자유주의가 일어납니다. 이것은 모두 종교개혁을 통해 회복한 오직 성경을 크게 흔들어 놓았고, 오늘날까지 영향을 미치고 있습니다.

이처럼 18세기부터 교회 안에 불어닥친 계몽주의의 영향으로, 교회는 성경을 이성으로 판단하면서 성경에서 어떤 것을 빼거나 부정했습니다. 그 대신 다른 내용을 더하여 믿고자 하면서, 결국 성경 없이도 하나님을 믿을 수 있다는 논지를 폈습니다. 그러나 성경이 무너진 기독교, 성경 없는 기독교는 기독교가 아닙니다. 그것은 예수님과 사도들이 인정한 성경, 또 사도들이 기록한 성경 위에서 신앙을 지켜 온 역사적인 기독교를 부정하는 것입니다. 아무리 기독교와 교회라는 이름을 갖고 있어도, 그것은 성경이 말하는 역사적인 기독교가 아닙니다.

그런 부정적인 내홍을 심하게 겪은 기독교는 두 번의 세계대전을 겪으면서 모더니즘의 몰락과 함께 새로운 전환을 맞이합니다. 곧 이성을 중시한 계몽주의의 배경에서 나온 자유주의가 기독교의 주류가 되었다 꺾이고, 자유주의를 공격하며 등장한 칼 바르트(K. Barth)의 신정통주의(新正統主意)와 함께 복음주의 진영이 득세하기 시작합니다. 이러한 배경에는 모더니즘 이후에 일어난 포스트모더니즘이라는 사상적 배경도 맞물려 있습니다.

이렇게 성경을 중시하는 신정통주의와 함께 복음주의 진영이 크게 형성되지만, 우리의 기대와 달리 오직 성경이 교묘하게 타협하는 일이 생겼고, 결국 지금처럼 어디서부터 손을 대야 할지 모를 정도의 혼란을 겪게 되었습니다. 여기서 주목할 것은, 성경의 중요성을 인정하고 성경의 권위를 주장한 신정통주의와 복음주의 진영이, 오히려 오직 성경을 교묘하게 무너뜨리는 배경에 있었다는 사실입니다. 그러한 영향은 지금도 계속되고 있습니다.

## 신정통주의가 미친 부정적인 영향

먼저 신정통주의는 정통주의에 '신'(新) 자를 붙인 데서 알 수 있듯, 개혁주의 신학의 핵심 내용인 오직 성경, 오직 은혜 등을 똑같이 강조하며 성경의 중요성을 인정했고, 자유주의로 손상된 성경의 권위를 회복하고자 했습니다. 그러나 실존주의 사상과 함께 당대의 문화적 요소를 반영함으로써 새로운[新] 정통주의로 불리게 됩니다.

우리가 주목할 사실은 그들의 성경 이해가 예수님과 사도들, 종교개혁자들이 회복한 '오직 성경'이 아니라는 것입니다. 그들은 성경을 신적 기원을 가진 객관적인 계시로 보지 않고, 계시라는 사건이 발생하는 수단으로 보았습니다. 다시 말해, 성경은 '지금'이라는 시간 속에서 하나님의 도구로서 우리에게 계시가 될 수 있는 것이지, 그 자체가 하나님의 계시는 아니라는 것입니다.

우리는 이러한 차이를 대수롭지 않게 여길지 모르지만, 이것은 오직 성경을 무너뜨리는 또 하나의 주장이요 태도입니다. 신정통주의의 강조점을 따르면, 지금 우리가 가지고 있는 성경은 하나님의 계시라기보다는 어느 때의 계시가 되는 것입니다.

'성경은 하나님의 계시다'와 '성경은 하나님의 계시가 된다'는 분명한 차이가 있습니다. 후자의 경우 성경 자체는 하나님의 계시의 말씀이 아니지만 우리가 신앙으로 반응할 때, 즉 요즘 유행하는 말로 엔카운터링(encountering)이 있게 될 때 계시의 말씀이 된다는 것입니다. 쉽게 말해, 말씀이 자신에게 와닿아야 하나님의 계시의 말씀이 된다는 것입니다. 그래서 신정통주의를 따르는 사람은 자주 이렇게 말합니다. "성경을 읽을 때나 들을 때 그것이 내게 살아서 역사하여 하나님의 말씀이 되지 않으면 무슨 의미가 있는가? 그런 일이 일어나지 않는 성경은 그저 문자에 지나지 않는다."

우리는 바울이 "율법 조문은 죽이는 것이요 영은 살리는 것이니라"(고후 3:6)고 함으로써, 율법주의적인 성경 이해를 비판한 것을 수용합니다. 그러나 신정통주의자들이 말하는 것은 바울이 말하는 그런 의미가 아닙니다. 그들은 디모데후서 3장 16절이, 성경은 그 자체로서 하나님의 권위를 가진 그분의 말씀임을 말하고 있고 사도들도 그렇게 믿었음을 증거함에도, 어떤 조건에서만 하나님의 말씀이 된다는 새로운 주장을 펴는 것입니다.

사실 성령 하나님의 조명하심이 없다면, 인간은 성경이 말하는 구원의 메시지를 깨달을 수 없습니다. 시편 119편은 내가 깨닫든 못 깨닫든 성경은 그 자체로 신적인 권위를 지니며, 여전히 이 세상과 어두운 영혼을 향한 빛과 진리임을 다각적으로 풍성하게 말해 줍니다.

그러나 신정통주의자들은 실존주의라는 철학사상을 반영하여 주관성에 기인한 성경 이해를 주장했습니다. 이 같은 주장이 포스트모던 시대에 크게 수용된 것은 포스트모더니즘이 객관성보다 주관성을 중시하기 때문입니다. 결국 그들은 주관적 경험에 의해 성경이 하나님의 계시가 '되게' 함으로써 성경을 축소시켰습니다.

우리는 신정통주의를 따르는 한국 교회 사람들이, 왜 가톨릭 신부이자 신비주의자인 토머스 머튼(T. Merton) 같은 사람을 수용하면서 따르는지 그 연결점을 여기서 보게 됩니다. 신정통주의는 진리의 객관성보다는 개인의 신빙성을 더 중시하고, 모든 신학을 수관석이고 상대적인 영역으로 내몲으로써 자연스럽게 신비주의와 연결시킵니다. 그리고 그것을 그들의 성경에 대한 이해와 태도에 그대로 드러냅니다.

## 느슨한 신복음주의

그밖에 복음주의 진영 안에서는 1900년대 초반에

성경의 중요성을 인식하고, 오직 성경을 세워 지키고자 하는 몸부림이 있었습니다. 그 중심에는 프린스턴대학에서 갈라져 나와 웨스트민스터신학교를 세운 교수들이 있었습니다. 또 유럽에서는 카이퍼(A. Kuyper)나 바빙크(H. Bavinck) 같은 사람들이 거기에 참여했습니다. 그런 가운데 미국에서는 성경의 무오성과 권위, 성경의 역사성과 축자영감(逐字靈感), 그리스도의 신성과 동정녀 탄생, 대속 교리 그리고 그리스도의 부활과 재림이 담긴 내용이 근본 문제라는 것에 서로 공감하면서, 웨스트민스터신학교 교수들과 보수적 장로교회, 세대주의자들 그리고 성결 운동과 오순절 운동을 하는 교회가 서로 어우러져 초기 근본주의 운동을 하게 됩니다. 이들은 그런 근본 문제에 공감하는 가운데 오직 성경을 지지한다는 공통 분모를 가지고 있었습니다.

그러나 하나님의 주권적인 은혜보다 인간의 자유의지를 강조하는 사람들로 인한 불일치와 분리주의적인 교회들로 인해, 서로 연대가 깨지는 상황에서 신복음주의가 등장합니다. 오늘날 복음주의의 배경에는 바로 이 신복음주의가 크게 드리워져 있습니다.

여기서 신복음주의가 성경에 대해 어떤 태도를 취했는지 주목해야 합니다. 1950-1960년대에 시작된 신복음주의는 소위 포용적 복음주의를 지향함으로써 신복음주라 불리게 됩니다. 놀랍게도 이들은 복음주의 진영에서 오늘날과 같이 오직 성경이 무너진 현실을 만드는 데 중요한 역할을 합니다. 이들로 인해 데이비드 웰스는 종교개혁적인 전통을 따라 오직 성경을 믿는 신자를 '복음주의'로 부르지 말고, '성경적인 그리스도인' '역사적인 그리스도인' 또는 '역사적인 개신교도'로 구분해서 부를 것을 제안했습니다.[03] 그는 복음주의 진영 안에 종교개혁 전통을 따라 오직 성경을 믿지 않는 신자가 뒤섞여 있기 때문에, 그들을 모두 종교개혁적인 신자로 말하는 것은 합당하지 않다고 말했습니다.

이처럼 신복음주의자들은 교리를 부차적이고 주변적인 것으로 여기면서, 성경에 대해서도 느슨한 태도를 보입니다. 그런데 이러한 태도는 성경의 무오성 논쟁에 휩싸인 영국과 미국, 화란의 개신교회 전체와 또 그들에게서 영향을 받은 우리나라까지 이어져 나타납니다. 곧 성경이 하나님의 말씀이라는 것과 계시적인 문제에 있어서는 무류성(無謬性)을 인정하지만, 과학이나 역사의 연대 등 비(非)계시적인 문제에 있어서는 오류가 있을 수 있다는 것, 즉 성경의 무오성(無誤性)을 부정하는 쪽으로 기울게 됩니다.

처음에 신복음주의는 오직 성경을 인정하고 믿었지만, 더 많은 사람을 포용하기 위해 오직 성경을 희생하는 쪽으로 기울어짐으로써, 결국 오늘날 같은 복음주의의 실상을 낳는 데 기여합니다. 그리하여 오늘날 교회 안에는 성경보다 인간의 주관에 무게를 둔 신정통주의 성경관이 크게 만연하게 되었고, 신복음주의 배경 속에서 새로운 계시를 말하면서 오직 성경을 무너뜨리는 예언 운동이 크게 일어나게 되었습니다. 이전에는 오순절과 은사주의 운동을 따르는 교단에서 주로 있었던 일이, 이제는 모든 교단이 신사도 운동 같은 것을 따르면서 소위 '새로운 음성'을 듣고자 하는 일과 예언 운동을 수용함으로써 오직 성경을 무너뜨리고 있습니다.

또 오늘날 교회 안에는 신복음주의와 신정통주의 확산으로 성경을 주관적이고 자의적으로 해석하고 이해함으로써, 오직 성경을 무너뜨리는 일도 쉽게 일어나고 있습니다. 성경을 개인적으로 읽고 가르침을 받든 성경을 가르치고 설교하든, 모두 성경을 말하면서 자신의 주장도 펴는 신앙생활을 하며 여러 가지 체험을 갈망하는 것을 봅니다.

더 안타까운 것은 복음주의 진영 안에 의외로 많은 사람이, 오직 성경이 무너진 성경관을 따라 각자 나름의 신앙생활과 체험을 추구하면서도 무엇이 문제인지 모르고 있고, 심지어 목회자들조차 잘 모른다는 사실입니다. 외형적으로는 모두 성경에 근거해 뭔가를 주장하며 가르치기에 성경적인 것처럼 보이지만, 실상은 오직 성경과는 동떨어져 있습니다. 이러한 지금의 혼란은, 예수님과 사도들이 취한 오직 성경을 중세교회가 오랜 세월을 거쳐 성경에 뭔가를 더하고 뺌으로써 무너뜨렸듯, 종교개혁자들이 다시 회복한 오직 성경을 개신교회가 계몽주의 이래로 오랜 세월에 걸쳐 무너뜨리면서 생긴 결과입니다.

어떤 목회자는, 오늘날 목회자들이 하나님의 말씀이 주는 엔카운터링이 없기 때문에 성경을 능력 있게 전하지 못한다고 말합니다. 그는 신사도 운동의 영향을 받아 그런 식의 성경관을 말하고 가르치면서, 결국 기독교 안에 부정적인 영향을 크게 미치고 있습니다.

## 점점 사라지는 참된 생명의 역사, 점점 가중되는 영적 혼란

이런 역사 속에서 기독교 안에 생겨난 부정적인 현

상 중 하나는, 하나님 말씀에 따른 진정한 역사 곧 생명과 회심의 역사가 일어나지 않는다는 것입니다. 성품과 삶에 변화가 없고, 그 결과 다른 사람 곧 직장과 사회에 거룩한 영향을 미치는 일이 확실히 드물어졌습니다. 그뿐 아니라 교회 안에 있는 사람들도 하나님 말씀의 권위를 경외심을 갖고 인정하는 모습이 사라졌습니다.

성경이 하나님의 계시임에도, 그 말씀을 읽는 자들에게 계시자인 하나님은 주도권자로 더 이상 인정받지 못하고 있습니다. 말씀의 주체인 하나님이 주도권자가 아니라 그 말씀을 듣고 읽는 자기 자신이 주도권자가 된 것입니다. 이러한 주관화를 결코 가볍게 여겨서는 안 됩니다. 이것은 말씀하신 하나님보다 자기가, 그리고 말씀 자체의 의미보다 자신에게 일어나는 일이나 자기가 느끼는 것을 더 중요시하는 것입니다. 그러는 가운데 교회 안에서는 서로 다른 주장을 하며 나름의 기독교 신앙을 추구하는 일이 벌어지고 있습니다. 교회가 말씀 안에서 하나 되고 일체성을 갖는 것이 마땅한데, 그렇지 못한 기현상을 보이는 것입니다. 교회가 서로 다투거나 분쟁하다가도, 하나님 말씀에 비추어 서로 회개하고 복종하면서 성령의 하나 되게 하심을 힘써 지켜야 함에도, 쉽게 자기 생각과 주장을 고집합니다. 이것은 하나님의 말씀 곧 성경의 권위 안에서 성령께서 일체성을 갖게 하는 반응이 사라졌다는 증거입니다.

예수 믿는 신자들로 구성된 교회는 성령께서 말씀을 통해 역사하심으로 움직이는 것이 당연하고 자연스럽습니다. 성령께서 하나님의 말씀으로 우리를 유기적으로 움직이게 하기 때문입니다. 그런데 이제는 그런 성령의 역사보다 교회의 조직과 프로그램 또는 인맥으로 사람들을 움직이려는 현상이 흔하게 나타납니다. 교회가 사람들의 관계를 부지런히 엮으면서 서로 돌봄을 받게 함으로써, 마치 영적인 보모(babysitter)가 관리하는 아이들처럼 교인을 관리해 움직이는 현상이 흔하다는 것입니다. 어떤 교회는 그러한 것을 목회 성공담인 양 말하면서 많은 사람이 따르도록 부추깁니다. 그러나 이것은 오직 성경이 무너졌기 때문에 나타난 현상입니다.

성경은 도구가 아닙니다. 성경은 교회를 주도하시는 하나님 바로 그분의 말씀입니다. 자신의 말씀인 성경을 통해 성령 하나님은 교회를 하나 되게 하고 유기체성을 갖고 움직이게 하십니다. 그런데 오직 성경이 무너짐으로써 오늘날 성령의 역사가 점점 희귀해지고 있습니다. 교회가 크면 큰 대로 작으면 작은 대로 말씀과 성령에 의해 움직이기보다, 다른 것에 의해 움직이는 모습이 이제는 더 자연스러운 것이 되었습니다.

교회는 하나님의 말씀을 통한 성령의 감동하심을 따라 움직여야 합니다. 교회는 그러한 성령의 감동을 따라 기꺼움과 자원함과 사모함으로 예배하고 섬기고 교제하고 세워가야 하는데, 그런 모습은 초대교회에나 있었던 것으로 생각할 정도입니다. 결국 오직 성경이 무너지면서 생겨난 현상 가운데 하나가, 초대교회 같은 분위기를 만들기 위해 대안으로 가정교회와 공동체 운동을 말하는 사람들이 등장한 것입니다. 오늘날 교회가 너무 커져 초대교회 같은 분위기가 상실되었다면서, 공동체의 친밀함과 가시적인 생명력을 강조하는 것입니다. 오늘날 교회의 문제가 마치 크기에만 있는 것처럼 피상적인 처방과 진단을 내리는 것입니다. 그래서 오히려 혼란을 가중시키고 있습니다.

## 주목해야 할 설교강단의 현실

문제는 그리 간단하지 않습니다. 교회가 더 이상 성경을 하나님의 말씀으로 여기지 않아 성령의 참된 통치에서 벗어난 현실은 무엇보다 설교강단에서 극명하게 드러납니다. 오늘날 교회는 설교자와 설교자가 선 강단에 대한 기대감을 잃어버렸습니다. 설교강단은 하나님의 계시가 전달되는 자리요, 사람의 영혼이 죽고 사는 말씀이 선포되는 자리이며, 또 선포되는 말씀을 통해 하나님을 경험할 수 있는 자리입니다. 그래서 기대감을 갖는 자리가 바로 설교강단입니다. 하나님은 그 자리에 선 설교자에게 권위를 주셨습니다. 그런데 그러한 기대감이 설교자 자신뿐 아니라 성도들에게도 사라진 것입니다. 두렵고 떨림으로 하나님의 말씀을 전하고 듣는 것은 이제 좀처럼 찾아볼 수 없게 되었습니다.

불행하게도 이제 성경은 설교자의 시직유희를 위한 도구요, 자기 목적을 이루거나 하고 싶은 말을 해 자기의 여타 능력을 드러내는 수단이 되었습니다. 더 나아가 성경을 학문적인 연구와 자랑을 위한 자료로 삼고 있습니다. 성도들은 별 기대 없이 성경 어느 부분을 펴라고 하면 펴서 읽고 듣는 그런 책이 되어버렸습니다. 이제 성경은 원하는 것을 얻기 위해 도움받을 수 있는 책 정도로 여기게 되었습니다. 물론 그렇지 않은 성도와 교회가 여전히 많지만, 정상적인 기독교에서 이탈한 이런 현상은 분명 낯설지 않은 교회의 현실이 되어버렸습니다. 성경이 하나님의 임재를 경험하게 하고, 그분을 대면하여 음성을 듣게 하는 하나님의 말씀이며, 영혼을 소생시키는 생명수이고, 길에 등과 빛이 되는 주도적인 말씀이 아니라, 인간이 얼마든지 자신의 영적 육적 필요를 위해 조작하고 활용할 수 있는 도구가 되었습니다.

그러나 무엇보다도 가장 심각한 결과는, 교회가 성령에 의해 기록된 하나님의 말씀으로 사람을 거듭나게 하고 구원하는 역사에서 멀어지고 있다는 것입니다. 성경 대신 다른 수단과 방법, 예를 들면 방언이나 무슨 신령한 체험, 심리 치유적인 상담 등을 통해 새로운 삶이 시작되고 구원의 역사가 일어나는 것처럼 거기에 열심을 내고 있습니다. 심지어 설교자조차 자신이 전하는 말씀으로 사람들이 구원을 얻고 회심할 수 있다는 기대와 소망을 품지 않는다는 것은 매우 비극적인 일입니다.

설교자는 자신이 들고 선 엄위하고도 영광스럽고 능력 있는 하나님의 말씀이 아무리 악한 자라도 구원하고 회심시킬 수 있다는 믿음을 가지고 복음을 전해야 합니다. 그런데 그런 기대와 소망은 품지 않고 그저 사람들의 다양한 필요만 충족해 주는 데 성경을 사용합니다. 그저 사람들이 듣기 좋은 말을 하면서, 뭔가 남다른 성경 해석으로 좋은 평가를 받으려 하고, 비전이라는 이름 아래 사람들을 끌어들여, 진취적으로 나아가게 하는 정도로만 성경을 사용하면서 교회를 잘 운영해 보려고 합니다. 하나님의 말씀을 통한 생명의 역사, 구원의 역사에 대해서는 별 기대가 없습니다.

이것은 오직 성경 위에 서 있지 않고, 오히려 오직 성경이 무너진 교회 분위기를 반영합니다. 이런 분위기는 마치 문화처럼 서서히 만들어지고 있어서, 우리는 그런 현실을 심각하게 생각하지 않고 기독교가 원래 그런 것인 양 생각하지만 아닙니다. 원래 기독교는 성경 위에서 모든 것을 갖고 경험합니다. 이와 관련해 조엘 비키(J. Beeke)는 이렇게 말했습니다.

> 성경은, 우리가 성령의 거룩하게 하심과 진리를 믿으므로 구원을 얻게 되었다고 가르친다. 복음은 로고스(λόγος) 곧 말씀이며, 레마(ῥῆμα) 곧 강해이고, 케리그마(κήρυγμα) 곧 메시지이고, 디다케(διδαχή) 곧 교리다.[04]

그러면서 이렇게 덧붙였습니다.

> 설교자는 자기 자신과 그의 설교를 듣는 자들에게 가장 중요한 결과가 달린 문제를 다루고 있으므로, 주님이 얼마나 두려운 분인지 깨닫고 두려움과 떨림으로 설교해야 한다(고후 5:9-21).[05]

성경은 사람을 구원하는 복음을 담고 있습니다. 생사가 좌우되는 문제와 결부되어 있습니다. 이것은 성경이 결코 단순한 책이 아님을 시사합니다. 성경은 사람을 구원하는 말씀, 이 세상이 줄 수 없는 것을 주는 놀라운 메시지 곧 하나님의 메시지입니다. 그런 복음을 담고 있는 성경을 사람이 좌지우지하는 것으로 여기며 뭔가를 더하고 빼는 것은 중대한 범죄요, 하나님의 말씀을 만홀히 여기는 태도입니다.

따라서 디모데후서 3장 말씀을 자신의 존재와 삶 속에서 아직 보지 못하고 있거나, 설교자로서 말씀 증거 가운데 보지 못하고 있다면 '나는 과연 오직 성경 위에 서 있는가?' 자문해야 합니다. 오직 성경을 모르고 오히려 오직 성경을 무너뜨린 왜곡된 기독교 전통과 분위기를 따라 신앙생활하고 사역하고 있지는 않은지 돌아보아야 합니다.

## 참 생명의 역사(役事)로 나아가는 길

그렇다면 오직 성경이란 무엇을 말할까요? 물론 성경숭배자나 문자주의자가 되는 것을 말하는 것이 아닙니다. 예수님과 사도들이 성경에 대해 가졌던 믿음을 따라, 하나님이 특별히 계시하신 것을 기록한 성경이 하나님의 말씀이라는 사실 위에 서서 신앙과 삶을 갖고, 그 성경을 그대로 전하는 것을 말합니다. 이것은 종교개혁 이후 얼마 지나지 않아 작성된 벨직 신앙고백서가 가장 적절하게 말해 줍니다.

우리는 이 모든 책을, 그리고 오직 이 모든 책만 우리의 믿음을 규정하고 기초하고 확증하는 거룩한 정경으로 인정한 책으로서 받아들입니다. 우리는 이 책 안에 포함된 모든 것을 조금도 의심하지 않고 믿습니다. 그렇게 믿는 이유는 교회가 이 책을 정경으로 받아들이고 승인했기 때문만이 아니라, 특별히 성령께서 우리 마음속에서 그 책이 하나님께로부터 왔음을 증거해 주시기 때문이며, 또한

그 책이 그 자체로 그것에 대한 증거를 포함하기 때문입니다.[06]

종교개혁자들은 예수님과 사도들이 성경에 대해 가졌던 믿음을 따라, 오직 성경만이 유일하게 무류하고 무오한 권위를 갖는다는 의미에서 오직 성경을 주장했습니다. 그러니까 성경은 하나님에 대한 우리의 인격적인 지식과 구원에 관해 절대적으로 믿을 만한 말씀이며, 동시에 계시의 상세한 내용을 정확하게 전달하는 문제에서도 모순이나 오류가 없습니다.

물론 최초의 계시를 기록한 성경 원본을 필사한 사본들의 문제점과 번역상 미흡한 점이 있을 수 있습니다. 그러나 그런 것 때문에 성경의 판단자가 된 것처럼 교만하게 굴면서 성경에 있는 내용을 부정해서는 안 됩니다. 겉으로는 성경을 하나님의 말씀이라고 하면서, 속으로는 모순과 결함이 많은 것으로 여겨 신뢰하지 않는 모순적인 태도를 멀리해야 합니다.

초대교회부터 지금까지 교회사에 나타난 신실하고 경건한 사람들을 보십시오. 바울 이후로 지금까지 하나님께 쓰임받은 기록한 사람들에게는 공통점이 있습니다. 그들은 오직 성경을 무시한 신비주의자나 자유주의자, 은사주의자, 신사도주의자들이 아니었습니다. 하나님의 진정한 역사의 도구로 사용된 그들은 놀랍게도 모두 오직 성경 위에 선 사람들이었습니다.

지금 사람들을 많이 모으는 은사를 말하는 것이 아닙니다. 하나님의 생명의 역사, 거룩한 역사에 사용된 사역자와 신자를 말하는 것입니다. 종교개혁 이전에 아침 별과 같이 등장했던 존 위클리프(John

Wycliffe)나 얀 후스(Jan Hus) 그리고 루터(Martin Luther)나 칼빈(John Calvin) 같은 종교개혁자들을 위시해 청교도와 언약도들, 화란의 개혁파들과 18세기 조나단 에드워즈(Jonathan Edwards), 존 웨슬리(John Wesley), 조지 휫필드(George Whitefield), 하웰 해리스(Howell Harris), 다니엘 로우랜드(Daniel Rowland) 같은 18세기 영적인 각성에 사용된 사람들 그리고 19세기 스펄전(Charles Spurgeon), 라일(Charles Ryle), 로버트 맥체인(Robert M'Cheyne), 보나르(Bonar) 형제들, 카이퍼(Abraham Kuyper), 바빙크(Herman Bavinck) 그리고 20세기에 로이드 존스(Martyn Lloyd-Jones)나 존 맥아더(John MacArthur)나 스프로울(R. C. Sproul), 존 파이퍼(John Piper)까지 포함해, 모두 공통적으로 오직 성경을 벗어나지 않았습니다. 그들은 모두 성경이 신자의 구원과 신앙에 충분한 하나님의 계시요, 권위를 갖는 하나님의 말씀임을 믿고 그 위에서 신앙과 삶을 갖도록 이끌었습니다.

그런 점에서 당신은 거룩한 하나님의 역사에 사용되고 참된 부흥과 바른 진리를 전한 그들과 동일한 성경 이해와 태도를 견지하고 있습니까? 성경이 하나님에 대한 우리의 지식과 구원에 있어 충분한 계시요, 우리의 신앙과 삶에 절대적인 권위를 갖는 것으로 믿고 있냐는 것입니다.

확신하건대 디모데후서 3장 본문에서 말하는 것 같은 역사는 성경에 대한 그러한 믿음 속에서 일어나는 것이지, 성경에 대한 믿음을 갖지 않은 상태에서는 일어나는 것이 아닙니다. 구원의 역사가 일어나고, 교훈과 책망과 바르게 함을 통해 사람들이 거룩하고 온전한 사람으로 변화되는 역사는 오직 성경 위에서만 나타납니다.

만일 자신이 오직 성경 위에 서서 살고 사역하지 않음에도 어떤 놀라운 변화가 일어나고 있다면, 거기에는 분명 뒤섞임과 혼란이 있을 것입니다. 사탄도 사람을 많이 모으면서 그와 유사한 일을 일으킨다는 사실을 잊지 말아야 합니다. 그것은 이미 지난 교회 역사가 증명했습니다. 그러므로 본문 같은 구원과 회심의 역사, 지속적인 생명의 역사, 그야말로 사람이 바뀌는 진정한 역사는 오직 성경 위에서만 일어난다는 사실을 기억하십시오. 우리는 바로 그런 확신을 가지고 오직 성경 위에 선 신자와 사역자가 되어야 합니다.

## 오직 '오직 성경' 위에서 누리는 기독교의 부요함

기독교의 모든 것, 그야말로 하나님에 대한 이해에서부터 바른 예배와 교회의 교회 됨과 한 영혼의 구원과 사람의 성품과 삶의 변화와 목회의 생명력과 말씀 증거의 능력과 하나님께 영광 돌리는 삶과 사역 등 이 모든 것은, 오직 성경 위에 섰을 때 진정성과 풍성함이 드러납니다. 그러므로 바른 신자로 살고 바른 신학을 갖고 싶다면, 또 하나님의 말씀을 통한 구원의 역사와 능력이 나타남을 보고 싶다면, 예수님과 사도들처럼 먼저 성경에 대한 믿음부터 확고히 해야 합니다. 이것이 무너지면 모든 것이 무너지면서 타협과 온갖 뒤섞임이 있는 신앙생활을 하게 됩니다.

그러므로 오직 성경 위에 선 신자와 사역자가 되십시오. 성경 외에 다른 것으로 하나님의 역사를 보려고 하거나, 자신의 신앙과 삶과 체험을 갖고자 하는 것은 바르지 않습니다. 우리는 먼저 오직 성경 위에 서는 일부터 확고히 해야 합니다.

성경에 대한 해박한 지식이 있다고 오직 성경 위에 선 것으로 생각해서는 안 됩니다. 우리는 성경이 실제로 하나님과 결부되어 있음을 알아야 합니다. 그리하여 우리의 신앙과 삶과 사역 속에서 신적인 권위를 가진 하나님의 말씀이 우리 구원에 충분하다는 것을 확고히 믿고 거기에 온 마음을 쏟아야 합니다. 그리고 하나님의 말씀을 통해 역사하시는 성령의 역사를 기대하면서 그 말씀을 전하고 따라야 합니다.

다른 누군가를 탓할 필요가 없습니다. 먼저 자신부터 이 부분에 충실한지 돌아보고 이것을 갖고자 해야 합니다. 그리고 하나님께서 우리를 도와주시기를 간절히 구해야 합니다.

오늘날 우리나라의 위정자뿐 아니라 모든 사람이 방향을 잃었습니다. 아니, 예전부터 그러했습니다. 그렇다면 누가 이 나라의 방향을 바로잡을 수 있겠습니까? 그것은 바로 영광스럽고 복된 미래를 비추는 계시의 말씀을 듣고 전하는 교회와 신자와 사역자들입니다. 설교자에게 어두운 세대를 제대로 비출 확고한 계시가 들린 것입니다. 그러므로 이 특별한 계시인 성경을 하찮게 여기는 현실 속에서도, 오직 성경 위에 선 신자요 사역자로서 교회를 섬길 수 있기를 소망합니다.

# 02
## '오직 성경' 위에 선 신앙과 삶 그리고 목회

>
> 또 어려서부터 성경을 알았나니 성경은 능히 너로 하여금 그리스도 예수 안에 있는 믿음으로 말미암아 구원에 이르는 지혜가 있게 하느니라 모든 성경은 하나님의 감동으로 된 것으로 교훈과 책망과 바르게 함과 의로 교육하기에 유익하니 이는 하나님의 사람으로 온전하게 하며 모든 선한 일을 행할 능력을 갖추게 하려 함이라 _ 딤후 3:15-17
>

### 우선적인 전제

기독교 신앙은 예수님과 사도들이 성경에 대해 가졌던 믿음, 곧 종교개혁자들이 말했던 오직 성경에 서 있을 때만 정상적이고 바르다고 할 수 있습니다. 그러므로 오직 성경에서 멀어진 오늘날의 현실을 돌아볼 뿐 아니라, 우리가 다시 회복해야 할 오직 성경의 실재, 오직 성경 위에 선 신앙과 삶과 사역의 구체적인 모습에 대해 생각해 보아야 합니다. 그런데 여기서 꼭 기억해야 할 사실이 있습니다. 오직 성경 위에 선 신앙과 삶이 무엇인지 안다고 해서, 그런 신앙과 삶을 살 수 있는 것은 아닙니다. 그러한 지식은 그대로 실천하기 위해 꼭 필요하지만, 지식이 그 자체로써 우리의 상태를 말해 주는 것은 아닙니다. 오직 성경 위에 선 신앙과 삶을 허락하시는 분은 오직 하나님입니다. 하나님께서 성령으로 거듭나게 하신 자만이 그러한 실재를 가질 수 있습니다.

예수님은 성경이 말하는 하나님나라, 다시 말해 그리스도 안에서 임한 하나님나라를 알고 그의 다스리심을 받는 것은 거듭남으로써만 가능하다고 말씀하셨습니다(요 3:3). 그런 점에서 성령으로 거듭나지 않으면 성경의 계시자인 성령 하나님과 그분의 구원계시를 깨닫지 못할 뿐 아니라, 그것을 실제로 소유할 수도 없습니다. 거듭나지 않으면 오히려 자신이 판단자가 되어 성경을 자의적으로 읽고 해석하면서, 성경을 자기의 도구로 활용하는 일까지 하게 됩니다.

성경은 다른 종교의 경전과 달리 하나님의 감동으로 된 책입니다. 그래서 감동자인 성령 하나님과 모든 면에서 연관되어 있습니다. 이것은 우리가 지식적으로 알아서는 안 될 만큼 매우 중요하고 특별한 사실입니다. 우리가 성경을 이해하기 위해서는 성령의 조명하심이 필요하고, 또 성령의 조명하심을 받아 성경에 대한 바른 이해와 태도를 갖기 위해서는 성령의 감화 감동하심이 있어야 합니다.

그리고 성령의 조명하심과 그에 따른 바른 이해와 태도는 성령으로 거듭난 자에게 있습니다. 물론 거듭난 자에게도 어린아이 같은 미숙함과 완전치 못함이 있을 수 있습니다. 그러나 하나님의 감동으로 된 성경에 대한 바른 이해와 태도와 반응, 곧 오직 성경 위에 선 신앙과 삶은 성령으로 거듭난 자에게만 있습니다. 성령 하나님은 말씀으로 사람을 거듭나게 하시고 조명하여 깨닫게 하심으로, 죄에서 돌이켜 거룩한 길을 가게 하십니다. 말씀을 따른 가치관과 생활방식을 갖게 하는 것도 성령의 사역입니다.

따라서 우리가 교회 안에서 어떤 직분을 가졌는지보다 성령으로 거듭나는 것이 우선입니다. 이로써 하나님의 감동으로 된 성경을 내 신앙과 삶의 중심에 두고 있는지, 성경에 대한 내 이해와 태도와 삶의 반응이 달라졌는지가 중요합니다.

단순히 성경을 매일 읽고 연구하는 것으로 성경을 자신의 신앙과 삶의 중심에 두었다고 말할 수는 없습니다. 성경을 신적 권위를 가진 하나님의 말씀으로 알고, 성령의 조명하심을 따라 그 말씀에 반응하며 따르는 것이 성경을 중심에 두는 것입니다. 거듭나지 않으면 성경을 자신의 신앙과 삶의 중심에 둘 수 없습니다. 이단과 오직 성경에서 빗나간 사람들이 성경을 수없이 사용하면서도 하나님을 닮아가고 주께 영광 돌리는 거룩한 변화로 나아갈 수 없는 것은, 그들이 성경의 감동자이신 성령과 관련이 없기 때문입니다. 따라서 오직 성경 위에 선 신앙과 삶의 출발은, 먼저 거듭남으로써 성경의 감동자이신 성령 하나님과의 관계 속에서 계시된 말씀을 깨닫고 말씀에 따라 사는 것입니다.

## '오직 성경' 위에 선 신앙과 삶의 실재

### ① 성경을 통한 성령의 역사를 귀히 여김

우리는 오직 성경 위에 선 신앙과 삶의 구체적인 모습을 다양하게 말할 수 있지만, 여기서는 세 가지 기본적인 요점만 언급하고자 합니다.

첫째, 오직 성경 위에 선 신앙과 삶이란 여타의 주관적인 체험보다, 성령께서 성경을 조명하여 깨닫게 하시고 감동하시는 것을 더 중요하게 여기며, 성령께서 성경을 통해 주시는 감동과 인도를 따라 사는 것을 말합니다. 안타깝게도 오늘날 교회 안에는 성령의 조명하심과 감화감동하여 믿음으로 행하게 하시는 역사보다, 다른 주관적이고 특별해 보이는 체험과 예언 등을 더 신선하게 여기고 가치를 두는 경우가 적지 않습니다. 그러나 오직 성경 위에 선 신앙과 삶은 다른 것들이 주는 신선함을 따르지 않습니다. 예수 그리스도를 믿는 우리에게 세월이 지나도 여전히 신선한 것은, 기록된 말씀으로 나를 감화하시고 그 말씀을 따라 믿음으로 살도록 감동하시는 성령의 역사입니다.

성령께서는 성경에 기록된 복음, 곧 죄인이 가장 기뻐하고 감격할 사실이며 온 세상이 가장 기뻐할 사실을 담은 복음 안에서, 오직 성경 위에 선 신앙과 삶을 갖도록 이끄십니다. 성령께서는 영원히 변치 않는 능력과 생기와 생명력을 지닌 복음, 하나님께서 역사 속에서 그리고 그리스도 안에서 행하신 객관적인 복음을 통해 우리에게 허락된 생명과 은혜를 알도록 조명하십니다. 성령께서는 그 안에서 우리를 부요하게 하시고 믿음으로 살게 하십니다.

기독교의 진정한 체험은 이처럼 복음 안에서 신앙과 삶을 이해하고 생기를 갖고 살도록 하시는 성령의 역사를 경험하는 것입니다. 우리에게 있어야 하는 것은, 하나님께서 그리스도 안에서 행하신 것을 붙들고 믿음으로 살게 하는 성령의 역사입니다.

오직 성경 위에 선 신앙과 삶은 다른 가변적인 체험이 아니라, 말씀으로 우리를 감화감동하시고 이끄시는 성령에 의한 체험과 삶을 계속 갖는 것입니다. 아무리 놀라운 체험을 해도 복음에 대한 이해와 확신, 그에 근거한 믿음과 기쁨과 삶이 없다면, 이방 종교인들의 체험과 조금도 다를 바 없습니다.

성령 하나님은 계시된 말씀을 통해 우리가 어떤 자인지, 우리의 구원이 무엇에 근거한 것인지, 그래서 우리의 현재 조건과 장래의 영광이 어떠한지를 알게 하십니다. 또 그로 인해 위로와 힘과 기쁨과 생기를 얻게 하시고, 심지어 모든 환난 가운데서도 이기도록 역사하십니다. 성령께서 말씀으로 행하시는 이러한 역사를 가볍게 여기고, 어떤 특별한 경험을 우선시하는 것은 오직 성경에서 이탈하는 것입니다.

### ② 하나님의 주권을 인정하며 의지함

둘째, 오직 성경 위에 선 신앙과 삶은, 우리의 신앙과 삶이 하나님의 주권 아래 있음을 알고, 그분의 주권을 의지하여 사는 것을 말합니다. 이러한 신앙과 삶은 오직 성경 위에서만 가능합니다. 성경은 창세기에서 요한계시록에 이르기까지 반복하여 이 세상이 보지 못하는 사실, 곧 우리 자신의 무엇이 아닌 하나님의 주권 아래 우리의 삶과 구원이 있다는 사실을 말해 줍니다. 반면, 다른 곳에서는 도무지 이러한 사실을 발견할 수가 없습니다. 이 세상의 가치관은 하나님의 주권 아래서 신앙과 삶을 가질 수 없게 합니다.

우리의 신앙과 삶은 성경에 계시된 대로 하나님의 주권과 그분의 인도를 믿고 따르는 것입니다. 자신의 삶 속에서 하나님의 주권과 인도하심을 발견하고, 그로 인해 감사하며, 그분의 주권을 의지하는 것입니다. 이 세상의 수많은 유혹과 시련, 어려움과 고통 속에서도 성경에 계시된 하나님의 성품, 특히 그분의 주권을 믿고 말씀을 의지하여, 현재를 마주하고 미래를 소망하며 사는 것이 오직 성경 위에 선 신앙과 삶입니다.

오늘날 많은 사람이 이러한 신앙과 삶은 뻔한 것으로 여기면서, 대신 새롭게 하나님의 음성을 듣고 그 음성을 따라 살고 싶어합니다. 새로운 예언을 듣고 그 예언을 따르려는 것입니다. 그러나 하나님의 계시를 기록한 성경은 뻔한 것이 아닙니다. 그것을 따르는 신앙은 시대에 뒤쳐진 것이 아닙니다. 다만 성경을 대하는 사람들의 마음이 깨끗하지 않고 간사하기 때문에 그렇게 여기는 것입니다. 하나님의 계시를 기록한 성경 안에서 영원한 생명을 주는 진리를 보기보다 마음을 사로잡는 다른 무엇을 찾으면서, 하나님의 주권 아래서 신앙과 삶을 갖는 것은 불가능합니다. 잡다한 자극에 의존하게 되면, 결국 자아가 중심이 된 신앙과 삶을 형성하는 방향으로 나아가게 되기 때문입니다.

예수님은 요한복음 10장에서, 자신에게 속한 양은 목자인 주님의 음성을 듣는다고 말씀하셨습니다. 성령 하나님은 이를 위해, 즉 우리가 듣고 따라야 할 주님의 음성에 혼란이 없게 하기 위해 말씀을 기록하셨고, 지금도 그 기록된 말씀을 통해 주님의 음성을 듣고 따르도록 역사하십니다.

오늘날 유행하는 주님의 음성 듣기는 오직 성경에서 완전히 빗나간 것입니다. 나름 신앙적이고 영적이라고 하는 것 또는 그와 관련 있는 것이 머리에 떠오르는 것과, 여타의 암시를 주님의 음성이라고 말하는 것은 예로부터 지금까지 신접한 자들이 흔히 써온 방법 중 하나입니다.

기독교는 그렇게 주관적인 것을 객관적인 것으로 만들어 신앙과 삶으로 갖게 하는 종교가 아닙니다. 오히려 하나님께서 역사 속에서 행하신 객관적인 것과, 그것을 기록한 객관적 계시인 성경을 기준으로, 성령께서 각 사람 안에서 주관적으로 경험하게 하시는 종교입니다. 그리고 그 주관적인 경험조차도 한 분 성령 하나님의 주도하심 속에 있기에 사람마다 서로 다르지 않습니다. 계시된 하나님의 말씀 안이기에 모두 일치하는 것입니다. 오직 성경 위에 선 신앙과 삶은 이처럼 성경에 계시된 하나님의 말씀을 그대로 믿고 따르며, 계시된 그 말씀을 삶 속에서 경험하는 것입니다. 성경이 계시하는 대로 우리의 신앙과 삶의 주권자이신 하나님을 의지하며 따르는 것입니다.

### ③ 성령의 능력을 구함

마지막으로 오직 성경 위에 선 신앙과 삶은 성경에 나타나는 성령의 능력을 알고 경험하며 사는 것입니다. 성경 곧 하나님의 말씀은 성령 하나님과 엮여 있습니다. 그래서 말씀과 성령의 관계는 신학자들의 오랜 연구주제이기도 합니다. 특별히 오직 성경 위에 선 목회와 사역은 세 번째 내용과 깊은 관련이 있습니다. 목회자들은 말씀을 가르치고 전하는 가운데, 사람들이 구원에 이르는 지혜를 얻고 삶이 변화되는 것을 보고 경험해야 합니다. 예수님과 사도들 그리고 종교개혁자와 청교도와 영적 대각성의 주역이 모두 성경의 권위와 충분성을 믿고 말씀을 증거했고, 그 가운데 성령께서 그들이 전하는 성경을 통해 변화시키는 능력을 나타내셨습니다.

성경을 통해 어떤 능력과 역사가 있게 되는 것은 그것을 기록하시고 그것을 통해 역사하시는 성령 하나님 때문입니다. 성령 하나님은 성경에 기록된 말씀을 통해, 디모데후서 3장 15-17절에서 말하는 것과 같은 일을 하십니다. 패역한 인간, 자기밖에 모르는 인간에게 구원을 얻게 하실 뿐 아니라, 하나님의 사람으로 온전하게 하시어 모든 선한 일을 행할 능력을 갖추게 하십니다.

이것은 그 무엇으로도 대신할 수 없을 만큼 비밀스럽고 놀라운 성령의 능력과 역사입니다. 성경을 통한 이러한 성령의 역사를 가볍게 여기면서 뭔가 찌릿한 경험을 원한다면, 그것은 인격적인 하나님이 인격적인 방법으로 행하시는 놀라운 생명의 역사를 잡신을 경험하는 수준으로 전락시키는 것입니다. 죄와 허물 기운데 죽었고 하나님이 아닌 다른 우상을 섬기던 인간이, 성경에 기록된 하나님의 말씀을 통해 구원을 얻고, 하나님의 사람으로 온전케 되며, 자신의 성품과 삶이 주님을 닮아가는 이 놀라운 변화를 한번 생각해 보십시오. 그것은 결코 가벼운 것이 아닙니다. 이 거룩한 변화는 오직 성경을 통한 성령의 능력에 의해서만 가능합니다. 이 길 외에 다른 길이 없습니다.

그러므로 하나님의 감동으로 된 성경을 가진 교회에서 디모데후서 3장 15-17절의 변화가 없다면 그것은 기독교가 아닙니다. 아무리 성경의 개념과 용어를 말한다 해도 그러한 변화가 없는 교회는 기독교와 상관이 없습니다. 또 그것이 없는 사역자는 성령에 의한 사역자도, 성령이 역사하는 사역자도 아닙니다.

오늘날 말씀 사역자들이 여기서 어려움을 겪습니다. 디모데후서 3장 15-17절은 특별한 사건이나 경험이 아닌 일평생의 증거, 곧 오직 성경 위에 서서 일평생 하나님 말씀을 전할 때 있는 일이기에, 많은 사람이 이 어려운 길보다 쉬운 길을 택합니다. 단번의 체험이나 치유 같은 일시적인 변화를 선호하는 것입니다.

그러나 기독교는 1세기부터 지금까지, 아니 구약시대에도 계속 하나님의 말씀을 통해 하나님의 사람으로 온전케 되는 일이 있었습니다. 따라서 디모데후서 3장 15-17절 같은 역사는 뒤로 한 채, 즉각적이고 즉흥적인 무엇으로 기독교 신앙과 삶을 말하는 것은 거짓입니다. 그것은 기독교가 아닌 사이비입니다.

디모데후서 3장 15-17절은 성령께서 그의 말씀을 통해 일평생 우리의 인격 안에서 행하시는 역사임을 말해 줍니다. 말씀 증거자는 이 부분에서 인내심을 갖고 다른 것에 기웃거리지 말고, 오직 성경 곧 어떤 악한 자라도 구원하고 변화시키는 하나님의 말씀을 전해야 합니다. 그리고 그렇게 전한 말씀으로 사람들이 금방 변하지 않는다고 좌절하지 말고, 말씀을 통해 역사하시는 성령 하나님을 믿고 인내하며 계속 전해야 합니다.

사람을 구원하는 생명의 역사, 하나님의 사람으로 바꾸는 인격과 삶의 변화, 죄짓기에 빠른 인간이 선한 일을 행하는 그 위대한 변화는 달리 일어나지 않습니다. 오직 성경을 믿고 전하는 가운데서 일어납니다. 우리는 하나님의 계시를 기록한 이러한 성경의 권위와 충분성을 믿고, 오직 성경 안에서 신앙과 삶을 먼저 갖고 사역하고자 해야 합니다.

## 교회를 '오직 성경' 위에 세우기 위한
## 사역자의 경성

이 시대는 사람을 많이 끌어모으고 외적으로 성공하기 위해 듣기 좋은 말씀을 전하는 사역자가 너무 흔합니다. 하나님 입장에서 보면 그런 사역자는 교회와 세상을 위해 전혀 도움이 되지 않고 오히려 해가 됩니다. 이 시대에 필요한 사역자는 오직 성경 위에 서서 디모데후서 3장 15-17절 같은 역사에 사용되는 사람입니다.

또 이 시대는 여러 영향으로 성경의 절대 권위를 인정하는 사람이 사라져가고 있습니다. 보수적인 신학, 개혁주의 전통을 따르는 신학교에서 수학한 사역자들조차 실질적인 면에서 성경으로는 충분하지 못하다고 생각하여 다른 '사역'에 눈을 돌리고 있습니다. 그런 모습이 신비주의나 상처치유 프로그램 또는 예언 운동으로 나타나기도 하고, 열광적인 찬양과 문화적인 퍼포먼스로 나타나기도 하며, 영화를 분석하고 해설하며 설교하는 문화적인 접근 방식으로 나타나기도 합니다. 이처럼 이 시대의 교회 안에는 하나님 말씀의 능력은 뒤로 한 채, 효과가 있다면 무엇이든 다 수용할 수 있다는 상업적이고 소비자 중심적인 논리가 팽배해 있습니다.

이것은 예수님과 초대교회 사도들이 취한 태도와 매우 다릅니다. 1세기 사도들로부터 지금까지 하나님께 쓰임받은 사람은 모두 성경의 권위를 인정했습니다. 이것은 하나님이 역사 속에서 우리에게 검증해 주신 사실입니다.

특별히 사도행전 2장에서 베드로가 오순절에 설교했을 때, 3천 명의 회개가 무엇 때문에 있었는지 생각해 보십시오. 그것은 구약의 말씀을 인용하면서, 그리스도 안에서 하나님이 행하신 일 곧 복음을 전함으로써 가능한 것이었습니다. 스데반의 설교 역시 성경을 말한 것이었습니다. 그들은 모두 오직 성경 위에 서서 담대히 성경의 말씀을 전했고, 그때 수천 명의 마음 안에 놀라운 역사가 일어났습니다. 바로 말씀의 감동자이신 성령이 역사하신 것입니다.

그러한 역사 속에는 또 다른 놀라운 역사가 있습니다. 바로 거짓되고 완악한 자들의 마음을 격동케 하는 것입니다. 그것은 모두 성령과 관련되어 있습니다. 오직 성경 위에 선 신앙과 삶을 위해서는, 사도들처럼 성경에 대한 믿음을 가지고 성경에 기록된 하나님의 말씀을 전함으로써 일어나는 디모데후서 3장 같은 역사가 필요합니다.

하나님은 우리가 사람의 비위를 맞춰 인기를 얻기보다 말씀을 그대로 전할 때, 디모데후서 3상 같은 일 곧 사람들이 회개하여 구원으로 나오고, 완악한 자들이 책망받아 완악함을 드러내는 일을 하십니다. 그것이 우리가 하나님 앞에 구해야 할 일입니다. 또 그것이 교회를 오직 성경 위에 세우려는 사역자들이 소망해야 할 일입니다. 말씀 사역자는 자기의 말이 아닌 하나님의 계시의 말씀, 하나님의 말씀을 전하는 자입니다. 그는 성경의 권위를 알고 인정하며, 그것만으로도 사람을 구원하고 변화시키는 데 충분하다는 것을 전할 때마다 믿고 드러내야 합니다. 하나님의 말씀에 다른 것을 섞어 전달하거나 사람의 비위에 맞춰 전하는 것은 본분을 저버리는 일입니다. 그것은 하나님의 계시인 성경의 권위를 인정하지 않는 것이고, 하나님의 말씀만으로 충분하다는 것을 믿지 않는 것입니다. 다시 말하지만, 오직 성경 위에 선 설교자는 디모데후서 3장 같은 반응을 불러일으킵니다. 스데반의 청중 같은 반응을 일으킨 것도 그가 오직 성경 위에 서서 성경을 전했기 때문입니다.

## 차별적인 설교

베드로와 스데반이 설교할 때 사람들의 반응이 한쪽은 회개하는 쪽으로, 다른 한쪽은 마음에 찔려 적대하는 쪽으로 나타났습니다. 이것은 그들이 성경을 가지고 전했기 때문입니다. 만일 말씀 사역자에게 이 두 개의 반응이 동시에 일어나지 않고 제3의 반응이 일어난다면, 성경의 권위를 인정하지 않고 사람들의 비위를 맞춰 그런 건 아닌지 또는 성경만으로는 충분하지 않다고 여겨 성경을 그저 도구적으로만 사용해 그런 건 아닌지 물어야 합니다.

잊지 마십시오. 오직 성경 위에 선 설교자는 이 두 가지 반응을 함께 일으킵니다. 성경과 교회 역사가 그것을 증거합니다. 오직 성경 위에 서서 전할 때 곧 하나님의 계시의 권위를 인정하면서 그 계시의 충분함을 믿고 확신 있게 전할 때 두 반응이 일어났습니다.

사실 그러한 두 가지 반응은 하나님이 말씀으로 역사하셔서 나타나는 현상입니다. 하나님의 말씀을 통한 능력은 베드로의 회중 같은 반응뿐 아니라, 스데반의 회중처럼 강한 거부감을 일으키는 것으로도 나타납니다. 사람들에게 듣기 좋은 이야기나 하면서 성경을 임의로 말하거나, 거기에 다른 것을 섞어 말하면서 뭔가 좋은 체험을 하라고 말할 때, 이 두 반응은 일어나지 않고 제3의 반응이 일어납니다. 그러나 오직 성경 위에 서서 하나님의 말씀을 전하면, 우리가 원치 않아도 성령께서 말씀을 통해 그리스도인과 비그리스도인을 구분하십니다.

조엘 비키는 그런 설교를 차별적인 설교라고 했습니다. "차별적인 설교란 그리스도인과 비그리스도인 사이에 차이를 둔다. 차별적인 설교는 신자에게는 하늘나라 문을 열어주고 불신자에게는 하늘나라 문을 닫는 열쇠다. 차별적인 설교는 참 믿음으로 그리스도를 구세주로 영접하는 모든 자에게는 죄 용서와 영생을 약속해 주지만, 불신 가운데 회개하지 않고 회심하지 않는 자들에게는 하나님의 심판인 저주와 영원한 정죄를 선포한다."[07]

그런 차별적인 설교는 성경에 대한 믿음이 없으면 할 수 없습니다. 바로 베드로와 스데반의 설교가 그랬던 것입니다. 오늘날 설교자들은 이 부분에서 매우 확신이 없는 것처럼 보입니다. 그들의 설교에서는 사람들을 회개하게 하고 변화시키는 권세와 능력을 볼 수 없기 때문입니다. 대신 성경이야기를 들려주고, 성경의 내용을 인용하듯 말하는 경우가 흔합니다. 제임스 보이스(J. Boice)는 30여 년 전에 다음과 같이 말했습니다.

> 요즘 설교가 쇠퇴하는 이유는 외적인 원인 때문이 아니라, 교회의 신학자들과 신학교 교수들과 이들에게 훈련받은 성직자들이 성

경을 권위 있고도 무오한 말씀으로 믿는 믿음에서 먼저 쇠퇴했기 때문이다. 간단하게 말하면, 하나님께로부터 나오는 말씀에 대한 신뢰 상실이 그 원인이다. (중략) 성경이 전체와 부분에 있어서 오류가 없다는 확신이 없는 설교자들은 (중략) 자신들의 성경 연구에서 세상과 인생을 비춰줄 한 가지 빛을 발견하기 위해 성경을 탐구할 뿐이지 세계와 인생에 대해 우리가 생각해야 할 바를 우리에게 말해주며, 우리가 세계와 인생 사이에서 갖는 질문에 답해 주는 강력한 계시요 우리를 사로잡는 계시를 발견하기 위해 성경을 연구하지 않는다. 이런 참된 권위의 상실보다 더 슬픈 일은 없다. 특히 설교자 자신이 이것을 알지 못하고 있을 때 더욱 그러하다.[08]

성경은 하나님의 계시를 담은 책으로, 우리가 높이고 말고 할 것 없이 권위가 있습니다. 그 신적 권위가 증거 속에서 드러날 때 사람들은 하나님이 능력으로 변화를 경험합니다. 그런데 많은 설교자가 이것을 놓치고 있습니다. 스스로 하나님의 권위를 인정하지 않고 그에 마땅한 태도를 보이지 않다 보니, 하나님의 말씀을 통한 능력 또한 경험하지 못하는 것입니다.

## 사람 중심적인 설교와 상실된 성경의 권위

오늘날 교회 강단을 보십시오. 그곳은 하나님 말씀의 권세가 드러나는 자리가 아니라 사람 친화적인 자리입니다. 또 인간 중심으로 각색된 성경이야기와 만담이 너무 많습니다. 성경과 이 세상의 사상 곧 심리학과 실용주의와 포스트모더니즘과 현재의 유행과 문화를 섞어 사람들과 교감하고 대화하는 곳이 되어버렸습니다. 이런 우리의 현실과 관련해 데이비드 웰스는 『하나님의 거룩한 사랑』이라는 책에서 다음과 같이 말했습니다.

> 오늘날 모든 교회는 아니지만 상당수의 교회에서 강대상이 유리 스탠드로 바뀌는 변화가 일어났다. 그리고 유리 스탠드가 높고 둥근 의자로 바뀌기도 했다. 거기에 담긴 생각은 이로 인해 설교자가 회중과 더 잘 소통할 수 있다는 것이다. 회중도 이제는 청중인가?
>
> 그 의도가 아무리 좋았더라도 여기에는 의도되지 않는 상징적 의미가 있다. 이런 변화가 일으킨 것은 기업체와 마찬가지로 교회에서도 수평적인 차원에서 몰두하게 되었다는 점이다. 우리는 고객에게 초점을 맞추고 그들의 심리에 적응한다. 그리고 초자율성의 시대에 외부인들을 불쾌하게 만들기 쉬운 절대적 권위가 교회에 있다는 사실에 민감해졌다. 그래서 우리의 전략은 권위를 숨기는 것이 되어버렸다. 우리는 기독교 신앙의 수식석 차원을 되도록 많이 감춘다. 그 대신 수평적 차원을 강조한다. 그러나 이것이 의미하는 바는 대개의 경우 우리가 강대상에서뿐 아니라 성경 본문과의 진지한 대면에서도 벗어났다는 것이다. 성공하려면 우리의 태도뿐 아니라 신앙의 내용에 있어서도 소비자 친화적이어야 한다고 생각하기 때문에 그렇다. 그래서 우리는 성경적 설교에서 영감을 주고 방법론적이고 치유 중심적인 이야기로 옮겨갔다.[09]

이것은 성경의 권위를 감추고 수평적인 차원 곧 사람들에게 초점을 맞추는 강단의 태도 변화가, 결국에는 강단에서 전하는 내용 곧 말씀의 변화로 이어졌음을 말해 줍니다. 오늘날 강단의 실상을 매우 정확하게 지적하는 말입니다. 그런 모습은 오직 성경 위에 서 있지 않은 오늘날 목회자들의 모습을 말해 주는 것이기도 합니다. 오직 성경을 가장 먼저 알고 가르치고 인도해야 할 목회자부터 무너져 있다는 말입니다.

성경의 권위를 숨기고, 사람 중심적인 목회와 설교를 하고, 또 그것을 좋게 여기며 따르는 것은, 기독교의 껍데기에 지나지 않습니다. 하나님의 말씀을 전하는 사역자라면, 다른 모든 것에 앞서 먼저 자신이 오직 성경 위에 서 있어야 합니다. 하나님이 계시하신 말씀의 권위를 제대로 알고 그에 대한 확신부터 가지십시오. 성경만으로 우리의 구원과 신앙과 삶에 충분하다는 확신부터 가지십시오. 성경에 대한 바른 태도가 없는 신자와 설교자는 결코 정상적일 수 없습니다.

로이드 존스는 미국 웨스트민스터신학교 신학생들에게 설교에 대해 강의하면서, 왜 설교가 쇠퇴하게 되었는지 다음과 같이 말했습니다.

> 나는 주저 없이 맨 첫 자리에 성경의 권위에 대한 믿음의 상실, 진리에 대한 신앙의 감소를 놓겠다. 내가 이것을 첫 번째로 꼽는 것은 그것이 주요 요인이라고 확신하기 때문이다. 여러분에게 권위가 없으면 여러분은 말을 잘 할 수도, 설교를 잘 할 수도 없다. (중략) 사람들이 성경을 권위 있는 하나님의 말씀으로 받고, 그 권위의 근거

위에서 말하는 동안에는 위대한 설교를 들을 수 있었다. 그러나 일단 거기서 떠나 사변에 빠지고 이론을 내세우며 가설을 끌어들이고부터는 (중략) 쇠퇴하기 시작했다. (중략) 위대한 교리에 대한 믿음이 없어지기 시작하고, 설교가 윤리적인 강연이나 훈계 그리고 도덕의 함양과 사회 정치적인 말로 대치되었으므로 설교가 쇠퇴하는 것은 놀랄 일이 아니다. 나는 바로 이것이 이런 쇠퇴 추세에 대한 첫째 되고 가장 큰 요인이라고 생각한다.[10]

그렇습니다. 오늘날 우리는 성경을 사변적으로 대하고, 성경의 권위와 성경이 말한 위대한 교리에 대한 믿음도 잃어버렸습니다. 물론 앞선 세대에는 성경의 권위를 빙자하여 자신의 생각을 강하게 드러내면서 자신의 뜻을 이루려고 했던 사람들이 있었습니다. 지금도 성경의 권위를 가지고 그런 식으로 자신의 권위를 주장하는 일이 있어서, 그에 대한 사람들의 반발과 경계심이 있습니다.

그러나 그런 경험과 현실 때문에 나는 그들과 다르다는 것을 보이려고, 자신이 마치 초용적인 사람인 것처럼 성경의 권위를 감추는 것은 또 다른 극단입니다. 요즘 그런 식으로 젊은이들의 인기를 끄는 목회자들이 제법 있습니다. 그렇게 포스트모더니즘의 정신을 가진 이들에게 호응한다는 차원에서, 그들과 보조를 맞추면서 반사이익을 얻는 것입니다. 그러나 바른 목회자와 설교자로서 사람을 구원하고 그들을 하나님의 사람으로 온전케 하려면, 무엇보다 하나님 말씀의 권위를 그대로 드러내 전해야 합니다. 그리고 자신 또한 삶과 모든 행실 속에서 그 권위를 인정하며 따르는 모습을 보여야 합니다.

## 우리가 무엇을 들고 섰는지 기억하라

디모데후서 3장 15-17절에서 말하는 역사는 성경의 권위에 대한 믿음으로 성경을 전하고 따르는 가운데 있습니다. 그러므로 하나님께서 설교자로 부르신 사람은 예수님과 사도들 특히 히브리서 기자처럼 성경의 권위에 대한 믿음부터 확고해야 합니다.

히브리서 기자는 히브리서 3장에 시편 95편을 인용하면서 "시편 기자가 말하기를…"이라 하지 않고, "성령이 이르신 바와 같이…"(7절), "성경에 일렀으되…"(15절)라고 했습니다. 이것은 기록된 말씀의 주체가 성령임을 말하면서, 결국 성경에 기록된 것은 설사 시편 기자가 썼다 할지라도 성령이 이르신 것임을 나타냅니다. 바로 그러한 믿음을 예수님과 사도들, 교회 역사 속에서 탁월했던 믿음의 소유자들이 가졌던 것입니다.

설교자는 한 나라의 왕이나 권력자의 특사 입장에서 하나님의 말씀을 전하는 것이 아닙니다. 그것은 만물의 창조자요 이 세상을 주관하며 역사하시는 주권자 하나님, 특별히 그리스도 안에서 죄인을 구원하시는 유일하신 참 하나님의 특별한 계시를 전하는 것입니다. 성경에 너무 익숙한 나머지 그것이 하나님의 생생한 계시이며 메시지임을 망각해서는 안 됩니다.

성경은 단순히 연구하는 책 정도가 아니라 사람을 살리기도 하고 죽게도 한다는 것을 명심해야 합니다. 하나님의 말씀에는 그렇게 권위와 권세가 있습니다. 따라서 하나님의 말씀은 매우 조심스럽고 진중하게 전해야 하며, 심지어 경외심을 갖고 진실하게 전해야 합니다. 또 그것이 얼마나 영광스러운지도 알아야 합니다. 특히 설교자는 하나님의 계시의 말씀을 전함으로써, 사람들로 하여금 말씀하시는 하나님을 대면하게 한다는 사실을 잊지 말아야 합니다.

크리스웰(W. A. Criswell)은 설교란 "전능하신 하나님과 대면하는 통로"라고 말했습니다.[11] 그래서 가볍게 수행할 수 없는 지극히 영광스러운 것으로 보았습니다. 특히 우리가 전하는 하나님의 계시 곧 그분의 말씀에는 온 세상이 기뻐할 복음이 담겨 있습니다. 바로 하나님께서 그리스도 안에서 행하신 놀라운 일, 이 세상 어디서도 말할 수 없는 죄와 사망의 문제를 해결하신 일, 영원한 구원과 영생에 대한 놀라운 사실, 온 우주가 놀라고 영원히 찬송할 소식 등이 그분의 말씀 안에 모두 담겨 있습니다. 그래서 더욱 영광스럽습니다.

그뿐 아니라 그 소식을 전할 때 성령 하나님은 그 말씀을 인증해 주십니다. 즉, 인간을 구원하시고 하나님의 사람으로 온전케 하시며, 거역하는 자들의 마음을 그대로 굳게 하는 일까지 하십니다. 이 세상에서 이보다 더 놀라운 것은 없습니다.

설교자에게는 어두운 이 세상에서 사탄의 권세 아래 멸망을 향해 가는 영혼, 참 생명이 있는지 소자 모르고 허무함 속에 살아가는 영혼에게, 자신의 운명을 영원히 바꿀 복음을 선포하고 전하는 특권과 영광이 있습니다. 오늘날 설교자들은 바로 이러한 특권과 영광을 알고, 이에 대한 확신과 벅찬 마음을 가져야 합니다. 이에 대해 대럴 존슨(Darrell W. Johnson)은 이렇게 말합니다.

> 나는 어떤 것도 설교가 하나님의 지상 사역에서 차지하는 특권을 빼앗을 수 없다고 확신한다. 전달에 관한 이론이나 실제가 아

> 무리 바뀔지라도 성경을 들고 회중 앞에 서서 본문을 통해 말씀하
> 시는 살아계신 하나님의 말씀을 전하는 자를 대신할 수 있는 것은
> 없다.[12]

그렇습니다. 오직 성경 위에 선 설교자는 이것을 압니다. 설교자는 자신이 들고 선 성경 곧 계시된 하나님의 말씀이, 고린도전서 1장 말씀대로 살아계신 하나님의 지혜와 능력이 되어 사람들의 영혼을 구원하고 변화시킴으로써 세상까지 바꾸는 일을 한다는 것을 기억해야 합니다. 아무리 타락한 세상이라도, 공의와 의를 알고 변화되는 진정한 역사는 성경을 통한 하나님의 역사하심 속에 있습니다. 이에 대해 제2스위스 신앙고백은 다음과 같이 정확히 진술합니다.

> 합당하게 부르심을 받은 설교자가 교회에서 하나님의 말씀을 선
> 포한다면, 그것은 바로 하나님의 말씀이 선포되는 것이다. 하나님의
> 말씀에 대한 선포는 곧 하나님의 말씀이다.[13]

사람들이 성경을 죽은 문자처럼 취급한다 해도 성경 자체는 살아계신 하나님의 계시입니다. 성경을 읽고 듣는 자들 안에서 현재시제로 말씀하시는 하나님의 말씀이며 메시지입니다. 그러므로 모든 신자 특히 설교자는 하나님의 말씀인 성경을 들고 선포할 때마다, 우주 만물의 주인이고 창조자시며 지금도 역사를 주장하시고 사람을 살리시는 살아계신 하나님의 말씀을 전하는 자로 서 있어야 합니다. 그런 설교자를 통해 하나님은 메시지를 전하게 하시므로 경외심을 갖고

전해야 합니다.

## 설교자의 무게

설교자는 하나님의 말씀을 가지고 노닥거리며 사람을 웃기려 해서는 안 됩니다. 자신의 말 한마디에 사람들이 웃어주는데 유혹을 받아서는 안 된다는 것입니다. 설교자는 항상 세 가지를 염두에 두어야 합니다.

첫째, 자신이 어떤 자로 서 있는가 하는 것입니다. 곧 평범한 자로 서 있지 않고 살아계신 하나님의 말씀을 전하는 전령이요, 그분의 사자(使者)로 서 있음을 잊지 말아야 합니다. 둘째는 자신이 전하는 내용이 만왕의 왕께서 전하라고 주신 말씀, 즉 하나님의 말씀이요 그분의 메시지임을 잊지 말아야 합니다. 그리고 마지막으로 자신이 말씀을 전할 때 자기 앞에 말씀을 듣는 사람만 있는 것이 아니라, 자기가 하나님의 면전에서 그 일을 수행하고 있으며, 성령께서 그 말씀과 함께 역사하고 계심을 잊지 말아야 합니다.

설교자는 이러한 세 가지 사실을 염두에 두고, 하나님의 말씀을 전한 뒤에는 말씀을 통해 역사하시는 하나님을 믿고 구하면 됩니다. 그러면 듣는 자가 불편해하고 싫어하든, 아니면 회개하고 주님께 부르짖든 성령 하나님이 무슨 일이든 하실 것입니다. 베드로의 회중에게 일어난 반응이든 스데반의 회중에게 일어난 반응이든 둘 중 하나는 일어날 것입니다.

더 나아가 듣는 자들은 하나님에 대한 이해가 열리고, 예수 그리스도 안에서 행하신 하나님의 은혜에 대한 이해와 감격으로 반응하게 될 것입니다. 또 예수 그리스도를 닮아가고 선한 일을 하고자 하는 거룩한 욕구가 일어나는 등 회중의 내면에서 설교자가 알지 못하는 수많은 역사가 성령에 의해 일어날 것입니다. 당장 표시가 나지 않는다고 아무 일도 일어나지 않는 게 아닙니다. 긍정적이든 부정적이든 하나님의 말씀으로 인해 즉각적인 역사뿐 아니라 지속적으로 사람을 다루시는 하나님의 역사가 일어날 것입니다. 설교자는 이것을 기억하고 하나님께서 전하라고 주신 성경 말씀, 곧 사람을 구원하고 변화시키는 생명의 말씀을 두렵고 떨림으로 전해야 합니다.

그뿐 아닙니다. 오직 성경 위에 서서 사역한다는 것은 말씀을 입으로만 전하는 것이 아니라, 전한 말씀을 삶 속에서 믿고 적용하며 누리는 것까지 포함합니다. 비록 설교자가 자신이 전한 대로 살지 못한다 해도, 자기가 전한 말씀 안에서 살고자 노력해야 합니다. 이는 자신이 전한 말씀이 사실임을 증거하는 제2의 설교입니다. 다시 말해, 설교자는 자신의 삶과 묶여 있는 설교를 하는 것입니다.

만일 설교자가 성경에 해박하여 성경에 담긴 하나님의 계시를 잘 전해 놓고 그와 무관하게 산다면, 이는 자신이 전한 하나님의 메시지를 별것 아니라고 스스로 증명하고 짓밟는 것이 됩니다. 이것은 오직 성경을 또 다른 방식으로 무너뜨리는 것입니다. 설교자는 하나님의 계시이며 신적 권위를 가진 성경을 이런 식으로 무시해서는 안 됩니다.

그러나 안타깝게도 그런 설교자가 많습니다. 설교는 구두로 전하는 것뿐 아니라 삶으로도 전하는 것이기에 이것과 씨름해야 합니다.

이것이 설교자에게 가장 힘든 일이기도 합니다. 그러나 이는 하나님의 영광스러운 말씀을 맡은 자의 특권이자 책임입니다. 비록 자신이 전한 대로 완전하게 사는 설교자가 없다 할지라도, 설교자는 자기가 전한 대로 살지 못하는 것에 대해 아파하고 씨름하며 살아야 합니다. 설교자가 그런 고통을 느끼지 않는다면, 앞에서 말한 세 가지를 잊은 설교자로 외식하고 있는 것입니다.

## 설교자의 약함과 그리스도의 능력

설교자가 외식하지 않고 설교자로서 고통을 느끼며 산다는 것은 쉬운 일이 아닙니다. 그래서 항상 그리스도의 구속의 은혜를 의지할 수밖에 없고, 성령의 도우심을 구할 수밖에 없습니다. 이 은혜와 도우심이 없으면 하나님의 말씀을 듣고 서는 것을 지속할 수 없습니다.

물론 설교자의 어려움과 고난은 자신이 전하는 하나님의 말씀을 사람들이 거부하고 적대시하는 데도 있습니다. 그러나 이 세상 만물의 주인이신 하나님, 세상의 주권자요 구원자이신 하나님의 메시지를 자신이 온전치 못한 조건에서 전하고, 또 전한 대로 살지 못하는 고통이 더 크다고 할 수 있습니다. 그런 면에서 설교자는 안팎으로 아픔과 고통을 겪습니다. 그러나 그것은 설교자의 약함 가운데 하나님의 능력이 나타나고 하나님이 드러나기 위한 배경이기도 합니다. 결국 그것이 설교자의 면류관이요 기쁨이 됩니다.

설교자는 이러한 역설적인 경험, 곧 설교자가 겪는 고난과 약함 속에서 그리스도의 능력이 나타남을 알고, 오직 성경 위에 서서 그 사역을 잘 감당해야 합니다. 설교자는 설교자에게 있는 이 신비를 잊지 말아야 합니다. 오직 성경 위에 서서 두렵고 떨림으로 전하는 설교자, 전하는 대로 살지 못해 고통스러워하면서 부족함과 연약함을 하나님께 아뢰며, 그 영광스러운 하나님의 메시지를 들고 선 자신 안에 하나님의 능력이 나타나는 이 놀라운 신비를 잊지 말라는 것입니다. 이 놀라운 은혜와 능력과 비밀이 설교 사역 안에 있습니다.

그러므로 설교자는 오직 성경에서 이탈하지 말고, 오직 성경 위에 선 설교자요 사역자가 되기를 계속해서 힘써야 합니다. 설사 사람들이 자신의 설교를 크게 환영하지 않아도, 설교자는 사역자로서 바른 사역을 위해 오직 성경 위에 서서 그 길을 가야 합니다.

## 사역 안에서 먼저
## '오직 성경'을 회복하라

그렇다고 사람들이 환영하지 않는 것을 정당화해서는 안 됩니다. 그보다 앞서 말한 내용을 전할 때 디모데후서 3장 같은 반응이 있는지를 더 중요하게 보아야 합니다. 오직 성경 위에 선 사역자는 하나님의 말씀을 풍성히 전하기 위해 힘쓸 것이고, 하나님의 말씀과 씨름하는 데 많은 시간을 보낼 것입니다.

만일 그것이 아닌 다른 것에 분주하다면 하나님 말씀에 대한 태도에 문제가 있는 것입니다. 하나님께서 지금 전하라고 주신 메시지요 신적 권위를 가진 말씀을 중히 여기지 않고 가볍게 여기는 것이기 때문입니다.

제임스 스튜어트(James Stewart)는 목사들에게 "거짓된 게으름에 불과한 직업적인 분주함을 조심하라"고 말했습니다.[14] 영혼이 회개하여 타락한 길에서 돌아서게 하고, 사망에서 돌이켜 하나님께 나아가게 하는 메시지에 전념하지 못하면서, 다른 것에 열심인 것은 거짓된 게으름이라는 말입니다. 하나님의 말씀과 씨름하지 않고 다른 것에 바쁜 자는 분명 하나님 말씀의 생명력을 드러내지 못할 것입니다. 그러한 행동은 자기가 전하는 말씀을 부정하고 무시하는 일이 될 것입니다.

오직 성경 위에 선 설교자가 된다는 것은, 성경이 하나님의 특별한 계시이고 절대적 권위를 지닌 정확무오한 하나님의 말씀이며, 우리의 구원과 신앙을 위한 충분한 계시임을 단순히 지식으로 알고 인정하는 것을 의미하지 않습니다. 성경이 그러하다는 것을 자신의 신앙과 삶 속에서, 그리고 말씀을 준비하고 전하는 전 과정 속에서 드러내야 합니다.

월터 카이저(W. Kaiser)는 설교자에 대해 이렇게 말했습니다.

> 살아계신 하나님의 능력의 말씀을 생명력이 없고 지루하고 흐리멍텅하고 시시한 것으로 만드는 설교자는 다 사라져야 한다. 그 말씀이 설교자를 전율시키지 못하고, 그 말씀이 설교자의 마음을 하나님께 영광 돌리려는 강력한 열망으로 채우지 못한다면, 어떻게 듣는 사람들에게 영향을 끼칠 수 있겠는가?[15]

지금은 성경에 대한 비정상적인 태도가 대중의 지지를 받아 정상인 것처럼 보이는 시대입니다. 그래서 종교개혁자들이 외친 오직 성경의 회복이 더욱 절실합니다. 성경이 인간의 책이 아니라 하나님의 영원한 계시이고, 그래서 절대적인 권위를 갖고 정확무오하며, 우리의 구원과 신앙을 위한 충분한 계시임을 실제로 믿는 설교자가 필요합니다. 오늘날 조국 교회의 현실은 그런 신앙으로 살아가며 사람을 살게도 하고 죽게도 하는 이 생명의 메시지를 두렵고 떨림으로 전하는 한 사람이 더욱 절실합니다.

교회 안의 회중이 설교를 조용히 들어준다고 만족해서는 안 됩니다. 그들의 영혼은 절규하고 있습니다. '이것이 기독교인가? 이것이 성경을 가지고 말하는 전부인가? 우리에게 계시해 주신 하나님의 놀라운 메시지의 복음의 부요함이라는 것이 정녕 이것뿐인가?'

매우 게으른 설교자들, 신적인 계시를 인간의 창작물처럼 취급하는 설교자들 때문에 많은 영혼이 이 부요한 계시의 말씀을 듣지 못하고 있습니다. 그래서 그들의 영혼과 그들 안에 계신 성령이 절규하고 있습니다.

## 설교자가 애타게 구해야 할 것

설교자는 자신의 뭔가로 치장하고 허풍스러워서는 안 됩니다. 사람을 많이 모으는 비법이 있다 하더라도 그런 것에 현혹될 필요가 없습니다. 시간이 걸리더라도 오직 하나님의 말씀인 성경에 대한 믿음을 가지고 디모데후서 3장 15-17절의 역사를 보려고 하십시오.

　설교자의 목적은 사람을 많이 모으는 것이 아니라, 하나님의 말씀 곧 생명의 메시지를 전해 본문의 역사가 실제로 일어나게 하는 데 있습니다. 사람들이 구원받아야 하고, 교훈하고 책망하고 바르게 하고 의로 교육하는 일이 있어야 하며, 하나님의 사람으로 온전케 하고, 모든 선한 일을 행할 능력을 갖추게 하는 일이 설교자가 전하는 말씀을 통해 있어야만 합니다. 설교자는 악한 죄인이 그렇게 변화되는 생명의 역사를 보아야 합니다.

　이를 위해 하나님께서 설교자에게 영광스러운 생명의 말씀을 주셨는데, 그것을 유희하면서 도구로 사용한다면 직업적인 종교인이 되는 것입니다. 더 나아가 오직 성경이 무엇인지 모른 채, 그저 성경으로 유희하면서 사람들에게 호감을 사고 자신의 목회 체제를 유지하며 성도를 관리하는 삯꾼이 되는 것입니다.

　아닙니다. 설교자는 디모데후서 3장 15-17절의 역사를 위해 말씀을 들고 선 것이며, 그것을 전하라고 부름받은 자입니다. 설교자는 바로 이런 하나님의 의도와 목적대로 사역하는 자가 되어야 합니다.

　하나님은 오직 성경에서 이탈한 현실 속에서 우리를 부르십니다. 하나님의 말씀을 있는 그대로 생생하게, 두렵고 떨림으로, 생명력 있게 전하라고 말입니다. 이러한 부르심의 증거는 많은 영혼의 절규 속에서 나타납니다. 오늘날 예배당에 모인 회중은 절규하고 있습니다. 그들은 이 풍성한 계시를 통해 하나님의 영광스러움과 복됨과 복음의 부요함과 구원과 하나님의 역사를 보고 싶어합니다.

　우리는 그들의 갈함을 뼈저리게 받아들여야 합니다. 오늘날 우리가 보고 경험하는 기독교는 온전한 기독교가 아닙니다. 디모데후서 3장 15-17절의 역사가 있어야 기독교다운 기독교입니다. 우리는 이에 대한 책임감을 품고 하나님 앞에 엎드려야 합니다. 각자 맡은 자리에서 하나님의 영광이 나타나기를 구하면서 말씀과 씨름해야 합니다. 이로써 우리 모두 말씀의 참 저자이신 성령의 도구로 쓰일 수 있기를 간절히 소망합니다.

# 03
## 대체할 수 없는 '그리스도' (1)

> 하나님은 한 분이시요 또 하나님과 사람 사이에 중보자도 한 분이시니 곧 사람이신 그리스도 예수라 _ **딤전 2:5**
>
> 다른 복음은 없나니 다만 어떤 사람들이 너희를 교란하여 그리스도의 복음을 변하게 하려 함이라 _ **갈 1:7**

　우리가 살피고 있는 '다섯 가지 오직'은 기독교 신앙의 핵심입니다. 이것이 명확하지 않으면 기독교의 모든 것이 혼란에 빠지고 흐릿해집니다. 이미 그런 모습을 중세교회가 보았고, 그것을 본 종교개혁자들은 '다섯 가지 오직'에 해당하는 것을 외치며 기독교 신앙을 바로잡았습니다.

　따라서 오늘날 교회의 많은 혼란과 문제를 해결하는 길은 이 '다섯 가지 오직'의 회복이라 진단하고 있습니다. 그럼에도 우리의 모습은 과거 종교개혁자들이 다섯 가지 오직을 하나님의 말씀 속에서 찾아 씨름하여 알고 소유했던 모습과는 거리가 멀어 보입니다.

# 기독교 신앙의 중심,
# 오직 그리스도

우리가 앞에서 살펴본 바와 같이 다섯 가지 오직 중 오직 성경은 마치 도시의 성곽과 같습니다. 우리가 오직 은혜, 오직 그리스도, 오직 믿음, 오직 하나님께 영광을 제대로 소유하고 누리기 위해서는 먼저 오직 성경을 말해야 합니다. 다른 모든 '오직'이 오직 성경 안에 담겨 있기 때문입니다. 그리고 이제 우리가 살펴보고자 하는 '오직 그리스도'(Solus Christus) 역시 다른 오직과 각각 긴밀한 연관이 있습니다.

마이클 리브스(M. Reeves)는 다섯 가지 오직 중 오직 그리스도와 나머지의 관계를 다음과 같이 말했습니다.

> '오직 그리스도'(Solus Christus)는 우리가 '오직 은혜'(Sola Gratia)를 생각할 때 은혜가 그리스도와 분리될 수 있는 복이나 유익인 것처럼(이것은 다름 아닌 중세 로마 가톨릭의 은혜 개념의 문제였고, 칭의와 성화를 분리하는 오늘날의 여전한 문제다) 생각하지 않도록 지켜준다. 오직 그리스도는 우리가 '오직 믿음'(Sola Fide)을 생각할 때 믿음 그 자체가 공로인 것처럼, 또는 대상 없는 신비한 것이나 분위기인 것처럼 생각하지 않도록 지켜준다. 믿음은 그리스도를 붙잡는 것일 뿐, 우리의 구원은 전적으로 그리스도 안에 있다. 오직 그리스도는 성경 해석의 열쇠이기 때문에, 우리가 오직 성경을 최고 권위로 받아들일 때 우리는 성경 읽는 법을 안다. 그리고 오직 그리스도는 우리가 '오직 하나님께 영광'(Soli Deo Gloria)을 돌리기 위해 무엇이든

생각하고 행한다고 말할 때, 우리의 추구하는 바가 살아계신 삼위일체 하나님의 영광임을 보장한다.[16]

이처럼 예수 그리스도는 성경의 핵심이요, 오직 은혜와 오직 믿음을 말할 수밖에 없는 이유입니다. 그분은 우리가 그리스도 안에서 얻은 구원으로 인해 오직 하나님께 영광을 돌릴 수밖에 없는 이유입니다. 이와 같이 오직 그리스도는 다섯 가지 다른 '오직'과 긴밀히 연결되고 그 중심에 있습니다.

이처럼 중대한 오직 그리스도를 우리가 이 장에서 '대체할 수 없는 그리스도'라는 제목으로 살피려는 이유는, 오늘날 현실에서 성경이 말하는 그리스도와 다른 그리스도가 전해지고 있는 듯 보이기 때문입니다. 오늘날 그리스도는 마치 대체할 수 있는 분처럼 전해지고 있습니다.

종교개혁자들이 그리스도 앞에 '오직'이라는 말을 넣은 것은, 타락한 이 세상의 구원과 회복에 그리스도를 대체할 존재가 없다는 것, 그야말로 오직 그리스도 한 분만이 이 세상을 구원하고 회복시킬 수 있음을 나타내기 위함입니다. 그 사실에 대해 사도행전 4장은 이렇게 말합니다. "다른 이로써는 구원을 받을 수 없나니 천하 사람 중에 구원을 받을 만한 다른 이름을 우리에게 주신 일이 없음이라"(행 4:12).

이처럼 그리스도를 대체할 존재가 없는 이유는 디모데전서 2장 5절이 밝히듯, 하나님은 한 분이시고 또 하나님과 사람 사이에 중보자도 한 분이시기 때문입니다. 그래서 바울이 갈라디아서 1장 7절에서 다른 복음은 없다고 못 박은 것입니다. 그리스도 앞에 있는 '오직'을 부정하면 결국 사도 바울과 믿음의 선배들이 지키고자 한 그리스도의 복음 전체가 변질되고 맙니다.

우리는 이러한 내용이 기독교적 이념이나 죽은 교리 지식이 되지 않도록 해야 합니다. 우리는 오직 그리스도를 말해야 하는 이유를 계시된 성경에 근거하여 생생히 알고, 확신 속에서 그것을 말하고 증거할 수 있어야 합니다.

## 구호가 전부가 아니다

중세시대에는 많은 사람이 교회를 다니며 예수를 믿는다고 했지만, 그들이 말하는 믿음은 오직 그리스도를 믿는 믿음이 아니었습니다. 이러한 모습은 기독교 역사 속에 항상 있었고, 지금도 계속되고 있습니다. 오직 그리스도를 흐릿하게 하고 변질시키며 부정하는 일은 어느 시대에만 있었던 게 아니라, 1세기부터 지금까지 지속되어 왔습니다. 특별히 종교개혁 이후 계몽주의를 지나면서 개신교회조차도 이러한 모습을 나타내고 있습니다. 이처럼 교회는 시간이 흐르면서 오직을 잃어버렸고, 포스트모더니즘의 영향을 받은 지금은 더 모호한 방식으로 오직을 버리고 있습니다.

오늘날 많은 교회가 오직 예수를 표어처럼 사용합니다. 어떤 교회는 이 문구를 큰 비석에 새기고 포스터나 현수막으로 걸기도 합니다. 그러나 안타깝게도 우리의 현실은 그 실상을 알지 못하는 것 같습니다. 중세시대처럼 말입니다.

물론 요리문답을 가르치고 전하는 교회는 거기에 포함된 내용을 안다고 생각할지도 모릅니다. 그러나 우리는 사도들과 종교개혁자들이 말한 오직 그리스도를 과연 우리의 신앙과 삶으로 받아들이고 있는지 진지하게 생각해 보아야 합니다. 오늘날 우리는 『그리스도 없는 기독교』(Christless Christianity),[17] 『주님 없는 복음』(The Gospel According to Jesus)[18]이라는 책이 나오는 현실 속에 살아가고 있습니다. 제임스 보이스는 현시대의 교회에 대해 다음과 같이 진단했습니다.

> 우리 시대 복음주의 교회들의 특징을 제대로 묘사한다면 바로 예수에 대한 강조다. 하지만 이 예수는 종종 우리의 이기적인 욕구와 필요에 영합하는 예수다. 우리 시대의 복음은 자존감이나 긍정적인 정신 태도, 세상적인 성공과 많은 관계가 있다. 반면 죄, 지옥, 심판 혹은 하나님의 진노에 대한 설교는 거의 없으며, 은혜, 구속, 속죄, 화해, 칭의나 믿음 같은 영광의 주님과 그의 십자가를 핵심으로 한 교리에 대해서는 더욱 전하지 않는다. 더욱이 성경적이고 건전한 신학에 대한 이해가 결여된 복음주의자들은 우리 시대의 소비주의에 쉽게 희생된다. 치유 중심의 세계관이 앞서 말한 죄와 은혜, 구속 등의 고전적인 기독교 범주를 대체했으며, 많은 사람이 복음을 특정한 정치철학, 심리학, 사회학 같은 현대 우상과 동일시했다. 그리스도와 그의 십자가가 더 이상 중심이 될 수 없을 정도로 현대 복음주의는 대중의 변덕과 감상주의에 의해서만 진행되는 운동으로 전락되고 말았다.[19]

바빙크는 성경의 "다른 모든 교리는 기독론을 위한 준비이거나 기독론에서 도출된다"고 하면서 "교의학의 심장인 기독론에서 기독교의 종교윤리적 생명 전체의 맥박이 고동친다"고 말했습니다.[20] 또 웰럼(Wellum)은 리브스가 기독교의 중심, 모퉁잇돌, 왕관의 보석은 예수 그리스도라고 말한 것을 인용하면서 이렇게 덧붙였습니다.

> 우리의 모든 신학적인 노력은 '오직 그리스도'와 함께 결국 서고, 넘어진다. 그리스도에 대한 올바른 이해를 통해서만 기독교 신앙에 가장 특징적인 믿음들이 제대로 표현될 수 있다.[21]

그런데 오늘날 교회와 신자들에게 이토록 중요한 오직 그리스도에 대한 이해와 믿음과 증거에 문제가 나타나고 있습니다. 우리의 구원이 오직 그리스도만으로 충분하다는 것을 실제로는 부정한다는 것이 그 증거입니다. 그 대신 결핍된 그리스도를 말하고 믿는 모습이 나타나고 있습니다.

말로는 오직 그리스도만으로 충분하다고 하지만, 오늘날 교회의 현실은 복음에 많은 것을 뒤섞고, 그것에 따른 효과와 능력을 맛보려 하거나 그것으로 구원을 확인하도록 애쓰고 있습니다. 그러나 성경은 오직 그리스도만이 유일한 중보자이므로 다른 이로써는 구원받을 수가 없고, 다른 복음은 있을 수 없다고 명확하게 말합니다.

## '오직 그리스도'를 말해야 할 두 가지 절대적인 이유

이처럼 성경이 확고하게 오직 그리스도를 말하는 것은 절대적인 두 가지 사실 때문입니다. 하나는 우리의 구원과 관련해 하나님이면서 사람인 존재가 그리스도 외에는 없기 때문입니다. 또 하나는 그분처럼 우리의 구원에 충분한 사역을 한 존재가 없기 때문입니다. 이 두 가지 선명한 이유로 우리는 오직 그리스도를 양보할 수도, 다른 것으로 대체할 수도 없습니다.

그러나 오늘날 많은 사람이 이 두 가지 사실을 중요하게 여기지 않습니다. 그러다 보니 다른 것을 자꾸 덧붙이면서 자신의 이기적인 욕구와 필요 차원에서 예수 그리스도를 말하고 믿고자 합니다. 그렇게 함으로써 교회 안에는 그리스도만으로 충분치 않다는 의식이 형성되고, 그러한 분위기가 교회 안에 자리 잡아가고 있습니다.

게다가 오늘날 포스트모더니즘의 영향과 아래로부터의 영성 또는 내면을 향한 영성을 따라서 성경이 말하는 예수 그리스도, 곧 역사 속에 오신 참 하나님과 참 사람으로서 구원을 위한 삶을 사시고 구원을 이루신 예수 그리스도가 아닌, 내면의 신으로서 예수 그리스도를 느끼고 경험하려는 중세적 신비주의가 붐을 일으켰습니다. 모두 성경이 말한 그리스도를 다르게 이해하고 믿는 것입니다. 모두 그리스도를 말하지만, 실상은 서로 다른 그리스도를 믿는 믿음의 개별화가 현실이 되었습니다. 이런 분위기는 주님이 다시 오실 때까지 성경이 말하는 '그 배교'[22]의 배경적 역할을 한다고 볼 수 있습니다.

지금도 어떤 사람은 예수 그리스도의 신성을 강조하면서, 그의 능력 특히 귀신을 쫓아내거나 병 고치는 것 등에만 초점을 맞춤으로써 그리스도의 정체성 곧 그분의 인격을 왜곡하고 오직 그리스도를 부정합니다. 또 어떤 사람은 인성에만 주목하여 예수 그리스도의 도덕적인 모범과 탁월함을 강조하면서, 그런 차원에서 예수 그리스도를 믿고 따르려 함으로써 역시 그리스도의 인격을 왜곡하고, 결국 오직 그리스도를 부정하는 데 기여합니다. 그러면서도 그것이 얼마나 큰 이탈인지 모릅니다. 도리어 도덕적으로 훌륭한 신자로 사는 것에 대단한 만족감과 자부심을 갖습니다.

신앙의 왜곡은 그리스도의 인격과 관련해서만 나타나는 것이 아닙니다. 많은 사람이 그리스도의 중보 사역도 축소하거나 왜곡합니다. 그리스도의 왕적 선지자적인 사역은 둘째 치고, 우리의 죄를 속하는 그리스도의 제사장적 사역조차 틀에 박힌 지식으로만 알고, 그것도 한없이 얄팍하고 감상적인 수준에서 이해합니다. 그리하여 그리스도의 사역이 교회 안에 있는 사람들의 삶을 움직일 정도가 되지 못하고 있습니다. 이것은 그들이 기독교적인 외형은 있어도 기독교인이 아닐 수 있음을 말해 주는 것입니다.

## '오직 그리스도'의 복음에서 샘솟는 뜨거움

1세기부터 지금까지 기독교의 참된 생명은 성경이 말한 예수 그리스도를 알고 믿는 데 있었습니다. 신자에게 생기와 소망을 주고, 신앙과 삶에 역동성을 갖게 하는 것은 다름 아닌 오직 그리스도를 아는 것과 관련되어 있습니다. 이것은 성경과 기독교 역사 속에 있었던 사람들의 생생한 역사와 지금도 살아있는 진실한 믿음의 사람들을 통해 공통적으로 발견되는 모습입니다.

그런데 오늘날 많은 교회가 사람들의 비위를 맞추기 위해 변형된 예수 그리스도, 축소된 예수 그리스도를 말하고 있습니다. 이것은 스스로 기독교를 부정하는 것이고, 기독교의 참 생명과 능력을 거부하는 것입니다. 그런 점에서 우리는 오직 그리스도를 알고, 그로 인한 신앙과 삶과 능력과 생기가 있는지 물어야 합니다.

누가복음 24장은 부활하신 예수님이 엠마오로 가는 길에서 만난 제자들에게, 모세와 모든 선지자의 글로 시작해 모든 성경에 쓴 바 자기에 관한 것을 자세히 설명하셨을 때, 그들의 마음이 뜨거워졌다고 말합니다. 이것은 성경이 오직 그리스도를 말한다는 사실과 함께 그것을 알고 전할 때 어떤 일이 일어나는지 우리에게 시사해 줍니다.

성경은 인간의 죄 된 조건이든, 타락한 역사와 궁극적인 구원의 필요성이든, 하나님의 구원 계획이든 또는 그분의 은혜와 사랑이든, 오직 그리스도 안에서 구원과 해답을 말하고 있습니다. 놀라운 것은 그러한 내용이 사람의 영혼을 변화시키고 구원하며 마음을 뜨겁게 하여 신앙과 삶에 생기를 갖게 한다는 것입니다. 그런데도 사람들은 오직 그리스도에 충실하지 않습니다. 이 세상의 필요와 이기적인 욕구를 채워줄 예수, 특히 심리 치유적인 예수를 말하고 더 찾습니다. 정작 하나님께서 육신을 입고 이 땅에 오셔서 왕과 선지자와 제사장직을 감당하시고, 지금도 중보 사역을 하고 계신 것 안에 얼마나 큰 부요함이 있는지는 모르면서 말입니다. 바울은 빌립보서 3장에서 이렇게 고백했습니다.

> 그러나 무엇이든지 내게 유익하던 것을 내가 그리스도를 위하여 다 해로 여길뿐더러 또한 모든 것을 해로 여김은 내 주 그리스도 예수를 아는 지식이 가장 고상하기 때문이라 내가 그를 위하여 모든 것을 잃어버리고 배설물로 여김은 그리스도를 얻고 그 안에서 발견되려 함이니 내가 가진 의는 율법에서 난 것이 아니요 오직 그리스도를 믿음으로 말미암은 것이니 곧 믿음으로 하나님께로부터 난 의라 내가 그리스도와 그 부활의 권능과 그 고난에 참여함을 알고자 하여 그의 죽으심을 본받아 어떻게 해서든지 죽은 자 가운데서 부활에 이르려 하노니 _ 빌 3:7-11

이렇게 바울이 고백할 수 있었던 것은 다름 아닌 오직 그리스도 때문이었습니다. 예수 믿는 우리도 오직 그리스도 안에서 그럴 수 있는 이유를 알고 소유해야 합니다.

## 성경과 분리된 다른 그리스도

그러나 치유와 능력과 성공과 안정적인 삶을 위해 종교생활을 하는 오늘날의 신자들에게 오직 그리스도와 그로 인해 누리는 비교할 수 없는 생명과 구원과 복됨은 낯선 것이 되었습니다. 다른 것은 모두 배설물로 여기면서 그리스도의 뒤를 따르고, 그런 차원에서 주님을 본받는 신앙에서는 멀어져 있습니다. 목회자들마저 적당한 고난이라는 양념에 성공이라는 반찬을 누리고 싶은 마음에서, 그야말로 요리된 예수 그리스도를 전하기도 합니다.

게다가 요즘은 포스트모더니즘의 다원주의 영향을 받아 예수 그리스도를 말할 때 폭넓은 신(神) 개념을 사용합니다. 오직 그리스도라고 말하면 독단적인 인상을 줄까 봐 오직 그리스도를 말하는 것을 주저하거나 두려워합니다. 프랜시스 쉐퍼(Francis A. Schaeffer)는 오래전 그런 기독교의 분위기를 감지하면서 이렇게 말했습니다. "나는 '예수'라는 말을 들을 때 조심스럽게 듣는 지경까지 이르게 되었다. 왜냐하면 애석하게도 나는 현대 세계에서 거의 모든 다른 말보다 '예수'라는 말을 겁내게 되었기 때문이다."[23]

그런데 지금은 더 심해졌습니다. '오직'을 말하는 것을 두려워하며 다른 예수를 말하기까지 합니다. 웰럼은 이런 쉐퍼의 말을 상기하면서 최근에 이렇게 말했습니다. "오늘날 예수는 성경의 예수만 빼고 그가 누구였으면 하고 사람들이 바라는 모든 것이다. 오늘날 많은 사람이 자행하는 것처럼 성경 본문에 낯선 세계관을 부과하면 예수의 정체성에 대한 하나님의 권위 있는 계시는 반드시 가려진다."[24]

분명 우리에게는 하나님의 계시인 성경이 있고, 그 안에서 오직 그리스도를 증거하는 말씀을 접하지만, 마치 우리 눈을 가린 것처럼 성경과 분리된 예수 그리스도를 말하고 듣고 있습니다. 예수 그리스도를 말하는데 낯선 세계관이 덧칠된 예수, 내가 원하는 치유와 능력과 성공을 위한 예수가 되어, 성경과 다른 예수를 말하고 믿고 있는 것입니다.

이 모든 일의 책임은 일차적으로 목회자에게 있습니다. 목회자가 회중을 생각해서든 아니면 자신의 절박한 필요 때문이든, 이기적인 욕구와 필요라는 마음의 눈으로 예수를 바라보고, 그 예수를 전하고 설교하기 때문입니다. 이처럼 오직 그리스도에 대한 마음이 어두워져 다르게 말하고 축소하고 변질시키는 것에 대해 마이클 호튼(Michael Horton)은 '진리 부패'(truth-decay)[25]라는 말을 사용했습니다. 오직 그리스도를 축소해 전하든, 우리의 욕구와 필요 차원에서 예수 그리스도를 묘사하든, 오늘날 많은 사람이 자기도 모르는 사이 오직 그리스도와 관련해 진리 부패에 동참하고 있다는 것입니다.

만일 우리가 그리스도의 정체성, 곧 참 하나님이신 분이 자기를 비워 낮춤으로써 사람의 몸을 입고 오셔서 나타내신 그의 정체성을 복음으로 믿고 전하지 못한다면, 그리고 그보다 더 기쁜 소식이 없다는 사실을 상세히 전하지 않는다면, 우리 역시 오직 그리스도를 실천적인 면에서 거부하고 부정하는 것입니다. 그리스도가 선지자와 제사장과 왕으로서 사역하셨고, 지금도 그 유일한 사역에 근거해 중보하심으로 얻은 결코 흔들릴 수 없는 구원을 믿고 전하지 않는다면, 우리도 진리 부패를 거들고 있는 것입니다.

호튼은 우리가 그리스도를 전한다는 것이 무엇이며, 또 반대로 무엇이 그리스도를 전하는 것이 아닌지에 대해 다음과 같이 말했습니다.

> 그리스도를 전한다는 것은 특별히 선지자와 제사장과 왕이라는 직분을 가진 그리스도를 선포하는 것이다. 우리는 하나님의 말씀이나 뜻을 계시할 다른 선지자가 필요치 않다. 하나님의 계시와 복을 중보할 제사장도 더 이상 필요치 않다. 그리고 교회나 그리스도인 개개인의 교리와 삶을 통치할 별도의 왕도 필요치 않다. 더 나아가

서 그리스도를 신적 치료자, 인도자, 연인, 능력의 원천, 정치적 개혁자, 치유자, 코치로 제시하며 하나님과 불의한 자의 중보자가 아닌 어떤 분으로 제시하는 것은 하나님의 참된 사역과 직분에 중심성을 손상함으로써 그리스도의 중심성을 제거하는 것이다(고전 1:22-2:2).**26**

이처럼 어떤 식으로든 그리스도의 중심성을 손상시키고 제거하는 것만으로도, 우리는 오직 그리스도를 부정하고 진리 부패의 실상을 따르는 것이 됩니다. 그런데 그런 실상이 오늘날 설교자의 메시지에서 나타나고 있습니다. '복음' '예수' '그리스도' 특히 그의 '십자가와 부활' 등의 용어만 사용할 뿐, 그 부요한 진리를 축소하거나 대중의 기호에 맞게 변질시키고 있습니다.

## 그리스도를 알자,
## 그리스도를 알자

하나님이 육신을 입고 오신 이 놀랍고 기이한 사실을 묵상해 보십시오. 우리는 이 사실을 두렵고 떨림으로 전해야 합니다. 우리는 호튼이 말한 대로 우리에게 다른 선지자나 제사장이나 왕이 필요하지 않다는 사실을 분명히 알고, 유일한 중보자이신 예수 그리스도를 믿고 전해야 합니다. 오늘날 하나님의 말씀을 넘어서는 것을 말하며 예언하는 선지자들이 많습니다. 그러나 우리는 그리스도 예수 안에 구원에 필요한 하나님의 모든 말씀과 뜻이 계시되어 있음을 확고히 해야 합니다.

호튼은 하나님의 계시와 복을 중보할 다른 제사장이 필요치 않다고 했습니다. 그러나 오늘날 우리는 그리스도의 제사장직에 대해 무지하여 큰 혼란을 겪고 있습니다. 이것은 단순히 지식과 용어의 문제가 아닙니다. 그리스도의 제사장직의 내용을 '십자가' '그가 고통스럽게 죽으셨다'는 이미지로만 축소하여, 성경이 증거하는 바 그분이 행하신 제사장직의 부요한 내용을 알고 누리며 사는 데까지 이르지 못하고 있습니다.

제사장이신 그리스도께는 대속과 희생제사와 만족, 그리고 그와 관련된 구속과 화해와 칭의의 복이 있습니다. 또 그분은 지금도 제사장적 사역에 근거해 우리를 위한 대언자로 계십니다(요일 2:1). 당신은 그리스도께 있는, 그리고 그분께서 베푸시는 이러한 은혜의 혜택을 알고 누리고 있습니까? 그리고 그것을 뜨거운 마음으로 전하고 있습니까?

오늘날 교회 안에는 그리스도의 제사장직과 관련된 내용, 곧 그분의 중보로 인한 영혼의 위로와 기쁨과 확신도 없이, 그저 행위에 매여 사는 것처럼 보이는 사람이 많습니다. 그러나 예수 그리스도를 믿는 진정한 신앙은 그분이 행하신 놀라운 일로 인하여 감사와 구원의 확신 속에서 기꺼이 헌신하는 믿음입니다.

또 그리스도는 참 하나님이자 참 사람으로서 왕직을 수행하셨고, 지금도 우리를 다스리는 왕이십니다. 그러나 오늘날 우리는 그리스도의 통치를 받으며 사는 것보다 자신이 주권자가 되어 살거나, 그리스도의 머리 되심보다 인간의 조직과 체계에 따른 교회생활을 해나

가는 경우가 많습니다.

교회의 주권과 통치는 그리스도께 있고, 그분은 교회 안에서 자신의 주권을 실제로 행사하십니다. 따라서 그의 몸에 속한 자라면 누구나 자기 신앙과 삶의 통치자이신 그리스도를 알고 그의 통치를 실제로 받습니다. 그런데 이런 실제적인 이해와 경험은 모른 채, 오늘날 우리는 그저 찬양의 가사로만 그리스도를 세상의 통치자요 주권자로 말하고 있지는 않은지 자문해 보아야 합니다.

기독교는 하나님이 인간의 몸을 입고 왕과 선지자와 제사장직을 수행한 것에 근거해 구원과 복됨을 말하는 종교입니다. 바로 그것을 이 세상과 죄인 된 우리에게 복음으로 전해 주는 종교가 기독교입니다. 그야말로 어느 것 하나 복음이 아닌 것 없는 그리스도의 모든 것이 복음입니다. 복음은 절망스러운 죄인을 위해 하나님께서 육신을 입고 오셔서 행하신 일이고, 지금도 행하시는 일이기 때문입니다. 그래서 우리는 오직 그리스도를 말할 수밖에 없습니다.

그러므로 이에 대해 주저하거나 불명확하거나 확신이 없다면, 아직 복음을 모르는 사람입니다. 육신을 입고 오신 하나님의 아들 예수 그리스도를 사실상 아는 것이 아닙니다. 특히 설교자로서 예수를 그런 분으로 전하고 있지 않다면 강단에서 내뱉는 말은 사변적인 지식 이상일 수 없습니다.

기독교의 참된 역사, 곧 사람을 살리는 구원과 생명의 역사는 사도 시대부터 지금까지 오직 그리스도를 전할 때 있어 왔습니다. 참된 신자와 사역자라면 이러한 그리스도의 인격과 중보 사역을 조금이나마 축소해서도 그에 대해 무지해서도 안 됩니다.

## 참 생명은 오직 그분 안에

메이첸(G. Machen)은 기독교 전도에서 있을 수 있는 문제를 지적하면서 참된 생명의 역사와 관련해 이렇게 말했습니다.

> 사람은 우리의 찬란한 기독교적인 덕목의 진열에 의해 구원받지 않는다. 또 우리의 체험의 감염에 의해 구원받지도 않는다. (중략) 우리는 그들에게 주 예수 그리스도를 전파해야 한다. 왜냐하면 오직 그리스도를 제시하는 복음을 통해 사람이 구원을 얻을 수 있기 때문이다. 당신이 영혼의 건강을 원한다면, 또 당신이 다른 사람에게 영적 건강을 전달하는 수단이 되길 원한다면, 당신 속에 그리스도를 발견할 수 있는 것처럼 당신의 시선을 끝없이 속으로 향하지 말라. 오히려 당신의 시선을 자신의 비참한 체험에서 또 자신의 죄에서 돌이켜 복음이 우리에게 제시하는 주 예수 그리스도께로 향하라.[27]

우리는 그의 말을 명심해야 합니다. 사람은 기독교적인 덕목을 행하거나 어떤 체험으로 구원받는 것이 아닙니다. 구원 얻는 생명의 역사는 오직 그리스도를 제시하는 복음을 통해서만 일어납니다. 그 외에는 모두 인위적인 역사입니다. 기독교가 말하는 내용을 알고 소유하고 경험하고 싶다면, 또 기독교의 참된 생명의 역사를 보고 싶다면 오직 그리스도를 알고 전하십시오.

우리는 오직 그리스도 대신에 축소된 그리스도, 변질된 그리스도, 이기적인 욕심과 필요에 맞춘 그리스도를 찾고 믿고 전함으로써 생긴 기독교의 비참함과 생기 없음과 혼란스러움과 무기력함, 이단이

노략질하는 현실을 이미 톡톡히 경험하고 있습니다. 이것은 우연히 일어난 사회 현상이나 일반적인 기독교 현상이 아닙니다.

사람들은 포스트모더니즘에 따라 종교 다원주의가 마치 시대를 앞서가며 관용과 포용 정신을 가진 것처럼 말합니다. 반면, 기독교는 오늘날 인기 있는 불교의 참선이나 뉴에이지 영성보다도 허접하고 매력 없는 종교로 여기고 있습니다. 그런데 오늘날 기독교가 그런 종교로 전락한 결정적인 이유는 오직 그리스도를 알고 믿고 전하는 것이 흐려지고 사라졌기 때문입니다.

오늘날 기독교는 예수 그리스도를 말하지만, 신자유주의를 따라 신인(神人)이신 그리스도 같은 이성적으로 납득하기 어려운 내용이나 죄, 지옥, 심판과 함께 그리스도의 중보 사역을 말하기보다는, 도덕적인 그리스도 그야말로 사람들이 선호하는 도덕적인 복음을 말합니다. 바로 그런 곳에 사람들이 더 많이 모이는 것이 오늘날의 현실입니다.

이렇게 오직 그리스도 대신 사람들의 비위에 맞춘 축소되고 변질된 그리스도를 전하다 보니, 사람들은 교회를 다니면서도 그리스도 안에서 얻는 구원의 복됨과 부요함으로 만족하고 행복해하는 대신, 예수 그리스도를 이용해 얻는 다른 것으로 행복을 추구하려고 합니다. 심지어 그것이 기독교인 것처럼 여기는 분위기로 점점 바뀌어 가고 있습니다.

이 얼마나 괴이하고 이상한 기독교의 모습입니까? 과연 그것이 하나님께서 이 땅에 오셔서 우리와 같은 몸을 입고 죽으시고 부활하여 얻게 하고자 한 것일까요? 이처럼 오직 그리스도가 왜곡되다 보니 교회 다니는 사람들의 신앙과 삶의 가치와 목표도 왜곡되고 있습니다. 바울처럼 그리스도를 얻고 모든 것을 배설물로 여기며 그를 더욱 알고 닮아가고자 하는 것이 아니라, 이 세상에서 심리적인 안정을 얻고 성공하며 잘 사는 것을 더 추구하는 기현상을 드러내고 있습니다. 예수 그리스도를 믿는다고 하지만 실상은 예수 그리스도를 이용해 그런 삶을 살고 싶은 것입니다. 이것은 성경이 신성과 인성을 지닌 유일한 중보자라 말하는 그리스도와 그가 이루신 구원이 완전하고 충분하고 모든 것을 충만케 한다는 것을 믿지 않기 때문입니다.

## 그리스도다,
## 우리가 아니라 그리스도다

바울은 골로새서 2장에서, 육신을 입고 이 땅에 오신 그리스도 예수 안에는 "신성의 모든 충만이 육체로 거하시고"(골 2:9)라고 말한 뒤 곧바로 "너희도 그 안에서 충만하여졌으니"(골 2:10)라고 말합니다. 그럼에도 오늘날 교회 안의 많은 사람이 신성과 인성을 지니신 그리스도 안에서 충만해졌다는 사실을 모르거나 무시하면서 또 다른 충만을 원하거나 찾고 있는 것처럼 보입니다. 신비주의나 뉴에이지에서 말하는 것처럼 예수 그리스도를 건너뛴 채 하나님을 직접 경험함으로써 충만을 경험하고자 하는 것입니다.

또 은사주의나 신비주의자처럼 그리스도 안에서 충만해진 것은 알지도 못한 채 그저 성령의 은사와 신비한 것만 체험하려고 합니다. 그리스도 안에 무엇과도 비교할 수 없는 영구한 것이 있어서 그 안에서 그리스도를 더 알고 경험하고자 해야 하는데, 어떤 사람들은 그런 것 없이 능력 체험, 능력 전도, 능력 대결 운운하며 마귀와의 영적인 싸움에서 승리하는 것이나 신사도 운동에서 말하는 것 같은 능력을 경험하고자 합니다.

바울이 골로새교회에 편지를 보낼 때 그들에게 철학과 율법주의, 신비주의, 금욕주의의 영향이 있었는데, 오늘날 교회도 심리학, 실용주의, 중세적 신비주의, 포스트모더니즘 같은 다양한 세상 정신의 영향을 받아 그런 것으로 채우고 위로받으며 신앙생활을 하려는 모습이 많이 보입니다. 그리스도 안에서 충만해졌다는 사실은 모르거나 너무 사변적으로 아는 것입니다.

바울이 골로새교회가 그리스도 안에서 충만해졌다고 말하면서 그들이 영향받고 있던 잘못된 세상 정신을 지적했듯, 오늘날 우리도 교회 안에 잡다한 세상 정신을 뒤섞거나 다른 것으로 채워 충만하려고 애쓰는 실상을 보고 분별해야 합니다. 특히 오늘날 교회에는 율법주의가 바울 당시의 골로새교회나 갈라디아교회 못지않게 만연해 있습니다. 매우 많은 사람이 그리스도 안에서 충만해졌다는 사실을 모르거나 인정하지 않고, 자신의 열심과 행위로 안전과 충만함을 가지려 합니다.

바울은 예수 믿는 우리가 그리스도 안에서 충만해졌다고 말한 뒤, 이어서 그 안에서 우리가 얻은 구원과 용서의 완전함, 그리고 그리스도께서 죽음과 부활을 통해 사탄의 세력을 멸하여 우리에게도 완전한 승리를 주셨다고 말합니다(골 2:11-14 참조). 그럼에도 오늘날 많은 사람이 이 사실을 이해하지 못하고, 마치 자신이 뭔가를 채워 충만해져야 하는 것처럼 자꾸만 빗나간 충만, 빗나간 만족을 찾으려 애쓰고 있습니다. 심지어 교리문답 등을 통해 그와 관련된 지식이 있음에도 그런 일이 일어나는 것은 그것이 죽은 지식임을 말해 줍니다.

기독교 안에서 어떤 충만을 추구하고 심지어 에베소서 5장에서 말하는 성령 충만을 추구할지라도, 그리스도 안에서 충만해졌다는 것을 모르면 아무 의미가 없습니다. 아니, 그것은 자신을 그리스도 안에 있는 충만에서 빗나가게 하는 파괴적이고 위험한 충만을 추구하는 것입니다. 기독교의 모든 충만은 오직 그리스도 안에서 충만해진 것을 알고 소유할 때만 가능합니다. 구원과 삶, 영적인 갈망과 추구, 심지어 체험까지 포함해서 말입니다.

## 이 시대에 우리에게 맡겨진 절실한 사명

오직 그리스도를 알고 소유한 바울이 빌립보서 3장에서 보인 것 같은 반응이 우리에게도 있는지 돌아보십시오.

> 그러나 무엇이든지 내게 유익하던 것을 내가 그리스도를 위하여 다 해로 여길뿐더러 또한 모든 것을 해로 여김은 내 주 그리스도 예수를 아는 지식이 가장 고상하기 때문이라 내가 그를 위하여 모든 것을 잃어버리고 배설물로 여김은 그리스도를 얻고 그 안에서 발견되려 함이니 내가 가진 의는 율법에서 난 것이 아니요 오직 그리스도를 믿음으로 말미암은 것이니 곧 믿음으로 하나님께로부터 난 의

라 내가 그리스도와 그 부활의 권능과 그 고난에 참여함을 알고자 하여 그의 죽으심을 본받아 어떻게 해서든지 죽은 자 가운데서 부활에 이르려 하노니 내가 이미 얻었다 함도 아니요 온전히 이루었다 함도 아니라 오직 내가 그리스도 예수께 잡힌 바 된 그것을 잡으려고 달려가노라 형제들아 나는 아직 내가 잡은 줄로 여기지 아니하고 오직 한 일 즉 뒤에 있는 것은 잊어버리고 앞에 있는 것을 잡으려고 푯대를 향하여 그리스도 예수 안에서 하나님이 위에서 부르신 부름의 상을 위하여 달려가노라 _ 빌 3:7-14

이런 앎과 확신 없이 말하는 그리스도는 성경이 증거하는 오직 그리스도가 아닐 것입니다. 그런 사람은 뭔가 결핍된 그리스도, 잘해야 책에서 습득한 지식 정도를 말하고 있는 것입니다.

오직 그리스도를 알고 그 안에서 살며 증거하는 일을 확고히 하는 것이 이 시대에는 더욱 절실합니다. 이것을 중대한 문제로 생각해야 할 정도로 기독교가 변질되는 원인이 여기 있습니다. 칼빈은 이렇게 말했습니다.

> 우리가 그리스도의 탁월하심을 인지하지 못하기 때문이 아니라면, 어째서 그런 여러 이상한 교훈에 끌려다니는가?(히 13:9) 오직 그리스도만 다른 모든 것을 홀연히 사라지게 만든다. 그래서 사탄에게는 그리스도를 가리도록 안개 끼우는 일을 달성하려고 애쓰는 것만큼 많이 애쓰는 일이 없다. 왜냐하면 사탄은 이 방법으로 모든 거짓에 길이 열린다는 것을 알기 때문이다. 그러므로 이것(그리스도

의 탁월하심이 참으로 인지될 수 있도록 그리스도를 그분의 모든 복과 더불어 목전에 제시하는 것)이 순수한 교리를 회복할 뿐 아니라 유지하는 유일한 수단이다.[28]

그는 오직 예수 그리스도가 흐려지면 어떤 일이 일어나는지 명쾌하게 말해 주었습니다. 오늘날 우리는 사탄이 원하는 대로 모든 파괴적인 길이 열리는 현상을 보고 있습니다. 그럼에도 우리는 이러한 실상을 알아채지 못하는 것처럼 보입니다. 오직 그리스도가 흐려져서 생긴 이러한 현상은 앞으로도 계속될 것입니다. 우리 개인의 신앙과 삶뿐 아니라 조국 교회 현실에서도 그럴 것입니다. 이 시대에 우리는 이것을 의식하는 신자로 바로 서야 합니다. 더 나아가 우리의 모든 것 되신 그리스도를 애타는 간절함으로 전하는 사역자로 서야 합니다. 우리가 그와 같이 오직 그리스도에 대해 확고히 알고 믿으며, 이 세대를 향해 전할 수 있기를 소망합니다.

# 04
## 대체할 수 없는 '그리스도' (2)

> 하나님은 한 분이시요 또 하나님과 사람 사이에 중보자도 한 분이시니 곧 사람이신 그리스도 예수라 _**딤전 2:5**
>
> 다른 복음은 없나니 다만 어떤 사람들이 너희를 교란하여 그리스도의 복음을 변하게 하려 함이라 _**갈 1:7**

### 비교 대상이 없는 유일하신 분

앞장에서는 오직 그리스도를 선명하게 드러내지 못하는 우리의 영적 현실을 대략 살펴보았습니다. 이번 장에서는 성경이 증거한, 그리고 종교개혁자들이 다시 외친 오직 그리스도가 구체적으로 무엇인지, 또 그것이 부정되고 있는 오늘날 우리는 과연 어떻게 해야 할지 생각해 보겠습니다.

우리는 먼저 다른 무엇과 비교할 수 없는 그리스도만의 배타적인 정체성과 사역의 충분함부터 확고히 해야 합니다. 예수 그리스도가 배타적인 정체성을 갖는 이유는 디모데전서 2장 5절 말씀처럼, 예수 그리스도가 하나님과 사람 사이에 유일한 중보자시기 때문입니다.

참 하나님이며 참 사람이신 그분은 신성의 모든 충만이 육체로 거하시는 분으로서, 하나님과 우리 사이에 참되고 유일한 중보자가 되십니다. 그분 말고 이 세상에 그런 분이 없습니다. 하나님께서 친히 세상을 구원하기 위해 참 사람이요 참 하나님인 중보자가 되셨습니다. 빌립보서 2장은 그분에 대해 "근본 하나님의 본체시나 하나님과 동등됨을 취할 것으로 여기지 아니하시고 오히려 자기를 비워 종의 형체를 가지사 사람들과 같이 되셨고"(빌 2:6-7)라고 말합니다.

죄와 사망이 드리운 이 세상에 저 유일한 존재의 등장은 매우 경이롭고 형용할 수 없는 기쁜 소식입니다. 이 세상 전 역사를 통틀어 유일한 분이 오신 것입니다. 이 세상에 우리의 이해가 미치지 못할 신비롭고 놀라운 일이 일어난 것입니다.

## 그리스도께서 주신 것 이전에
## 그분 자체를 보라

오직 그리스도의 기초에는 하나님이 인성을 취하신 비밀과 영광이 있습니다. 이 신비에는 우리의 이해가 미치지 못하는 부분이 있습니다. 그래도 우리는 그 영광을 주목하고 말해야 합니다.

예수 그리스도는 우리 같은 몸을 입고 이 땅에 오셨지만, 성부 성령 하나님이고 영원한 관계 속에 계신 성자 하나님이십니다. 예수 그리스도는 시공간 속에 오셔서 죄 가운데 있는 우리와 함께 계셨지만, 본래 존재와 속성에서 무한 불변하십니다.

이 사실은 모든 신자와 특히 사역자의 가슴을 항상 뜨겁게 합니다.

또 진실로 그러해야 합니다. 하나님과 사람 사이에 구원의 길을 내고 죄인의 중보자가 되기 위해, 신성만 가지셨던 그분이 우리 같은 인성을 한 인격 안에 취하셨다는 것은 우리의 마음을 뜨겁게 합니다.

우리는 이같이 그리스도께서 신성과 인성을 지니신 비밀과 영광스러움을 알기도 전에, 그런 지식을 곧바로 우리의 구원과 연관시켜 이해하려는 경향이 있습니다. 그야말로 빌립보서 2장 6-7절의 경이로움과 영광스러움, 그리고 그 사실로 인한 절대적인 배타성을 생각하지 않는다는 것입니다.

우리가 그렇게 된 데는 11세기 안셀무스(Anselm of Canterbury)의 영향이 있습니다. 그는 "하나님은 왜 인간이 되셨는가?"(Cur Deus Homo?)라고 물은 뒤 그 대답을 그리스도께서 죄로 인한 파괴와 피해를 복구하기 위해 세상에 오셨다고 하면서, 결국 속죄를 위해 오신 것으로 말한 이래로, 많은 사람이 예수 그리스도의 대속에 초점을 맞추고 생각해 왔기 때문입니다.

물론 그것은 맞는 내용이고 성경이 증거하는 바입니다. 그러나 너무 성급하게 그런 결론을 냄으로써 인성을 취하신 유일한 존재로서 하나님의 경이로움과 영광은 거의 생각하지 못하게 되었습니다.

토머스 굿윈(Thomas Goodwin)은 그리스도의 구속으로 인한 은택, 곧 우리를 구원하는 것보다 더 가치 있고 영광스러운 것은 '그리스도의 위격(位格)'이라고 말했습니다. 다시 말해, '성자 하나님께서 인간이 되신 것'이라고 말한 것입니다. 그는 그리스도께서 획득하신 은택은 우리에게 주신 그리스도의 위격이라는 선물, 곧 하나님이면서 사람이 되심으로 신인(神人)이라는 위격의 선물에 한참 미치지 못하며,

그리스도의 위격의 영광 자체에는 더더욱 미치지 못한다고 말한 것입니다. 그는 그리스도의 위격은 하나님께서 우리에게 주신 모든 은택보다 무한히 더 가치 있다고 말했습니다.[29]

전 인류 역사에서 전무후무한 존재, 곧 하나님이 사람이 되신 그리스도의 정체성은 우리에게 무척이나 놀라운 선물이며, 죄와 사망이 드리운 이 세상에 빛과 생명과 소망이 됩니다. 그래서 그리스도께서 태어나셨을 때 천사가 목자들에게 큰 기쁨의 좋은 소식이라고 말한 것입니다(눅 2:10).

스테판 차녹(Stephen Charnock)은 굿윈과 같은 맥락에서 그리스도의 위격에 대해 "그리스도에게는 구주라는 직분보다 더 탁월하고 훌륭한 뭔가가 있다. 곧 그리스도의 위격의 위대함은 그분의 죽음으로 발생하는 구원보다 더 탁월했다"[30]고 말했습니다.

따라서 오직 그리스도의 의미를 이해하려면 그리스도께서 우리의 구원을 위해 행하신 것, 곧 그의 구속을 통한 우리의 구원에 앞서 그리스도의 위격적인 영광과 그 유일무이함을 먼저 생각하고 그에 대해 확신을 가져야 합니다. 만일 이러한 내용은 건너뛰고 예수 그리스도를 생각하고 말하면, 우리는 다른 종교적인 인물이나 그들의 구원 방법, 심지어 인간의 무엇을 더한 구원 방법에 흔들리게 됩니다.


## 그리스도 안에서 나타난 '위로부터의 구원'

성경은 분명 다른 이를 통한 구원은 없다고 말합니

다. 거듭 말하지만, 우리의 구원을 위해 죄 없는 완전한 존재, 곧 하나님이면서 사람인 경우가 그리스도 외에는 없기 때문입니다. 하나님은 그것을 창세 전에 계획하시고, 언약 가운데 실행하실 것을 역사 속에서 계속 예언하셨습니다. 그리고 마침내 근본 하나님의 본체이신 분께서 자기를 비워 종의 형체를 취하시고 우리 같은 사람의 모습으로 오신 것입니다. 그러니 이보다 더 특별하고 놀라운 소식은 없습니다.

이것이 바로 기독교가 세상의 다른 모든 종교와 구분되는 점입니다. 하나님이 친히 이 땅에 오심으로 시작된 구원, 곧 하나님이 우리처럼 되신 일부터 모든 것이 시작되는 위로부터의 구원을 말하기 때문입니다.

이 세상의 모든 종교는 아래로부터 시작해 에로스의 영성을 갖지만, 기독교는 하나님이 친히 이 땅에 오심으로 시작된 소위 '아가페 영성'을 말합니다. 모든 종교는 이 땅의 조건에서 시작되는 아래로부터의 구원을 말합니다.[31] 심지어 기독교에서 나간 이단까지도 위로부터 시작되는 기독교의 구원을 자신으로부터 시작되는 구원으로 바꾸었습니다. 그리하여 사람들이 거기 매이도록 만들었습니다.

그러나 그것은 기독교와 분명한 차이가 있습니다. 설사 어떤 종교가 천상의 신을 말한다 해도, 그들의 구원과 모든 종교 행위는 이 땅의 조건에서 신에게로 이끄는 방식을 취함으로 신의 행위가 아닌 인간의 노력과 행위를 강조하기 때문입니다. 이러한 구원 논리가 나온 결정적인 이유는, 그들이 그리스도 같은 완전한 구원자를 말할 수 없기 때문입니다. 그들은 그러한 실체를 창작해 낼 수 없습니다.

이처럼 모든 종교는 인간의 노력과 행위, 곧 인간의 공로로 신에게 이르려 하거나 심지어 신이 되려고 하면서 아래로부터의 구원을 말합니다. 그러나 기독교는 인간이 죄로 인해 스스로 구원할 수 없으므로, 하나님이 친히 육신을 입고 오셨음을 말합니다. 이런 차이를 데이비드 웰스는 '아래로부터 오는 영성'과 '위로부터 오는 영성'으로 구분해 설명했습니다.[32] 그가 이렇게 말한 이유는 오늘날 교회가 기독교 고유의 위로부터 오는 영성을 뒤로하고, 이교도가 추구하는 아래로부터 오는 영성을 추구한다는 것을 지적하기 위함입니다.

기독교는 모든 것이 위로부터 시작됨을 주장함으로써 사도 시대부터 힘을 발휘하여 이교도 영성을 깨뜨렸습니다. 복음으로 사람을 구원하는 일을 한 것입니다. 그런데 지금은 그와 반대 현상이 벌어지고 있습니다. 그런 충격적인 일이 생기는 이유는 오직 그리스도를 모르거나 그것에 대해 제대로 알지 못하기 때문입니다.

기독교는 하나님이 육신을 입고 세상에 오심으로써 실현된 구원을 말합니다. 기독교는 위로부터 오신 하나님이신 그리스도가 어떤 분이고 무엇을 행하셨는지에 모든 기초를 두고 있습니다. 그럼에도 오늘날 교회는 예수 그리스도보다 우리 내면과 우리 행위에 신앙의 비중을 두게 합니다. 그래서 이방종교들과 유사한 모양새를 갖는 것입니다. 자기 내면에서 신을 경험하고 자기 행위에 비중을 두면서 복을 받으려는 이방종교의 특성을 기독교의 이름으로 재현하고 있습니다. 웰스는 사도 시대에 교회가 위로부터 시작된 구원, 소위 위로부터 오는 영성을 위해 분투했음을 강조하면서 다음과 같이 말했습니다.

그것은 교회 존재가 걸려있는 싸움이었다. 과연 교회는 신앙을 '위로부터' 오는 은혜요, 하나님의 아들 안에서 성육된 은혜이자, 십자가에서 죄와 죽음을 정복한 은혜로 생각할 것인가? 그리고 거대한 문화적 압력에 반하여, 하나님에게까지 올라가서 하나님과 관계를 맺거나 하나님에게 영향을 미치기 위해 죄인들이 할 수 있는 일은 하나도 없으므로, 하나님이 자기 아들을 통해 우리에게 내려오신 길밖에 없다고 주장할 것인가? 혹은 죄인들이 자기 속으로 파고 들어가서 거기에 있는 신성한 것에서 위로를 찾을 수도 있을 것이라고 양보할 것인가? 그들이 자신의 종교적인 노력으로 이런 연줄을 맺을 수 있을까? 사도들은 우리를 구원의 길로 인도하는 진정한 영성은 위로부터 오는 것이지 아래로부터 오는 게 아니라고 확실히 주장했다. 그리고 초대교회는 대체로 이 가르침을 좇았다.

이 생사가 걸린 싸움에서 교회는 신약성경의 교리-성육신, 은혜, 속죄, 부활-를 옹호함으로써 승리를 거두었다. 그러나 이 메시지는 중세에 들어와서 실종되고 말았다. 16세기가 되어 루터와 칼빈을 비롯한 종교개혁자들이 다시 한번 성경으로 돌아가서, 오직 위로부터 오는 은혜 곧 아무 자격도 없는 죄인에게 주시는 하나님의 은혜로만 하나님을 알 수 있다는 진리를 다시금 선포했다. 기독교는 죄인이 스스로 들어 올려 하나님께 이르는 종교가 아니라, 하나님께서 낮아져서 죄인들에게 내려오는 은혜의 종교다.[33]

웰스는 이렇게 말한 뒤 두 영성의 근본적인 차이를 다음과 같이 덧붙였습니다.

성경적인 영성과 현대적인 영성은 동일한 주제에 바탕을 둔 두 가지 변종이 아니다. 양자택일을 해야 할 두 가지 대안이다. 성경적 영성은 하나님께서 은혜로 내려오시는 것을 말하고, 현대적인 영성은 죄인이 자기 충족적인 상태에 도달하는 것을 말한다. (중략) 성경적 영성은 구원에 입각하여, 현대적 영성은 치료에 입각하여 생각한다. 성경적 영성은 거룩함을 낳고 현대적 영성은 건강한 상태를 지향한다. 성경적 영성의 경우에는 하나님의 주권이 영적인 정착을 통해 나타나고, 현대적 영성의 경우에는 인간의 주권이 인간적인 영성을 창조하게 된다. 이 두 종류의 영성 사이에는 조화도 평화도 협력도 있을 수 없다. 서로 배척하는 관계다. 이것이 우리가 사도들에게 받은 메시지다. 이것이 종교개혁 시대에 회복된 메시지다. 그리고 이것이 오늘날 교회에서 울려 퍼져야 할 메시지다.[34]

이와 같은 구분을 선명하게 인식하지 못하는 사람은 오직 그리스도의 복음을 변형시키고 왜곡하기 쉽습니다. 웰스는 이렇게 성경적 진리와 조화될 수 없는 아래로부터의 영성을 팔고 있는 오늘날 복음주의 교회의 현실을 지적한 것입니다.

## 하늘과 땅이 입을 맞춘 탄복할 신비

기독교는 창조자요 언약의 주이신 하나님께서 육신을 입고 오심으로 우리의 구원에 대한 모든 것을 말하고, 그것에 근거한 신앙과 삶을 말합니다. 모세에게 나타나셔서 "나는 스스로 있는 자"(I am who I am)(출 3:14)라고 말씀하신 하나님께서, 육신을 입고 오셔서 일찍이 모세에게 말씀하신 그 표현을 다시 사용해 자신을 가리켜 "에고 에이미"(I AM)라고 말씀하셨습니다. 따라서 우리에게는 그분의 인격의 신비와 영광스러움에 대한 지식과 확신이 필요합니다.

요한복음 1장 1절은 "태초에 말씀이 계시니라 이 말씀이 하나님과 함께 계셨으니 이 말씀은 곧 하나님이시니라"고 한 뒤, 14절에 "말씀이 육신이 되어 우리 가운데 거하시매 우리가 그의 영광을 보니 아버지의 독생자의 영광이요 은혜와 진리가 충만하더라"고 했습니다. 과연 이러한 분을 대체할 수 있는 존재가 있는지 잘 생각해 보십시오. 없습니다.

하나님이 이 땅에 육신을 입고 오신 것만으로도 경이롭고 놀라운 일이요, 온 인류 역사와 인간에게 기쁨이요 복된 소식이며 소망입니다. 하나님께서 육신을 입으신 사실은 굿윈의 말대로 하늘과 땅이 입을 맞춘 사실로서, 곧 창조주께서 피조물과 하나가 되어 신성과 인성이 연합한 사건입니다.[35] 누구도 이 놀라운 분을 대신할 수 없습니다. 그분 대신 우리를 구원할 수 없습니다.

마크 존스(Mark Jones)는 이런 신비, 이런 특별함을 이렇게 말했습니다. "두 본성의 연합에서 우리는 영원과 순간, 영원한 복과 잠시의 슬픔, 전능함과 연약함, 진지함과 무지, 불변성과 가변성, 무한과 유한을 본다."[36] 바로 이러한 신비가 예수 그리스도 안에 나타난 것입니다. 이 땅에 계신 주님이 바로 그런 위격적 특성을 가지고 시공간 속에서 죄악 된 인간들 가운데 사신 것입니다. 단 한 순간도 하나님의 아들과 분리되지 않은 채 인성을 지니고 사신 그 비밀스럽고 경이

로운 사실이 실제로 역사 속에 있었습니다.

그런데 이러한 그리스도의 신성과 인성의 분리를 주장하는 일이 지금까지 역사 속에서 있었고 지금도 계속되고 있습니다. 최근에는 그런 주장을 펴서 학위를 받고 신학교 교수가 되어 가르치는 사람도 있습니다. 이렇게 오직 그리스도를 부정하는 일이 일어나고 있습니다.

그리스도는 인간이 타락하여 받게 된 저주의 한 부분인 육체의 연약함으로 고통당하셨으나 죄가 없는 상태였습니다. 소위 고통스러운 연약함을 경험하셨으나 죄가 있는 연약함은 아니었습니다. 우리 같은 몸과 영혼을 지니신 채 말입니다. 이것은 매우 신비로운 내용입니다.

만일 하나님인 분이 갓난아이로 태어나면서 인성을 취한 것은 이해할 수 없는 일이라 여기면서 건너뛴다면, 그는 오직 그리스도를 부정하는 것입니다. 우리가 대체할 수 없는 그리스도, 오직 그리스도를 말하는 이유는 무엇보다도 그리스도께서 신인으로 오셔서 우리 가운데 거하시고 사셨기 때문입니다. 그래서 차녹은 이렇게 탄복했습니다.

이 얼마나 기이한가? 무한히 거리가 먼 두 본성이 세상 그 무엇보다도 친밀하게 연합되다니, 그러면서도 그 어떤 혼란도 없다니, 한 존재가 영광과 간고를 다 알다니, 신성으로는 무한한 기쁨을 인성으로는 말로 다할 수 없는 슬픔을 알다니, 보좌에 앉으신 하나님이 요람 속 아이가 되시다니, 벽력처럼 소리 내시는 창조주가 우는

> 갓난아이와 고통당하는 인간이 되신다는 것은 자기를 낮추는 사랑과 강한 능력의 표현으로써 이는 땅의 인간과 하늘의 천사들을 놀라게 한다. 성육신은 실로 하나님께서 하신 가장 큰 일이다.[37]

우리의 문제는 하나님께서 육신을 입고 오신 것을 말하면서도 별로 놀라지 않는다는 것입니다. 오늘날 예수 믿는 사람뿐 아니라 심지어 그들에게 하나님의 말씀을 전하는 설교자까지 이것에 놀라지 않습니다. 탄복과 기쁨과 감사와 전하고 싶은 열망과 설렘이 부족한 것입니다. 하나님께서 인성을 취하신 것은 하나님이 행하신 가장 큰 일입니다. 그래서 탄복할 수밖에 없고, 동방박사들 이상으로 경배할 수밖에 없습니다.

## '위로부터 오신' 그리스도를 전하라

인류 역사는 하나님께서 한 여인의 몸에 아기로 잉태된 때부터 새로운 전환을 맞게 되는데, 그것이 바로 새 창조의 시작입니다. 타락한 인간이 그리스도 안에서 새로운 피조물이 되는 역사를 열게 된 것입니다. 그러므로 그리스도의 모든 걸음걸음, 곧 사람이 되신 하나님이 고난당하시고, 십자가에 달려 죽으시고, 부활 승천하여 하나님 보좌 우편에서 여전히 신성과 인성을 가진 분으로 계신 것은 다른 무엇으로도 대체될 수 없습니다. 그분 외에 다른 이, 다른 방법을 통한 구원은 있을 수 없습니다. 그분은 대체 불가능하며, 유일무이한 분입니다. 배타적인 정체성을 지닌 분입니다. 우리는 오직 그분 안에서만 세상의 구원, 우리의 구원을 말할 수 있습니다.

그런 점에서 웰스는 위로부터 시작되는 영성과는 다른 영성이 난무하는 세상에서, 1세기부터 사도들이 위로부터 시작된 영성을 말하는 기독교를 전했고 그 가운데서 능력을 경험했기에, 우리도 이 시대에 두려움 없이 그래야만 한다고 주장합니다.[38]

물론 오늘날 같은 포스트모던 시대에서 위로부터의 영성을 확고히 주장하면 분명 대립적인 현실을 직면할 것입니다. 그것을 알고 있는 웰스는 "정말 어려운 일이다. 그러나 그래도 한 번 해보자"고 말하면서, 방법은 "그리스도와 관련하여 '위'라는 말이 사용된 두 가지 맥락을 알고 주장해야 한다"면서 이렇게 덧붙였습니다.

> '위'에 계시던 분이 어떤 사명을 위해 보냄받고 성육했다가, 십자가 죽음을 통해 죄와 죽음과 사탄을 대적하여 그들을 정복하고 나서, 지금은 '위로부터' 다스리고 계신다. 그분은 본래 계시던 '위'로부터 오셔서 인생과 치욕과 갈등의 골짜기를 거쳐 다시 자기가 출발했던 그 자리로 돌아가, 지금은 영광과 명예의 관을 쓰고 '위'에 앉아 계신다.[39]

그가 말한 두 가지는, 그리스도가 '위'로부터 성육신하신 분이라는 것과, 십자가의 죽음을 통해 죄와 죽음과 사탄을 정복하고 지금 '위'로부터 다스리시는 분이라는 것입니다. 이것은 그리스도의 위격과 사역을 성육신하기 전 '위'에 계시던 때와 그 이후로 나누어 말한 것입니다. 중요한 것은 오직 그리스도를 부정하고 아래로부터의 영성을 추구하는 이 세상 종교와 가치관과 문화를 거스르고, 심지어 그것을 수용하는 교회들마저 거슬러서, 위로부터 시작된 기독교, 위로부터 오셔서 육신을 입으신 오직 그리스도를 용기 있게 전하는 것입니다.

이처럼 모든 것이 위로부터 시작되었다는 사실, 곧 하나님이 스스로 구원할 수 없는 인간을 위해 친히 육신을 입고 오셨다는 그 영광스럽고도 신비로운 사실이, 우리의 구원과 생명과 여타의 신앙과 삶과 모든 것의 시작임을 확신하는 것이 오직 그리스도의 중요한 일면입니다.

우리가 정녕 예수를 믿는 신자요 그리스도를 전하는 사역자라면, 신인 양성에 대한 이 경이로움과 영광스러움을 성경에 계시된 것 안에서 풍성하고 확신 있게 알고 전해야 합니다. 특히 설교자는 이 부분에서 최전선에 있는 사람이요, 이 세상에 없는 경이로운 비밀을 가진 사람임을 알고 이것을 세상에 전해야 합니다.

## 그리스도의 유일한 중보 사역

우리는 대체할 수 없는 그리스도의 중보 사역도 정확하고 풍성하게 알고 확신 있게 전해야 합니다. 그리스도의 인격뿐 아니라 그분의 사역 역시 유일무이합니다. 그리스도께서는 이 세상 역사에서 누구도 행하지 못한 중보 사역을 행하셨고 지금도 행하고 계십니다. 이처럼 오직 그리스도를 말하려면 그리스도의 유일무이한 위격과 연결해 그의 유일무이한 중보 사역도 말해야 합니다.

바울은 디모데전서 2장 5절에서 "하나님과 사람 사이에 중보자도 한 분이시니 곧 사람이신 그리스도 예수라"고 말한 뒤, 그분이 신인이요 유일한 중보자로서 행한 중보 사역을 말합니다. "그가 모든 사람을 위하여 자기를 대속물로 주셨으니"(딤전 2:6).

이것은 죄와 사망 가운데 있는 우리에게는 신인이신 그리스도께서 우리와 함께 계신 것만으로는 충분하지 않고, 그분이 우리를 위해 중보자로서 행하시는 것이 있어야 한다는 것을 말해 줍니다. 히브리서에 따르면, 그리스도께서 우리의 대제사장으로서 우리를 위한 속죄가 있어야 한다는 것입니다.

물론 그리스도의 중보 사역은 제사장 사역에만 국한되지 않습니다. 그것이 핵심적으로 강조되고 있지만, 그리스도의 중보 사역은 선지자, 제사장, 왕직이라는 삼중직으로 수행되었고, 지금도 수행되고 있습니다.

많은 사람이 십자가의 죽음만 그리스도의 중보 사역으로 생각하는 경향이 있습니다. 특히 오직 그리스도에 대해 모호하거나 주저하는 이유 중 하나는, 그리스도의 중보 사역을 제한적이거나 너무 피상적으로 알기 때문입니다. 심지어 그리스도의 십자가에 담긴 무궁무진한 내용조차 알지 못한 채 그저 감상적인 수준에서 알고 말합니다. 특히 존 스토트(J. Stott)는 그의 책 『그리스도의 십자가』에서 많은 내용을 십자가와 관련해 설명했습니다.

이러한 그리스도의 중보 사역은 앞에서 말한 대로 제사장뿐 아니라 선지자와 왕으로서도 행하셨고, 지금도 삼중직을 통해 계속해서 중보 사역을 하고 계십니다. 이처럼 우리가 오직 그리스도를 말하는 이유는 그리스도 외에는 우리에게 새로운 계시를 줄 어떤 선지자도 필요 없기 때문입니다. 또 그리스도 외에는 하나님과 우리 사이의 중보자가 될 다른 제사장도 필요 없고, 세상과 교회를 다스릴 어떤 왕도 필요하지 않기 때문입니다.

## 유일무이의 완전한 선지자이신 그리스도

여기서 우리는 그리스도의 삼중직에 대해 잠깐 고찰해 보고 이 실체에 대한 이해를 조금씩 높여가야 합니다. 먼저 그리스도는 선지자로서 진리를 말씀하실 뿐 아니라 진리 그 자체이십니다. 요한복음 1장 1절은 그리스도께서 하나님의 말씀을 가지고 오신 것을 넘어 하나님 자신의 말씀으로 오심을 말하고 있습니다. 그래서 하나님의 선지자 중 그리스도보다 탁월한 존재는 없습니다. 웨스트민스터 소요리문답 24문대로, 그리스도는 우리를 구원하시려는 하나님의 뜻을 자신의 말씀과 영으로써 자기 백성에게 계시하는 분입니다.

바울은 골로새서 2장에서, 그분 안에는 지혜와 지식의 모든 보화가 감추어져 있다고 말합니다. 그러므로 하나님의 마음과 뜻에 대한 그리스도의 지식과 이해는 앞선 그 어떤 선지자도 갖지 못한 것입니다. 그야말로 그리스도는 누구도 파악하지 못한 하나님의 마음을 알고 계시하시며, 지금도 그 가운데 우리를 위해 중보하고 계십니다. 바로 말씀과 성령으로 말입니다.

존스는 "그리스도께서 하나님을 아는 지식은 모든 신자, 심지어 영광중에 있는 모든 신자의 모든 지식을 다 합친 것보다 뛰어나다"고 말했습니다.[40] 특히 영광 중에 있는 신자는 하나님의 이해가 이전보다 훨씬 달라졌음에도, 그런 자들의 모든 지식을 합친 것보다 뛰어나다는 것입니다. 예수 믿는 우리에게는 바로 그런 선지자적 중보자 예수 그리스도가 계십니다. 하나님이면서 사람으로서 하나님의 계시를 완전히 알고 우리 인간에게 전달하는 그리스도는 유일무이하십니다.

이러한 그리스도의 선지자적인 중보는 이 땅에 계실 때뿐 아니라 지금도 계속되어, 우리와 하나님 사이에서 말씀과 성령으로 계시를 전달하시며 우리를 인도하십니다. 그리스도는 이 땅에서도 하나님의 뜻을 계시하는 선지자로 있으면서 하나님의 충만하고 최종적인 언약을 말씀하셨고, 부활 승천하신 후에도 하늘 보좌에서 사도들에게 성경을 통해 계시를 전달하면서 선지자직을 수행하십니다. 바로 그 사실을 웨스트민스터 소요리문답에서는 자신의 말씀과 영으로써 계시하신다고 말합니다. 그리스도는 자신의 영으로 하나님의 뜻을 우리에게 조명하여 알게 하심으로써 선지자적인 사역을 계속해서 수행하십니다.

이처럼 우리의 구원 역사는 그리스도의 중보 사역 속에서 진행되고 있습니다. 그분은 이 세상에서 살다가 십자가에서 죽고 끝나버린 것이 아니라, 지금도 계속되는 중보 사역으로 우리의 구원 여정이 진행되고 있습니다. 그러므로 우리는 이 중보 사역을 결코 가벼이 여길 수 없습니다.

## 대제사장이신 그리스도

성경은 그리스도의 중보 사역과 관련해 제사장적인 사역에 대해서도 풍성하게 말하고 있습니다. 우리가 많은 시간 많은 분량을 그리스도의 제사장적인 사역에 대해 말하는 것은, 성경이 신인으로서 그리스도의 중보 사역을 바로 이 제사장적인 사역과 주로 연관지어 말하기 때문입니다. 그러나 지난 교회 역사 속에서 어떤 사람들은 이 중요한 제사장적 사역을 미개한 것으로 여기면서 배제하기도 했습니다. 그리스도의 제사장적인 사역을 죄와 진노와 심판 개념과 연관지어 말하는 것에 거부감을 가졌기 때문입니다.

그런데 이와 유사한 현상이 오늘날에도 벌어지고 있습니다. 비교적 최근에는 자유주의자들이 그리스도의 제사장 사역을 은근히 기피했고, 오늘날에는 하나님의 사랑을 강조하는 신자유주의자들이 이와 똑같은 일을 벌이고 있습니다. 이것은 모두 그리스도의 제사장적인 사역을 말하면서도, 죄와 하나님의 진노와 심판은 축소하거나 말하지 않음으로써 심리 치유적인 속죄나 쉬운 구원을 말하는 것입니다.

그러나 그리스도의 제사장직인 사역은 구약에서부터 예표하고 성취한 것과 관련해 성경이 매우 다양하고 풍성하게 말하고 있습니다. 여기에는 우리의 구원과 신앙과 삶을 부요하게 하고 견고하게 할 진리가 모두 담겨 있습니다.

바울은 고린도전서 2장에서 그리스도와 그의 십자가 외에는 알지 않기로 작정했다고 말합니다. 여기서 그가 말한 그리스도는 인격을 말하고, 그의 십자가는 사역을 말한 것입니다. 바울은 그리스도의 사역을 그리스도의 십자가로 말할 정도로 그리스도의 십자가는 그의 사역을 대표합니다.

우리가 그리스도의 십자가라는 이름으로 말하든 그리스도의 제사장적인 사역으로 말하든, 그 내용 안에는 웨스트민스트 소요리문답에서 말하듯이 두 가지가 내포되어야 합니다. 하나는 단번에 자기 자신을 제물로 바쳐서 하나님의 공의를 충족시킨 것이고, 또 하나는 우리를 위해 계속 중보기도하시는 것입니다. 이것을 줄여서 말하면, 자신을 드린 희생적 죽음과 그에 근거하여 하나님 앞에서 대언하시는 것입니다. 바로 이 부분에서 그리스도 같은 이가 없고, 이 부분에서 그리스도는 유일무이합니다.

## 우리 죄에 대한
## 하나님의 공의를 만족시키신 그리스도

누가 우리 죄에 대한 하나님의 공의를 충족시키기 위해 죽을 수 있을까요? 그런 자격을 가진 존재는 신인으로서 죄 없으신 하나님 외에 다른 이는 없습니다. 제임스 보이스는 그리스도의 십자가를 아는 데 필수적인 단어는 '3S' 즉 'Satisfaction'(만족), 'Sacrifice'(희생제사), 'Substitution'(구속)이라고 말했습니다.[41] 오직 그리스도 안에 포함된 바로 이 내용은 예수 그리스도를 믿는 자라면 또 그리스도를 전하는 사역자라면 분명 마음이 불붙듯 할 것입니다.

먼저 이 세 가지 중 Satisfaction(만족)을 말하려면 죄에 대해 말해야 합니다. 만족은 하나님의 공의를 거스르고 하나님의 율법과 명예와 그의 성품을 거스른 것에 대한 배상이기 때문입니다. 그래서 그리스도의 십자가를 말할 때 죄와 우리의 죄악 됨을 말하지 않을 수 없습니다. 그럼에도 오늘날 많은 설교자가 죄는 대충 건너뜀으로써 그리스도를 피상적이고 자기 주도적으로 이해하게 만들고 있습니다. 그 결과 오직 그리스도를 기피하는 태도가 드러나는 것입니다.

죄에 대해서는 하나님의 공의가 반드시 만족되어야 합니다. 그런데 바로 그 일이 그리스도의 제사장적인 사역으로 이루어졌습니다. 죄 있는 인간은 하나님의 율법과 그분의 공의를 만족시킬 수 없습니다. 모두 죄 있는 조건에 있기 때문입니다. 결국 죄 없는 신인이신 그리스도밖에 자격 있는 이가 없습니다. 그런 점에서 그리스도가 없는 모든 종교는 거짓입니다.

이런 사실 때문에 죄의 죄 됨과 인간의 타락과 모든 인간이 죄인인 것과 율법의 정죄 등을 정확히 알고 증거해야 합니다. 그래야 왜 오직 그리스도인지 선명하게 드러납니다.

안타깝게도 오늘날 많은 교회가 죄를 정확하게 말하거나, 우리가 가망 없는 죄인임을 말하지 않고, 그저 그리스도의 십자가를 통한 구원을 말함으로써 값싼 구원을 유포하고 있습니다. 그 결과 사람들은 죄에 대해 아무런 가책도 없이 구원받았다고 생각하는 일이 벌어지고 있습니다. 모두 오늘날 설교자들이 만든 것이므로, 설교자는 이 부분에서 책임지고 그런 식으로 잘못 알고 있는 사람들을 고쳐줘야 합니다. 교회에 처음 나온 사람을 조심스럽게 대하고 붙잡고 싶은 마음으로, 또는 교인들의 심기를 건드리지 않으려고 죄를 건너뛰는 것은 결국 오직 그리스도를 부정하는 사역임을 알아야 합니다.

루터는 "하나님과 나누는 교제의 기반은 거룩함이 아니라 죄"라는 충격적인 말을 했습니다.[42] 물론 그것은 우리에게 뭔가 선한 것이 있어서 하나님과 교제하는 것이 아니라, 실상은 우리에게 죄가 있기 때문에 또 죄 있는 우리를 향한 하나님의 은혜 때문에, 특히 죄 있는 우리를 중보하시는 중보자 예수 그리스도 때문에 교제가 가능하게 되었다는 사실을 염두에 두고 한 말입니다. 이처럼 인간의 죄를 해결하는 일은 신인으로서 제사장적인 사역을 행하신 오직 그리스도 안에서만 가능합니다.

우리는 이것이 얼마나 크고 중한 사실이며, 죄 있는 우리를 자유케 하는 일인지, 또 우리를 얼마나 기쁘고 복 되게 하는 것인지 알아야 합니다. 자신의 죄 문제가 해결되는 중한 가치와 기쁨을 알지 못하는 사람은 그리스도의 십자가를 전할 자격이 없습니다. 그리스도께서 내 죄를 해결하기 위해 하나님의 공의를 만족시키셨다는 것은 죄인에게 가장 기쁜 소식입니다.

이 세상에 하나님의 공의를 만족시킬 수 있는 인간은 아무도 없습니다. 그런데 그 일이 죄 없으신 하나님의 아들 예수 그리스도를 통해 일어난 것입니다. 루터는 이 부분에 대해 확고했고, 그것을 그 어두운 시대에 담대히 전했습니다.

> 죄 가운데 태어나 하나님의 원수가 된 우리는 우리의 모든 것과 우리가 행하는 모든 것이 저주받아 영원한 진노와 지옥 외에는 획득한 것이 없으며, 이런 곤경에서 빠져나갈 길도 도움도 없으므로 … 그렇기 때문에 또 다른 인간, 즉 신인이신 예수 그리스도가 우리를 대신해야 했고, 자신의 고통과 죽음을 통해 죗값을 치르고 만족

을 이행하셨다."**43**

오늘날 우리는 과연 이 사실로 인해 감동과 확신, 감사, 찬양, 뜨거움이 생기는지 의문이 듭니다. 신자는 물론 사역자들은 이 부분을 진지하게 물어야 합니다.

## 우리의 죄로 인해
## 희생제물이 되신 그리스도

또 그리스도께서 자신을 희생제물(Sacrifice)로 내어주신 것은 그가 어떤 분인지 아는 사람에게는 매우 압도적인 사실입니다. 신인이신 그리스도께서 우리 죄를 지시고 구약에서부터 모형과 상징과 예표로 말한 희생제물이 되셨습니다. 우리를 구원하시는 하나님의 지혜와 사랑, 우리에게 영원한 생명을 얻게 하는 하나님의 은혜가 있다는 것보다 복된 소식은 없습니다.

바울은 로마서 3장에서 "이 예수를 하나님이 그의 피로써 믿음으로 말미암는 화목제물로 세우셨으니"(롬 3:25)라 말했고, 사도 요한은 요한일서 2장에서 "그는 우리 죄를 위한 화목제물이니"(요일 2:2)라고 했습니다. 또 요한일서 4장에서는 "하나님이 우리를 사랑하사 우리 죄를 속하기 위하여 화목제물로 그 아들을 보내셨음이라"(요일 4:10)고 했습니다. 이처럼 죄에 대한 하나님의 진노와 심판, 율법이 선고하는 저주와 형벌을 죄 없으신 중보자 예수 그리스도께서 대신 받으셨습니다. 따라서 그리스도의 희생제사는 모두 율법의 저주와 형벌과 관련된 것입니다.

　죄로 인해 우리가 받아야 할 하나님의 진노와 율법의 저주를 그리스도께서 죄 없으신 신인이라는 유일한 조건을 가지고 대신 지고 담당하셨습니다. 그리하여 우리를 죄와 사망과 영원한 형벌에서 구원하셨다는 이 소식, 우리가 세상을 향해 외쳐야 할 유일한 복음입니다. 그런데 이상하게도 오늘날 이러한 모습이 시들해지고 있습니다. 지금 말한 복음의 실체는 우리가 평생 붙들고 의지하고 전해도 모자랄 내용입니다. 우리가 정녕 이 사실을 알고 믿는다면, 다시 말해 그리스도의 놀라운 제사장적인 중보 사역을 확신한다면, 아무리 말해도 지칠 수 없고 여전히 새로운 것이며 새롭게 하는 사실이어야만 합니다.

　그러나 과거 자유주의나 오늘날 신자유주의, 열린 신학을 말하는 사람들은 하나님의 진노와 죄에 대한 형벌을 중세적 율법주의로 취급하면서, 그저 하나님의 사랑을 깨닫고 그의 용서를 받아들이는 것으로 복음을 축소하고 왜곡했습니다. 사실 이것은 오늘날 우리 주변에서도 쉽게 들을 수 있습니다. 하나님의 사랑을 말하면서, 하나님의 진노와 심판과 죄 없으신 분의 속죄를 기피하는 소위 사랑의 신학을 말하는 것은 오늘날 흔한 현상입니다.[44] 그러나 그것은 오직 그리스도를 왜곡하고 부정하는 것임을 알아야 합니다.

　성경은 처음부터 끝까지 죄는 그냥 처리되는 것이 아님을 분명히 말합니다. 죄에 대해서는 율법의 정죄와 저주가 있으며, 하나님의 진노와 심판 심지어 영원한 형벌이 있다고 성경은 말합니다. 그리스도의 제사장적인 중보 사역 가운데는 바로 이러한 죄에 대한 저주와 심판의 해결이 있습니다. 이 일을 오직 그리스도께서 하신 것입니다.

사도 베드로는 베드로전서 2장에서 이사야서 53장을 인용해 다음과 같이 말했습니다.

> 그는 죄를 범하지 아니하시고 그 입에 거짓도 없으시며 욕을 당하시되 맞대어 욕하지 아니하시고 고난을 당하시되 위협하지 아니하시고 오직 공의로 심판하시는 이에게 부탁하시며 친히 나무에 달려 그 몸으로 우리 죄를 담당하셨으니 이는 우리로 죄에 대하여 죽고 의에 대하여 살게 하려 하심이라 그가 채찍에 맞음으로 너희는 나음을 얻었나니 _ **벧전 2:22-24**

세상이 가장 먼저 알아야 하고 필요한 복음이 바로 이것입니다. 기독교는 죄와 사망의 해결이라는 유일한 복음을 가지고 있습니다. 이는 세상이 존재하는 한 계속 말해 주어야 할 영원한 복음입니다.

## 우리를 의롭게 하시는 그리스도

그리스도의 제사장적인 사역에는 죄를 대속하심(Substitution)으로써 죄인인 우리를 의롭게 하는 사역도 있습니다. 그리스도께서는 죄를 해결하여 하나님의 진노에서 벗어나게 할 뿐 아니라, 의로우신 하나님과 화목하여 교제할 수 있도록 우리를 의롭게 하는 일 또한 행하셨습니다. 하나님의 진노와 심판을 받을 죄인인 우리 자리에 그리스도께서 대신 서시고, 우리가 그리스도의 자리에 놓임으로써 의롭게 되는 것은, 사실 우리의 경험 세계에서는 쉽게 수용하지 못할 내용입니다. 그런데 이 어마어마한 일이 오직 죄 없으신 그리스도로 말미암아 실현된 것입니다.

우리는 죄인이 그리스도의 의로움 안에서 하나님 앞에 선다는 이 극적이고 영광스럽고 복된 것의 실체를 알아야 합니다. 이 사실을 믿음으로써 소유한 사람은 이 땅에서부터 하나님과 복된 교제를 나누고 참된 안식과 평안을 누립니다. 그래서 바울은 로마서 4장에서 "불법이 사함을 받고 죄가 가리어짐을 받는 사람들은 복이 있고 주께서 그 죄를 인정하지 아니하실 사람은 복이 있도다"(롬 4:7-8)라고 말했습니다. 그리스도의 중보 사역으로 죄인인 우리가 그처럼 복 있는 사람이 된 것입니다.

이 같은 사실을 우리의 이해를 넘어 가슴으로 공감하고 확신한다면, 또 이 놀라운 사실이 세상에 주어졌고 우리를 위해 실현된 것을 알고 믿는다면, 이 놀라운 그리스도의 중보 사역을 단순히 설명하는 것에서 멈출 수 없습니다. 그에 대한 참된 믿음을 가진 신자와 사역자는 그 사실을 어떻게든 세상에 알리고, 어떠한 타협도 없이 전하고자 하는 열망을 갖게 됩니다.

## 우리를 위해 완전한 삶을 살고 대언하시는 그리스도

그리스도의 제사장적인 사역인 희생적인 죽음 안에 있는 내용을 말할 때 빠뜨리지 말아야 할 사실이 한 가지 더 있습니다. 그리스도께서 우리의 구원을 위해 태어나실 때부터 죽음에 이르기까지 완전한 순종의 삶을 사셨다는 것입니다.

구약의 제사장은 백성을 위해 제사를 드렸을 뿐 백성을 위해 율법에 순종하지 않았습니다. 아니 할 수가 없었습니다. 그러나 그리스도는 율법에 순종하셨습니다. 하나님의 뜻에 죽기까지 순종하셨습니다. 우리가 율법에 순종해야 할 것을 그분이 하신 것입니다. 그 결과 그리스도는 우리를 위한 완벽한 희생제물이 되실 수 있었습니다. 에베소서 5장 2절 말씀대로 향기로운 제물과 희생제물로 하나님께 드려진 것입니다.

바로 이와 같은 완전한 순종으로 죄를 해결하는 희생제물이 되어, 우리를 죄와 사망에서 구원할 존재는 그리스도 외에는 없습니다. 그렇게 완벽하고 무흠한 존재, 더욱이 하나님 앞에서 우리를 의롭게 할 정도로 죄를 처리할 수 있는 존재, 인간이 가상적으로 만든 존재가 아니라 역사 속에서 자신을 실제로 그런 존재로 드러내신 분은 진실로 그리스도 외에는 없습니다.

또 그리스도의 제사장직인 사역은 희생직인 죽음에 근거해 현재 대언하시는 사역까지 내포합니다. 사람들은 이 제사장적인 사역을 희생적인 죽음에 대한 강조만큼이나 비중 있게 생각하지 않습니다. 그래서 그것을 의지하지 않고 전하지 않는 모순을 드러냅니다. 그러나 그리스도의 희생적 죽음과 대언 사역은 분리되지 않고 하나로 연결되어 있습니다.

신자에게 있는 모든 구원의 적용은 그리스도의 희생적 죽음에 근거한 대언적 사역으로 이루어진 것입니다. 그리스도의 대언 사역이 없다면 우리의 구원은 미완성입니다. 우리는 그 구원을 소유할 수 없습니다. 히브리서 7장이나 요한일서 2장에서도, 우리가 죄 있는 이 땅에서부터 구원을 누릴 수 있는 것은 그리스도께서 우리를 위해 하나님 앞에서 계속 간구하며 대언하시기 때문이라고 말합니다.[45]

그런데 이 같은 그리스도의 대언 사역은, 그가 인성을 취하고 모든 것을 겪은 분으로서 부활 승천하여 중보하시는 것이어서, 매우 실제적일 뿐 아니라 우리에 대해 매우 동정적입니다. 이와 관련해 존스는 다음과 같이 말했습니다.

> 그리스도가 인간이라는 것은 그분이 십자가에서 자신을 제물, 곧 우리를 위한 참된 인간 대속물로 바칠 수 있었을 뿐만 아니라 연약함 중에 있는 자기 백성을 동정할 수 있다는 뜻이다. 반면에 그리스도가 신이라는 것은 십자가에서 공로 있는 죽음을 죽으실 때, 단지 죄인 한 사람을 대신해 죽으셔서 그 사람만 구원히는 것이 아니라 많은 죄인을 구원하리라는 뜻이었다. 그리스도의 위격의 가치는 그리스도께서 하신 일에 무한한 가치를 부여했다. 다시 말해 그리스도의 죽음이 헤아릴 수 없이 많은 사람을 구원하기에 충분했음은 십자가에서 죽은 분이 하나님이었기 때문이다.[46]

신인이신 그리스도만이 많은 죄인을 위한 대속물이 될 수 있기에 오직 그리스도를 말해야 한다는 것입니다. 오늘날 교회가 이 놀라운 사실을 확고히 알지 못해서, 세상을 향해 담대히 전하지 못하고 오히려 무기력한 상태에 빠져 있는 것은 아닌지 염려를 지울 수 없습니다. 특별히 사역자들이 오직 그리스도 안에 있는 이 영원한 가치 대신, 이 세상의 다른 것에 가치를 두도록 신자들을 방치하고 있는 것은 아닌지 두렵습니다.

지금도 주님은 우리를 위한 확실한 근거를 가지고 하나님 앞에서 대언하십니다. 이 사실은 죄악 된 이 세상에서 지치고 자신 안에 내재하는 죄로 인해 씨름하며 절규하는 그리스도인에게 말할 수 없는 위로와 확신을 갖게 합니다. 무엇보다도 인성을 취하신 하나님으로서 우리를 동정하며 대언하신다는 점에서, 그리스도를 떠나서는 우리의 구원과 신앙과 삶의 그 어떤 것도 생각할 수 없습니다. 죄를 짓고 신음하는 우리에게 대언하시는 주님이 없다면, 우리는 신앙과 삶을 지속할 수 없습니다. 구원의 모든 여정, 심지어 구원의 최종 상태에 이르기까지도 주님의 대언 사역이 없다면 모든 것이 불가능합니다.

우리를 위해 대언하시는 주님은 이 땅에 계실 때 죄인을 자비롭게 대하셨습니다. 그러나 지금 주님은 그보다 더 확실한 자신의 대속적 죽음에 근거해 대언하십니다. 이와 관련해서 존스는 주목할 만한 말을 했습니다.

> 성육신 덕분에 하나님께서 우리에게 자비를 베풀 수 있는 새로운 길이 열렸다. 하나님이 육신이 되셨기에 경험에 바탕을 둔 긍휼이 획득되었다. 신성은 시험받을 수 없다. 이제 천국에 계신 그리스도는 세상에서 자신이 어떤 형편에 처했었는지를, 즉 고난과 시험을 당했던 것을 기억하실 수 있다. 천국에서 그리스도는 이 땅에서

자신의 삶이 얼마나 힘들었는지를 기억하신다. 시험의 위력이 얼마나 강했는지를 기억하신다. 그 덕분에 그리스도는 자기 백성을 동정하신다. 성육신이 일어나지 않았다면 어떤 면에서 그런 공감은 불가능했을 것이다. 하나님이 우리를 긍휼히 여길 수 있고 자비를 베풀 수 있는 새로운 길이 생겼다는 말은 주목할 만한 말이지만 사실이 그렇다.[47]

참 하나님이요 참 사람인 그리스도께서 그렇게 대언하시는 제사장적인 사역 때문에, 신자는 여전히 죄가 있는 세상에 살면서도 의롭다 함을 받는 자로서 구원을 누리며 확신하는 일이 가능합니다.

## 자기 백성을 지키는 왕 그리스도

그리스도의 중보 사역에는 지금까지 말한 두 가지, 곧 선지자와 제사장 사역 외에 그리스도의 왕적인 사역도 있습니다. 그리스도는 왕으로서 백성을 다스리시며, 그들을 자기에게 복종시키시고, 자기 백성을 지키시며, 모든 원수를 이기고 정복하십니다. 우리는 이러한 그리스도의 왕적 사역으로 인해 그리스도인으로서 현재의 조건에서 안전하게 영적인 성장을 이룰 수 있습니다.

우리에게는 죄와 죽음과 심판이라는 막강한 대적이 있지만, 그중 어느 하나도 감당하지 못합니다. 인간은 이 대적에게서 자신을 지킬 수 없고, 이것을 정복하는 일은 더더욱 할 수 없습니다. 죄와 죽음과 심판이라는 대적에게서 우리를 보호하고, 그것을 정복할 존재는 그리스도 외에는 없습니다. 불교의 석가모니도 자신 안에 있는 욕심과 씨름하며 그것에서 벗어나려고 몸부림쳤을 뿐입니다. 대체 누가 죄를 이기며 사망을 이길 수 있습니까? 또 죄를 이용해 사람을 무너뜨리고 유혹하는 사탄의 공격을 누가 이기고 정복할 수 있습니까?

오직 신인이신 그리스도께서 죄와 사망을 지고 죽으시고 부활하심으로써 그것을 정복하셨습니다. 히브리서 기자는 히브리서 2장에서 그리스도의 죽음과 부활로 만물이 그 발 아래 있다고 말합니다(히 2:8 참조). 물론 최종적인 완성은 미래에 있겠지만, 그 일은 이미 그리스도의 죽음과 부활로 시작되었습니다. 이러한 그리스도의 왕적인 사역이 교회와 온 세상에 나타났습니다. 죄와 사망과 사탄을 정복하신 신인이신 그리스도를 거스르며 불복할 수 있는 존재는 세상에 없습니다. 아브라함 카이퍼는 "우리 인간 실존의 영역 전체에서, 모든 것에 주권적인 그리스도가 '내 것이다!'라고 외치지 않는 것은 손톱만큼도 없다"[48]고 말했습니다.

우리 주 예수 그리스도는 죄와 사망과 사탄을 정복하시고, 이 세상과 우리 삶의 모든 영역 특히 교회 안에서 주권적인 왕권을 가시고 행사하십니다. 심지어 사탄의 영역까지도 내 영역이라고 말씀하십니다. 이러한 우리 주 예수 그리스도는 빌립보서 2장 6-8절이 말한 낮아지심을 지나 9-11절에서 말한 높아지신 상태에 계십니다. 세상이 그것을 모르더라도 또 당장은 그분을 거역하고 적대하더라도, 결국 모든 인격적인 존재는 이 땅에 육신을 입고 오신 하나님, 바로 신인이신 예수 그리스도를 주라 시인하게 될 것입니다.

그분은 지금도 세상 역사의 통치자로서 왕적인 사역을 하고 계십니다. 그리스도는 특히 자신의 몸인 교회 안에서 말씀과 성령으로써 주권적으로 통치하십니다. 그로 인해 죄와 사망에서 구원받은 각각의 인격체가 그리스도의 몸 안에서 자라가며 섬기게 됩니다.

우리가 이러한 그리스도의 사역을 신앙과 삶 그리고 우리가 속한 교회에서 경험하는 것은 매우 중요합니다. 그것은 곧 왕이신 그리스도의 통치를 받는 것입니다. 왕이신 그리스도의 통치를 받는 것은, 그리스도의 몸인 교회의 핵심적인 정체성입니다. 그리스도의 통치를 받지 않는 집단은 종교를 핑계로 조직된 친교 모임일 뿐입니다. 바로 이 부분에서 선명한 신자, 선명한 교회가 오직 그리스도 편에 서 있는 것입니다.

우리 주 예수 그리스도는 창세 전에 계획하시고, 언약 가운데 말씀하시고 예언하시어, 실제로 신인으로 이 땅에서 살고 죽고 부활해 죄와 사망을 정복하고, 지금 만물을 그 발 아래 두고 다스리십니다. 그러므로 누구든지 그리스도 안에 있으면 가장 안전합니다. 죄와 사망과 사탄조차도 정복하지 못하는 그분 안에 있으면 가장 안전하다는 이 복된 소식을 신자와 교회는 가지고 있습니다.

그리스도를 능가할 존재나 실체는 없습니다. 인류 역사의 모든 종교를 다 뒤져보아도 죄와 사망과 사탄을 정복해 인간을 구원한 역사적인 성취자는 없습니다. 이것이 바로 우리가 오직 그리스도를 말해야 하는 이유입니다.

# 이 시대에 '오직 그리스도'를 전하기 위해
## ① 먼저 보아야 할 그리스도의 영광

그렇다면 우리는 오직 그리스도를 불편해하고 싫어하고 거부하는 이 시대에 어떻게 믿고 사역해야 할까요? 이 시대에 편승하여 '오직'을 뺀 그리스도, 축소되고 왜곡된 그리스도의 인격과 사역을 전해서는 안 됩니다. 우리가 이 시대에 오직 그리스도를 어떻게 전해야 할지를 말하기 위해 먼저 한 가지를 확인해야 합니다. 그것은 그리스도의 참 영광, 즉 하나님으로서 인성을 취하시고 이 땅에 오셔서 모든 것을 이루시고, 지금 하늘 보좌에서 대언하시는 그 중보자의 영광을 보는 것입니다. 우리는 장차 눈으로 그 영광을 보겠지만, 지금 이 땅에서부터 믿음으로 그 영광을 보는 것입니다. 사도 요한이 말한 이 땅에 육신을 입고 오신 하나님의 아들 바로 그 독생자의 영광을 말입니다(요 1:14).

이 영광을 알거나 보지 못한 사람은 오직 그리스도를 말할 수 없고, 그리스도의 뒤를 참되게 따라 살면서 그분을 본받을 수 없습니다. 그 모든 것은 오직 그리스도를 알고 확신하며, 오직 그리스도를 말할 수밖에 없는 중보자의 영광을 볼 때만 가능합니다. 그것 없이 오직 그리스도를 말하는 것은 그저 신학적인 지식놀이를 하는 것이고, 또 그것 없이 그리스도를 본받는 것을 말하는 것은 수도원적인 시도를 하는 것입니다. 존 오웬(J. Owen)은 "예수의 영광을 보지 않고 혹은 그 영광에 대한 직관 없이 곧 앎이 없이 그분의 행동을 그저 흉내 내는 것으로는 그 누구도 그분처럼 되지 못한다. 그분을 닮지 못한다. 그 영광을 봐야만 사람을 예수와 같은 형상으로 변화시키는 변화의 능력이 수반된다"[49]고 말했습니다.

지금까지 말한 오직 그리스도에 대한 지식을 아는 것보다 더 중요한 것은 그 모든 내용의 중심에 있는 그리스도의 영광을 보는 것입니다. 예수 그리스도를 믿는 자는 모두 그분의 영광을 보도록 초대되었습니다. 특별히 설교자는 그 영광을 보는 것을 넘어 그것을 증거하는 사람입니다. 따라서 그 영광을 알고 보지 않으면 전할 수 없습니다.

오늘날 사역자들의 문제 중 하나는 중보자의 영광을 알고 보는 것 없이 그저 그리스도를 본받으라고 말하면서 그분의 삶을 모방하라고 시키는 것입니다. 그것은 고상한 바리새인이나 도덕적인 신자를 만드는 길입니다.

아닙니다. 우리는 무엇과도 비교할 수 없는 신인이신 그리스도의 영광을 먼저 보아야 합니다. 지금 하늘 보좌에서 자신이 이루신 희생 사역에 근거해 대언하시는 유일한 중보자의 영광을 말입니다. 이것은 가시적인 환상을 보라는 말이 결코 아닙니다. 그분의 실체를 성경에 계시된 그대로 보라는 것입니다.

그리스도 안에서 인간은 죄와 사망과 사탄에게서 놓임받습니다. 이 놀라운 소식은 1세기나 지금 또는 다음 시대의 누구도 똑같이 필요하고 절박한 소식입니다. 특별히 이 세대 사람들은 가변적이고 지나가는 것에 열망하면서 거기에 온 힘을 쏟고 삽니다. 그들이 그렇게 하는 것은 자신을 잡아줄 확정적인 것이 자신에게 없다는 말이기도 합니다. 바로 이것이 포스트모더니즘의 맹점입니다. 그러나 오직 그리스도는 확실한 답을 말해 줍니다.

불행하게도 오늘날 교회는 그런 조건에 있는 인간에게 가장 적절한 답이 되는 오직 그리스도를 말해 주지 못하고 있습니다. 그 대신 다른 곳에서 얼마든지 들을 수 있는 도덕적이고 심리 치유적인 이야기, 이 세상에서 성공하고 번성하는 이야기를 하다 보니, 처음에는 잠시 관심을 보였다가도 금방 등져버리는 것입니다. 그 결과 교회를 다녀봐도 별것 없더라는 사람이 갈수록 많아지고 있습니다.

사람들은 교회가 익숙한 문화적 코드를 보여주는 것에 처음에는 마음을 엽니다. 그러나 그들이 거기서 보이는 반응은 거듭남의 역사가 아닙니다. 불신자들과의 접촉점에서 교회가 타협하는 기독교로만 보이게 함으로써, 오히려 더 많은 부작용을 낳습니다.

우리는 그리스도를 거부하는 이 시대에 오직 그리스도를 말할 수밖에 없는 그분의 아름다움과 영광, 무엇과도 비교 불가능한 그분의 영광을 먼저 보아야 합니다. 바울은 빌립보서 3장에서 자기에게 유익하던 모든 것을 배설물로 여겼습니다. 그렇게 그리스도를 아는 지식을 최고로 여긴 것처럼 그리스도의 영광을 보아야 합니다.

웰럼은 종교개혁자들이 그 영광을 본 사람임을 시사하면서, 교회가 "종교개혁사들이 선포한 그리스도 같은 그리스도를 선포하려면, 우리도 '솔루스 크리스투스'를 종교개혁자들이 가진 것 같은 선명함과 확신과 절박함과 넘치는 확신 속에서, 오직 그리스도를 이해하고 받아들여야 한다"고 말했습니다.[50]

오직 그리스도는 단순히 지식으로 말할 내용이 아닙니다. 소요리문답을 가르치는 것만이 능사는 아닙니다. 종교개혁자들이 가진 오직 그리스도에 대한 선명함과 확신과 절박함과 기쁨을 가지고 전해야 합니다.

② **하나님의 일하심에 대한 신뢰**

　　　　　　오직 그리스도를 불편해하고 거부하는 이 시대에 우리가 어떻게 해야 하는지에 대한 두 번째 내용은, 하나님을 믿고 오직 그리스도를 담대히 전하는 것입니다. 현실은 오직 그리스도를 전하기에 만만치 않습니다. 세상 정신에 물든 사람들에게 오직 그리스도를 전한들 무슨 효과가 있을지 의구심이 들 수도 있습니다. 그러나 바울과 1세기 성도들은 지금 우리가 대면하는 현실보다 더 종교 다원적이고 다신교적이며 다원적인 문화 환경에서 오직 그리스도를 전했고, 그 결과 하나님의 역사가 있었음을 기억해야 합니다. 그리고 우리도 인내심을 갖고 복음을 전해야 합니다. 가변적인 것으로 만족하는 이 시대에 가변적이지 않은 복음을 담대히 전해야 합니다.

　1세기 다신교적이고 다문화적인 환경에서도 하나님은 인간의 장벽을 무너뜨리셨습니다. 오직 그리스도의 복음은 이 시대 사람들에게도 강력한 메시지입니다. 그것이 바로 포스트모더니즘의 현실 속에서 방황하는 현대인에게 여전히 절대적인 진리가 필요한 이유입니다. 사실 그들의 방황은 우리에게 외치는 절규입니다. '나는 왜 이런 가변적인 것에 마음을 쏟고 있을까? 아, 내게는 나 자신을 붙잡아줄 확실하고 절대적인 것이 없다'고 외치는 것입니다. 하나님이 그런 영혼에게 행하시는 역사가 있기에, 우리는 하나님이 하실 일을 믿고 인내하며 담대히 전해야 합니다.

　1세기 당시 그리스도인들도 말구유에 나신 이가 하나님이요 구원자라는 메시지를 전했습니다. 그분이 우리 죄를 지고 십자가에 달려 죽으시고 부활하셨다는 소식을 전한 것입니다. 그렇게 사람들은 그리스도께서 지금도 대언자로서 중보 사역하신다는 메시지를 듣고, 그리스도께 굴복하고 그분을 받아들인 것입니다. 당시 사람들에게는 무척이나 어리석어 보였던 메시지를 전하면서 그와 같은 역사가 일어난 것입니다. '이런 메시지를 듣고 과연 누가 믿고 구원을 얻겠는가?'라고 말할 말한 상황에서, 사람들은 자기가 섬기던 우상을 버리고 그리스도를 믿었습니다. 그야말로 바울이 고린도전서 1장에서 말한 대로 십자가의 도가 어떤 사람에게는 미련한 것으로 들렸지만, 구원 얻는 자들에게는 하나님의 능력이 되어 구원의 역사가 일어난 것입니다(고전 1:18). 그러면서 바울은 고린도전서 1장 24절에서 "오직 부르심을 받은 자들에게는 … 그리스도는 하나님의 능력이요…"라고 말했습니다. 그리스도의 영이신 성령께서는 오직 그리스도를 알고 전하는 것 안에서 이런 구원의 역사를 일으키십니다.

그러므로 우리는 그리스도의 유일무이한 위격과 그의 사역의 충분함을 확고히 알고 타협 없이 오직 그리스도를 전해야 합니다. 오직 그리스도를 거부하고 부정하는 이 세상 정신과 이 시대 사람들보다 더 강하고 절대적인 오직 그리스도를 전해야 합니다. 특히 설교자는 이 시대의 어떠함보다도 오직 그리스도 안에 있는 구원의 사실과, 그리스도를 전할 때 하나님의 능력이 더 크고 절대적이라는 확신을 가져야 합니다. 웰럼은 "그리스도의 유일함과 충분함에 있어서 오직 그리스도를 긍정하는 것은 생명이고, 달리 주장하는 것은 결국 복음의 타협"[51]이라고 말했습니다.

오늘날 오직 그리스도를 긍정하지 않고 달리 주장함으로써 복음에 타협해 온 장본인은 다름 아닌 교회의 사역자들입니다. 우리는 이것을 깊이 자각하고, 성공과 효과에 목말라 타협해 가는 이 시대 사역자들의 대세를 거슬러, 오직 그리스도를 담대히 전해야 합니다. 물론 그런 타협의 유혹과 도전은 지금도 있고 앞으로도 계속 있을 것이지만, 우리는 오직 그리스도를 전해야 합니다.

마이클 호튼(Michael Horton)은 오늘날 기독교를 『그리스도 없는 기독교』로 말하며 그 책에서 이렇게 말했습니다.

> 그리스도의 증인인 우리 앞에 놓인 도전은 예수 그리스도를 우리의 자아도취적인 강박관념을 풀어주는 열쇠로 볼 것이냐, 아니면 우리를 그런 죄와 권세로부터 해방시키는 구속자로 제시할 것이냐이다. 정녕 그리스도는 우리의 자아를 더 부풀리기 위해서 오셨는가? 아니면 우리의 자아를 십자가에 못 박고 그리스도 안에서 우리에게 새로운 피조물이라는 정체성을 부여하기 위해서 오셨는가?[52]

호튼이 말한 이러한 도전과 유혹은, 우리가 사람을 만나고 말씀을 증거할 때마다 계속될 것입니다. 그때 보통 사람들은 오직 그리스도를 조금씩 양보하면서 전하다가, 결국 오직 그리스도를 부정하는 길로 갑니다. 설교자가 먼저 오직 그리스도가 아닌 신앙과 삶으로 가고, 성도도 그쪽으로 이끌게 되는 것입니다. 소위 개혁주의를 좋아하거나 '다섯 가지 오직'의 중요성을 아는 목회자도 사역의 현장에서는 사람들의 비위를 맞추고 그들을 붙잡기 위해 오직 그리스도를 타협하면서, 실제로는 오직 그리스도를 부정하는 모습을 보이기도 합니다.

우리는 이 시대가 아무리 어렵다 해도, 오직 그리스도에 대한 이해와 신앙과 삶의 증거에 있어서는 조금도 타협하지 말아야 합니다. 이 시대에는 바로 그런 사람이 필요합니다. 그리고 하나님께서 그런 사람을 단 한 사람이라도 세워주시기를 구해야 합니다.

우리는 오직 그리스도를 알고 전하는 가운데 나타나는 하나님의 능력을 믿고 타협 없이 전해야 합니다. 이 부분에서 결코 불신해서는 안 되고 지치거나 낙심하지 말고 끝까지 인내해야 합니다.

### ③ 그리스도의 부활과 권능과 그 고난에 참여하는 삶

마지막으로 오직 그리스도를 불편해하고 거부하는 이 시대에 우리가 해야 할 일은, 오직 그리스도의 영광을 보고 알고 확신한 바울이 빌립보서 3장에서 보인 반응과 삶을 본받는 것입니다. 오직 그리스도를 아는 자에게는 그리스도와의 관계 속에서 누리는 많은 은혜의 역사가 있고, 심지어 외적인 성공과 풍부도 있을 수 있지만, 그 모든 것을 넘어서는 한 가지가 있습니다. 그것은 지식의 문제를 넘어 그리스도와 경쟁관계가 될 만한 것은 모두 배설물로 여기면서, 그리스도와 그의 부활과 권능과 고난에 참여함을 더욱 알고자 하여, 그리스도께서 가신 십자가의 길을 가는 삶입니다. 오직 그리스도를 알고 믿는 자는 그런 결론으로 가지 않을 수 없습니다. 우리를 이 땅에서부터 영광을 누리는 삶으로 바로 연결하지 않고, 바울처럼 그리스도의 영광을 봄으로써 십자가의 길로 인도되는 것입니다. 이처럼 오직 그리스도는 입술로 증거하고 마는 것이 아닙니다. 그리스도의 영광을 본 바울이 그렇게 원하던 십자가의 길을 기꺼이

갔던 그런 것입니다.

 이 세상에서 기독교가 기독교답고 그리스도인답다고 여겨진 때는 그리스도를 입술로 말하는 것을 넘어 십자가의 길을 갈 때였습니다. 웰스는 제임스 스튜어트(James Stuart)의 말을 인용해, 기독교가 가장 힘 있고 세상의 주목을 받던 시기는 교회가 외적으로 커지고 부요할 때가 아니라 십자가의 길을 갈 때였다고 말했습니다.[53] 웰스가 인용한 제임스 스튜어트의 말을 한 번 들어보십시오.

> 교회 영향력이 가장 컸던 시기는 언제일까? 교회가 세상에 가장 강력한 충격을 준 순간은 언제일까? 그것은 교회의 힘과 탁월함이 시각적으로 나타난 시기도 아니고, 기독교가 국교로 인정받아 세상의 모든 나라와 그 영광이 그리스도 아래 곧 굴복할 것처럼 보이던 콘스탄티누스 대제 사후의 시기도 아니다. 로마에서 그리스도의 대리자가 지상의 그 어떤 세속 군주보다 훨씬 강한 절대권을 휘둘렀던 위대한 중세 교황의 시대도 아니다. 또 인간 진보의 추진력이 인간을 하나님 나라로 반드시 인도할 것이라는 인문주의 낙관론에 교회가 영향을 받은 19세기 후반도 아니다. 교회가 영혼과 세계의 양심에 가장 강력한 영향력을 행사한 것은 오히려 교회가 예수님과 함께 십자가에 못 박히고 예수님을 위해 모든 것을 배설물로 여긴 시기요, 교회가 숭고한 참회와 회개에 사로잡혀 진심으로 하나님께 부르짖은 시기다.[54]

 오늘날 우리는 교회의 힘을 수적인 우위나 사회적인 지위 또는 재물 있는 사람이 얼마나 있는지와 재정적인 능력으로 드러내려고 합니다. 이것은 분명 오직 그리스도를 알고 십자가의 길을 가지 않는 모습입니다.

오직 그리스도의 놀라운 진리를 알고 고백하는 것은 반드시 삶으로 연결되고 또 그래야 합니다. 그리스도를 더욱 알고, 그의 뒤를 따르고, 그를 닮고자 해야 합니다. 다시 말해, 오직 그리스도에 대한 앎과 믿음은 우리의 생각과 마음과 삶을 그리스도가 아닌 다른 것에 우선순위를 두거나 더 가치를 둘 수 없게 한다는 말입니다.

빌립보서 3장에서 바울의 경험은 거짓이 아닙니다. 누구든지 비교할 수 없는 그리스도의 영광을 보면, 그분보다 다른 것에 가치를 두며 마음 쏟는 일은 결코 허용되지 않습니다.

## '오직' 그리스도만을 영화롭게 하라

그러므로 오직 그리스도의 놀라운 진리를 알고, 고백하는 것을 따라가는 것이 올바른 길입니다. 바울처럼 그리스도 외에 다른 본을 생각하지 않고 그를 더 알고 본받고자 그가 가신 십자가의 길을 가는 것입니다. 바울은 십자가의 길을 마지못해 끌려가듯 억지로 가지 않았습니다. 오히려 그리스도 안에서 본 영광과 확신으로 인해 주를 향한 신뢰와 확신, 사랑, 기쁨, 경배, 기꺼운 순종의 마음으로 가고자 했습니다. 따라서 바울처럼 그러고도 남을 그리스도의 영광, 그 무엇과도 비교 불가능한 그리스도의 영광과 아름다움을 보는 것이 가장 중요합니다.

그런 사람에게 그리스도를 본받고 싶은 것은 결코 억지가 아닌 간절한 소원이고 열망입니다. 아무리 이 시대의 포스트모더니즘이 오직 그리스도에 대해 거부감을 갖고 적대적이라 해도, 오직 그리스도 안에 있는 참 생명과 구원하는 능력을 알고 경험한 사람은 바울 같은 소원과 열망을 가질 것입니다.

이 시대가 보고 싶어하는 것은 바로 그런 신자, 그런 목회자, 그런 교회입니다. 우리가 그런 신앙과 삶을 가질 때, 우리가 알고 믿는 오직 그리스도, 우리를 힘 있게 하는 오직 그리스도가 다른 사람에게는 궁금증을 불러일으키고 알고 싶어하는 대상이 될 것입니다. 그리하여 그들도 우리처럼 오직 그리스도를 소유하고 싶어할 것입니다. 그것은 결국 우리의 머리 되신 그리스도, 교회의 머리 되신 그리스도가 드러나고 높임받는 일로 나타날 것입니다.

오직 그리스도를 알고 소유한 사람과 그런 교회 공동체의 결론은, 이 모든 일을 있게 하시고 다스리시는 머리 되신 그리스도기 드러나는 것입니다. 그리하여 그리스도께 영광 돌리며 그분을 높이는 것입니다. 그런 점에서 오늘날 교회는 오직 그리스도와 관련된 이런 총체적인 모습을 상실했다고 볼 수 있습니다.

그러나 우리는 오직 그리스도를 알고 믿고 전하는 가운데 있었던, 구원의 능력과 세상을 변화시키는 역사가 1세기부터 계속되어 온 것을 알기에 포기하지 말아야 합니다. 패배주의에 빠져서도 안 됩니다. 이 시대의 부정적인 모습이나 도전보다 더 크고 강력한 복음의 능력을 믿고 담대하고 확신 있게 전해야 합니다.

# 복음과 시대의 부름을 위해 담대하라

웰스는 포스트모던 시대에 우리에게 희망적인 도전을 주는 말을 했습니다.

> 지금은 더할 나위 없이 좋은 기회의 시기인 동시에 놀라운 도전이 제기되는 시기다. 과연 복음주의 교회가 다시 한번 그 진실성을 찾을 수 있을까? 이 세상에는 인간적인 완전함은 없으며, 교회생활에서 황금시대는 결코 없다. 교회가 진실성을 잃은 시대, 혹은 교회가 진실성을 가진 시대밖에 없다. 오늘날 우리는 심각한 비진실성으로 급속히 추락하고 있다. 하지만 하나님의 백성은 자신이 진심으로 하나님께 부르짖고 심하게 훼손된 것을 기꺼이 지키고자 할 때, 잃어버린 진실성을 실제로 회복할 수 있다는 사실을 모든 시대에 걸쳐서 배워왔다. 오늘날도 그와 같은 시기일 뿐이며, 하나님은 언제나 새로운 시작의 하나님이셨고 또한 앞으로도 그럴 것이다.
>
> 하지만 이처럼 냉정하게 고려해야 할 사항은 기쁜 사실과 나란히 배열될 필요가 있다. 이 중에서 가장 으뜸은 예수님은 우리가 사는 세계를 주권적으로 통치하고 계신다는 사실이다. 신약성경은 거듭해서 만물이 예수님의 발 아래 굴복한다고 진술한다. 우리가 포스트모더니즘 세계의 권세를 생각할 때 생길 수 있는 유형의 근심과 심지어 공포로부터 우리를 완전히 해방시키는 것이 바로 이런 비전이다. 이 불신앙의 세계에 크게 위압당하고 구시대적이라고 취급받는 것을 매우 두려워한 나머지, 포스트모더니즘의 사고 습성과 심지어 불신을 흉내 내지 않으면 기독교가 성공할 수 없다고 생각

하는 사람도 있다.

포스트모더니즘 세계를 당할 수 없는 까닭에, 교회가 사업을 그만두고 싶지 않으면 거기에 동참하는 데만 기대를 걸어야 한다. 하지만 포스트모더니즘 세계는 우리가 동참하거나 극복해야 할 세계가 아니다. 그 화려함과 탁월함에도 불구하고 포스트모더니즘 세계는 자신의 활동 속에 자신의 타락과 불신을 감춤으로 우리는 거기에 결코 동참해서는 안 된다. 그리고 우리가 마케팅이나 다른 유형의 기교로 포스트모더니즘 세계를 극복할 수 없는 까닭은, 이런 기교가 포스트모더니즘 세계에 내재된 진정한 문제 곧 죄 문제의 표면에 흠조차 내지 못하기 때문이다. 포스트모더니즘 세계를 극복하는 것에 관해 생각하는 것마저도 사실상 완전히 불필요한데, 왜냐하면 포스트모더니즘 세계는 이미 그 죄로 말미암아 패배했기 때문이다. 십자가에서 이룬 예수님의 승리가 우리 시대의 실제 환경에서 새롭게 실현되는 것을 보는 것은 오직 우리의 몫이다. 교회가 새롭게 자기를 낮추고, 하나님의 권능과 깨끗하게 하심을 추구하고, 예수님의 승리로 자신의 비전이 새롭게 되어 다시 한번 예수님의 위대함을 보게 되기를 구할 때, 그런 일이 발생할 것이다. 그렇게 되게 해 주소서.[55]

포스트모던 시대에는 오직 그리스도를 진실하게 전하는 목소리가 필요합니다. 이 시대 풍조에 젖은 사람들은 이 필요를 마음에 품고 절규하고 있습니다. 오직 그리스도를 타협 없이 전하는 사람을 통해서 그 목소리를 듣고 싶어합니다. 바로 이 일을 위해 우리가 이 시대에 부름받은 것입니다.

이 포스트모던 시대는 우리의 배경이요 하나님이 우리에게 맡긴 현장입니다. 여기에 필요한 것은 오직 그리스도입니다. 우리는 오직 그리스도 안에 있는 영광을 보고, 후회할 것 없는 이 주님의 길을 바울처럼 가면서 담대히 전해야 합니다. 그분을 더 알고 그분을 더 본받고 싶은 갈망 속에서 그리스도의 복되고 영광스러움, 오직 그리스도 안에서만 참 구원과 생명이 있음을 기꺼이 전해야 합니다. 그렇게 오직 그리스도를 알고 경험하며 증거하는 우리의 삶과 사역 속에 하나님이 역사하십니다.

하나님께서 이 시대를 우리에게 맡기셨다는 사실을 잊지 마십시오. 우리에게 맡기신 기간이 몇 년일지 모르지만 우리는 그것을 감당해야 합니다. 이 시대에 답은 오직 하나입니다. 포스트모던 시대가 오직 그리스도를 필요로 한다는 사실입니다. 부디 이것을 타협 없이 전하는 하나님의 도구로 사용되길 소망합니다.

# 05
## 참 생명을 긷는 유일한 샘 '은혜'

모든 은혜의 하나님 곧 그리스도 안에서 너희를 부르사 자기의 영원한 영광에 들어가게 하신 이가 잠깐 고난을 당한 너희를 친히 온전하게 하시며 굳건하게 하시며 강하게 하시며 터를 견고하게 하시리라 _ **벧전 5:10**

### 은혜 없이는 구원도 기독교도 없다

우리가 이 장에서 다룰 내용은 '오직 은혜'(Sola Gratia)입니다. 이 역시 예수 믿는 신자에게 무척 익숙한 내용입니다. 그런데 쉽게 오용되거나 왜곡되고 심지어 무시되기까지 하는 기독교 복음의 핵심 진리입니다.

오직 은혜는 우리가 지식으로 알아두어야 할 것 이상의 의미가 있습니다. 오직 은혜는 우리의 신앙과 삶 그리고 목회의 바탕과 중심이 되는 진리이며, 특히 설교와 관련해서도 중요한 기준점이 됩니다. 더 나아가 우리 교회가 어떤 교회인지 보게 하는 시금석이 되기도 합니다. 그래서 성경이 말하는 은혜에 대해 모호하고 뒤섞인 이해를 하거나 왜곡된 주장이나 가르침을 따르게 되면, 그의 신앙과 삶 그리고 목회와 교회가 빗나가게 됩니다.

이처럼 오직 은혜가 기독교 진리의 핵심인 이유는, 성경이 처음부터 끝까지 하나님 편에서 타락한 죄인을 향해 다가오셔서 구원의 길을 내신 그 은혜를 복음으로 말하고 있기 때문입니다. 여기서 은혜는 일반적으로 하나님 편에서 자격 없는 죄인을 향해 주권적으로 베푸시는 호의를 말하지만, 그러한 은혜를 오직 은혜라고 말할 때는 종교개혁자들이 잘 정리했듯이 그리스도 안에서 값없이 베푸시는 것을 말합니다. 그래서 오직 은혜는 오직 그리스도와 연결해서 말하게 되고 또 그래야 할 내용입니다.

『오직 은혜입니다』에서는, 구약에서부터 신약으로 이어지는 하나님의 은혜에 대해 다음과 같이 말합니다.

> 은혜는 하나님과 따로 떼어 생각할 수 없는 것입니다. 은혜 없이는 하나님을 생각할 수 없고, 하나님 역시 은혜 없이는 우리에게 자신을 드러내시지 않습니다. 하나님이 없는 은혜는 생각할 수 없고, 의미도 없으며, 존재할 수도 없습니다. 아니, 하나님 자신이 은혜입니다. 그러므로 하나님이 죄인인 우리에게 자기 자신을 주시는 것이 은혜입니다.[56]

하나님은 친히 육신을 입고 오셔서 자신의 생명을 내어주신 독생자 안에서 구원하시는 것으로 은혜를 나타내셨습니다. 그래서 은혜는 그 의미에 있어 구원보다 크고 죄 사함보다도 큽니다. 또 하나님과 화목하게 하는 것보다 크고, 칭의보다도 크며, 성화나 영화보다도 큽니다. 아니, 은혜에는 그 모든 내용이 다 내포되어 있습니다.

종교개혁자들은 자격 없는 우리가 그 모든 것을 그리스도 안에서 갖게 되기에, 은혜를 항상 그리스도와 함께 묶어서 강조했습니다. 바울이 하나님의 사랑과 은혜를 그리스도 안에서 말한 것처럼 말입니다. 그런 맥락에서 싱클레어 퍼거슨(Sinclair B. Ferguson)은 "은혜는 물건이 아니다. 은혜는 측정되거나 분배할 수 있는 상품이 아니다. 그것은 '주 예수 그리스도의 은혜'(고후 13:13)다. 간단히 말하면, 바로 그리스도 자신이다"[57]라고 말했습니다.

그리고 칼 트루먼(Carl Trueman)은 성경이 말하는 은혜에 대해 좀 더 구체적으로 말했습니다.

> 은혜는 하나님의 태도임과 동시에 하나님의 역사다. (중략) 은혜는 희생제사를 포함하고 있고, 따라서 폭력적이고 피비린내 나는 그 무엇이다.[58]

즉, 은혜는 피비린내 나는 예수 그리스도의 희생적인 죽음 안에서 베풀어진다고 말한 것입니다. 그래서 은혜는 결코 가벼운 내용이 아닙니다.

인류 역사 속에서 하나님의 모든 역사는 바로 이 은혜로 묶여 있습니다. 그리고 기독교는 이 세상에 없는 바로 그 은혜를 말합니다. 바로 이 사실 때문에 바울은 복음을 "하나님의 은혜의 복음"(행 20:24)이라고 말했습니다. 은혜와 복음을 뗄 수 없는 하나로 묶어서 말한 것입니다. 그래서 제임스 보이스와 필립 라이큰(Philip Ryken)은 공저로 쓴 책[59]에서 은혜와 복음을 앞뒤로 바꿔가면서 썼습니다. '은혜의 복음' 또는 '복음의 은혜'로 말입니다. 또 마이클 앨런(Michael Allen)은 "복음을 소중히 여긴다는 것은 곧 은혜를 소중히 여긴다는 것을 의미한다"[60]고 말했습니다.

이렇게 복음과 은혜를 분리할 수 없고 함께 엮어서 말하는 것은 하나님의 은혜를 말하는 것이 복음이고, 그 하나님의 은혜가 복음에 가장 완벽하게 나타나 있기 때문입니다. 따라서 복음의 왜곡과 변질이 있는 곳에는 하나님의 은혜 역시 잘못 이해되고 적용되며, 하나님의 은혜를 잘못 이해하는 곳에는 복음 또한 그렇게 되는 것을 볼 수 있습니다.

한편, 성경은 복음과 분리할 수 없는 은혜를 삼위 하나님 모두에게 사용하고 있습니다. 예를 들면, 베드로전서 5장에서는 "은혜의 하나님"으로 말하고 있고, 요한복음 1장에서는 은혜와 진리가 충만한 예수 그리스도를 말하고 있으며(요 1:14), 히브리서 10장에서는 성령을 "은혜의 성령"(히 10:29)으로 묘사합니다. 이렇게 성경은 우리를 위한 삼위 하나님의 모든 사역을 은혜와 엮어서 말합니다. 그래서 은혜는 언제나 모든 것을 엮어서 비중 있게 말해야 할 정도로 성경의 핵심입니다. 은혜를 말하지 않고는 기독교를 말할 수 없고, 우리의 신앙과 구원도 말할 수 없습니다.

## 당연한 것으로 여길 수 없는 은혜

그런데 이 놀라운 은혜가 오늘날 교회와 신자들의 신앙과 삶 그리고 목회자의 설교와 가르침 속에서 어떻게 이해되고 전해지는지 궁금합니다. 아니, 경이롭고 놀라운 내용으로 전해지지 않고, 감동 없이 밋밋한 내용으로 언급되는 것은 아닌지 의문이 듭니다. 만일 그렇다면 가볍게 지나갈 일은 아닙니다. 이에 대해 퍼거슨은 다음과 같이 말했습니다.

> 하나님의 은혜를 놀라워한다는 것은 영적으로 건강하다는 증거다. 이것은 기독교 복음을 얼마나 확고하고도 실속 있게 이해하고 있는지 그리고 우리가 그리스도와 얼마나 친밀한 관계를 맺고 있는지를 보여주는 리트머스 시험지와 같다. 그러나 우리는 하나님의 은혜를 당연한 것으로 여길 때가 많다. 서구 교회가 힘을 잃었던 가장 주된 이유, 즉 우리의 증거가 빈약하기 짝이 없고, 예배의 열정이 사라지고만 주된 이유가 바로 여기에 있지 않나 싶다. 우리는 놀라운 은혜를 노래하고 있을 뿐, 정작 실제로는 은혜를 조금도 놀랍게 생각하지 않는다.[61]

퍼거슨이 지적한 이러한 현상은 우리의 구원과 관련해서 뿐 아니라 우리 신앙 여정의 방해, 곧 우리 주변에서 통용되는 은혜에 대한 잘못된 이해와 적용과 가르침 때문에 발생합니다. 특히 우리 자신조차도 자각하지 못한 채 은혜에 대한 왜곡된 이해를 따라 신앙생활하고 가르치며 설교할 수 있습니다.

제리 브리지스(Jerry Bridges)는 "하나님의 은혜는 성경 전체에 걸쳐 가장 중요한 주제 가운데 하나지만, 또한 가장 잘못 이해되고 있는 것이기도 하다"[62]고 말했습니다. 이것은 실제 사실입니다. 더글러스 본드(Douglas Bond)도 은혜에 대해 쓴 자신의 책에서 이렇게 질문했습니다.

> 순전한 복음 교리에 대한 선포라기보다는 오히려 왜곡된 가르침에 가까운 설교를 들어본 적 없는 기독교인이 있습니까? 제가 들어 봤던 설교는 오직 예수 안에서, 오직 믿음을 통해, 오직 은혜로 말미암은 칭의 같은 것을 점점 약화시키는 설교였습니다.[63]

실제로 이러한 설교가 오늘날 한국 교회 안에 흔하다는 것은 부인할 수 없는 사실입니다.

## 약화, 왜곡, 오용되는 은혜

이상한 것은 이처럼 은혜를 약화시키는 일은 1세기부터 은혜의 복음이 전해지고 강조되는 곳에서 항상 있어왔다는 사실입니다. 예를 들면, 갈라디아서 1장에서 바울은 복음을 들은 갈라디아교회 안에서 율법주의를 더한 다른 복음을 따르는 모습을 지적했고, 로마서 6장에서도 은혜가 왕 노릇하는 가운데 신자들에게 은혜를 더하게 하려고 죄에 거하려는 문제를 언급했습니다. 이러한 성경의 기록은 모두 하나님의 은혜를 약화시키고 왜곡하며 오용하는 문제에 대해 언급하는 대표적인 내용입니다.

1세기 이후 복음 또는 은혜와 관련해서 교회 안에 등장한 잘못된 가르침과 주장은 대표적으로 율법주의와 율법폐기주의(무율법주의)를 들 수 있습니다. 이 두 가지는 심지어 종교개혁 전통에서 나온 개혁교회 후예들 속에도 있었고, 지금까지 교회 역사 속에 등장한 펠라기우스주의, 반(半)펠라기우스주의, 로마 가톨릭주의, 아르미니우스주의, 청교도 배경에서 나온 신율법주의, 극단적 칼빈주의(Hyper Calvinism), 극단적인 준비론(준비주의 또는 예비주의), 부흥주의, 열린 신학, 바울의 새 관점 등도 모두 이와 같은 맥락에 있습니다. 이들은 모두 바울이 디도서에서 말한 "구원을 주시는 하나님의 은혜"(딛 2:11)를 약화시키고 왜곡하며 오용하는 율법주의와 율법폐기주의의 특성을 나타냅니다.

그러므로 오늘날 복음의 은혜 또는 은혜의 복음 곧 그리스도 안에서 구원을 주시는 하나님의 은혜를 약화시키고 왜곡하고 오용하는 것은, 그것이 어떤 사상과 이름을 가졌든 율법주의와 율법폐기주의라는 두 가지 얼굴 중 하나입니다. 사실 이것은 신앙의 세계에서 매우 특이한 현상이지만, 우리가 오직 은혜를 말하려면 반드시 이 두 가지를 다루어야 합니다.

많은 사람이 율법주의와 율법폐기주의에 대해 어느 정도 알고 있고, 또 그에 대한 경계심도 있습니다. 그럼에도 이 두 가지는 우리의 신앙과 삶, 심지어 목회와 설교 속에 깊이 들어와 있을 정도로 우리에게 친숙합니다. 우리가 이것을 지식적으로 정리해서 알고 있어도, 이 두 가지는 우리의 지성을 넘어 경험적인 차원에서 우리에게 익숙한 것이어서 결코 가볍게 생각할 문제는 아닙니다. 무엇보다도 우리의 신앙과 삶, 목회자의 메시지에서 핵심인 은혜와 그 은혜의 복음이 이 두 가지를 통해 약화되고 왜곡되고 오용되어 기형적인 신앙생활을 낳으며, 성경과 동떨어진 목회를 하게 되고, 결정적으로는 설교와 가르침에 큰 결함을 갖고 많은 사람을 잘못 인도할 수 있기에, 우리는 이 부분을 정확하게 진단하고 정리해야 합니다.

이와 관련해 싱클레어 퍼거슨은 『온전한 그리스도』에서 좋은 통찰력을 주고 있습니다. 그 책 서문에서 팀 켈러(T. Keller)는 율법주의와 율법폐기주의를 자신에게 비추어 볼 때, 이 두 가지는 결코 간단한 문제가 아님을 다음과 같이 밝혔습니다.

> 율법주의와 율법폐기주의는 둘 다 마음의 태도, 행동, 인격, 성경을 읽는 방식이 종합된 결과물이다. (중략) 심지어 하나님에 대한 느낌도 율법주의를 형성하는 한 요소라고 싱클레어는 말한다. 맞는 말이다. 율법주의적인 정신의 특징으로는 질투, 사소한 문제에 대한 과민성, 또 실수를 절대 용납하지 않는 태도, 편협한 의사 결정을 들 수 있다. (중략)
>
> 반대로 율법폐기주의를 거부하면서도 실제 삶과 목회 속에서는 율법폐기주의가 나타날 수 있다. 이런 실제적 율법폐기주의는 기독교로 가장한 자기 수용의 세속적 복음의 형태로 나타난다. 더 자주 나타나는 형태는 목사의 설교와 목회에서 의무와 기쁨이 미묘하게 분리된 채 나타나는 율법폐기주의다. 목사가 하나님에 대한 순종을 기쁜 일로 제시하지 않으면 율법폐기주의 정신이 퍼질 수밖에

없다.⁶⁴

팀 켈러의 지적대로 하나님의 은혜에 대한 잘못된 이해가 율법주의나 율법폐기주의로 나타날 수 있습니다. 다른 말로 하면, 그 두 가지는 복음에 나타난 놀라운 은혜를 잘 이해하지 못하고, 결과적으로는 그 은혜를 누리지 못해 뒤따르게 되는 신앙의 태도입니다.

목회자가 그런 태도를 갖게 될 때 문제는 더 심각해집니다. 목회자가 자신의 사역 속에서 이 두 가지 태도를 드러내면 교회 안에 있는 신자들까지 그렇게 만들 수 있습니다. 퍼거슨은 실제로 그랬던 역사적 배경을 다음과 같이 말했습니다.

> 율법주의는 인간의 영혼을 뒤틀어 하나님의 은혜에서 멀어지게 한다. 특히 설교와 목회를 하는 사람 속에 스며든 율법주의는 순식간에 증식하여 그가 목회하는 교회를 가득 채우고 만다.⁶⁵

사람들은 흔히 율법주의를 자신의 행위로 구원을 이루려는 것 정도로 생각합니다. 그러나 퍼거슨은 "율법주의의 주변과 아래에는 훨씬 더 방대한 거미줄이 쳐 있다. 그리고 이 거미줄은 우리가 상상하는 것보다 훨씬 강하고, 우리가 생각하는 것보다 훨씬 더 미묘한 상태를 말한다"⁶⁶고 하면서 율법주의는 "에덴동산만큼이나 오래된 것으로 인간이 지어진 순간부터 마음속에 뿌리를 내리고, 잉태된 순간부터 우리 안에 존재하는 것이다"⁶⁷라고 말했습니다.

이처럼 율법주의는 우리의 본성과도 깊이 관련되어 있습니다. 그것은 사탄의 유혹을 받은 하와가 하나님에 대해 깊은 의심을 가진 데 뿌리를 둔 것으로, 요약하면 하나님의 은혜로운 성품과 그의 사랑을 의심하는 것이 율법주의 뿌리입니다.

흥미로운 것은 하나님이 말씀하신 율법을 반대하고 어기는 율법폐기주의가 바로 이 율법주의에서 나왔다는 사실입니다. 퍼거슨은 흔히 율법주의와 율법폐기주의를 상극으로 생각하여 분리하지만, 사실상 이 둘은 같은 자궁에서 나온 이란성 쌍둥이라고 말합니다.[68]

## 하나님의 은혜를 의심하게 하는 사탄의 거짓말

그런데 율법주의와 율법폐기주의의 근원을 파고 들어가 보면, 그것이 최초부터 있었던 사탄의 거짓말에서 시작된 것임을 알 수 있습니다. 그래서 어느 시대 어떤 신자와 목회자든 율법주의나 율법폐기주의에 빠지면, 은혜를 약화시키고 오용하고 왜곡하도록 우리를 속이는 사탄의 거짓말을 따르는 것이 됩니다.

사탄은 최초부터 하나님께서 말씀하신 것과 그의 은혜로운 성품을 분리해서 보도록 유혹함으로써, 하나님의 성품을 의심하여 율법주의에 빠지게 했고, 지금도 그 일을 하고 있습니다. 그래서 지금도 많은 사람이 부지중에 율법주의에 쉽게 빠지고 있습니다.

그러므로 하나님의 은혜로운 성품을 보지 못하고, 그분이 하신 말씀 곧 율법만 보게 되면 우리는 뭔가 불편해하거나 불만스러워하면서 하나님의 성품과 그 은혜를 의심하게 됩니다. 퍼거슨은 이에 대해 이렇게 말했습니다.

> 하나님의 후하심과 우리의 삶을 향한 그분의 지혜롭고도 사랑 가득한 계획을 보지 못하는 것, 바로 이것이 율법주의의 뿌리다. (중략) 율법주의는 단순히 율법을 바라보는 우리의 시각이 아니라 그 율법을 주신 분인 하나님에 대한 왜곡된 시각에서 비롯된다. (중략) 율법주의에 빠지면 하나님이 우리에게 좋은 것을 빼앗아가는, 특히 우리의 기쁨을 파괴하는 거대한 경찰처럼 보인다. '하나님을 영화롭게 하는 것'이 '그분을 영원히 즐거워하는 것'이 아니라 모든 기쁨을 잃는 길이라는 '거짓말'을 믿게 된다.[69]

바로 이런 사실 때문에 율법주의에 빠지면, 아무리 복음을 듣고 예수를 믿는다고 해도 하나님의 은혜로운 성품, 그분의 형용할 수 없는 은혜로 인한 기쁨과 확신을 갖지 못하게 됩니다. 예수 믿는 자가 하나님을 향한 제한된 마음 곧 하나님의 은혜로운 성품에 대한 제한된 마음을 품고 있다면, 분명 율법주의에 빠져 있는 것입니다. 이것이 사탄이 하나님의 은혜와 관련해 꾸준히 해온 일입니다.

퍼거슨은 18세기 스코틀랜드장로교회에서 은혜의 복음 제시하는 것을 제한하는 율법주의 때문에 일어난 매로우(Marrow) 논쟁을 다루었는데, 그 시대의 문제를 오늘날 목회자에게 그대로 연결해 말하면서 율법주의와 관련해 다음과 같이 말했습니다.

> 목사 자신이 하나님을 향한 왜곡된 감정에서 흘러나온 율법주의

> 에 빠져, 그 감정을 복음의 진리와 혼돈하면 문제는 훨씬 복잡해진
> 다. 그렇게 되면 진리를 거짓과 바꿀 뿐 아니라 거짓을 진실처럼 다
> 루게 된다. 또 그리스도와 은혜의 연합이라는 복음의 해독제가 아
> 닌 율법폐기주의로 율법주의를 치료하고, 율법주의로 율법폐기주
> 의를 치료하려는 실수를 범하게 된다. (중략) 목회자가 율법주의 정
> 신에 빠지면 상담을 비롯해 모든 목회 활동에서 율법주의가 묻어
> 나온다.[70]

이처럼 목회자와 같이 교회에서 말씀을 가르치는 사람은 자신도 모르게 이런 일을 할 수 있습니다. 내 지난날을 회고해 볼 때, 은혜의 복음을 풍성하게 들어본 기억은 그리 많지 않습니다. 성경 전체가 말하는 놀라운 하나님의 은혜, 특히 그리스도 안에서 드러난 이 은혜를 담은 복음이 내 존재와 삶을 흔드는 내용으로 크게 다가온 시간보다는, 뭔가 열심히 해야 한다고 독려받으며 신앙생활을 한 시간이 대부분입니다. 하나님 은혜의 부요함과 그로 인한 영혼의 자유와 기쁨을 경험하며 누리는 대신, 열심히 신앙생활하는 내 모습과 조건에 따라 하나님을 바라보는 시간이 많았습니다.

지금도 그런 신자들을 자주 만납니다. 그들은 그리스도 안에서 구원하시는 은혜의 하나님에 대한 확신과 기쁨 대신 자꾸 의심하게 하는 율법주의를 마치 정상적인 것으로 알고 배워 왔습니다. "율법주의의 본질이 하나님의 은혜와 은혜의 하나님에 대한 왜곡된 마음 상태"[71]라고 했던 퍼거슨의 말처럼, 그러한 마음 상태인 사람들을 지금도 쉽게 볼 수 있습니다.

그래서 오직 은혜를 알고 경험하는 것과 관련해 말씀을 전하고 가르치는 자들이 매우 중요합니다. 만일 성경이 말하는 은혜를 정확히 알고 그것을 삶 속에서 누리지 않으면서 하나님과 은혜를 전한다면, 사탄의 거짓말을 전달하는 자가 될 수 있습니다. 그러한 조건에서 말하는 복음은 갈라디아서에서 말하듯 다른 복음이 될 수 있습니다.

## 일치되지 못한 머리와 가슴

성경에 율법주의적인 복음은 없습니다. 복음은 하나님께서 예수 그리스도 안에서 죄인을 값없이 은혜로 구원하시고, 예수 그리스도와 연합한 자가 되게 하여 계속 그러한 자로 보시는 것을 말합니다. 그리고 복음은 하나님의 그 성품과 은혜에 의심할 여지가 없음을 말합니다. 그래서 복음의 바른 선포에는 복음을 가리고 제한하고 오용하는 율법주의에 대한 거부가 동반될 수밖에 없습니다. 복음의 바른 수용은 율법주의를 지식을 너머 경험적으로 거부하는 반응을 낳습니다.

퍼거슨이 사용한 '경험적 율법주의'가 시사하는 바는, 사람들이 율법주의를 지식적으로 공부하고 정리했어도, 경험적으로는 율법주의를 벗어나지 못한다는 것입니다. 그래서 퍼거슨은 이렇게 말했습니다.

귀로 복음을 들어도 마음의 소리 곧 '지금까지 실패했으니 이번에는 더 노력해야 해'라는 소리가 이겨, 경험적인 율법주의를 만들

> 어내는 일이 비일비재하다. 율법주의적인 머리와 율법주의적인 가슴을 가진 사람도 많지만, 복음주의적인 머리와 율법주의적인 가슴을 가진 사람도 그에 못지않게 많다.[72]

그렇습니다. 머리로는 개혁주의나 복음주의를 말하지만, 가슴은 그것을 못 벗어나서 계속 하나님의 은혜로운 성품에 대해 의심하고 확신하지 못하는 것을 다람쥐 쳇바퀴 돌듯하는 것입니다. 어쩌면 머리와 가슴 둘 다 율법주의적인 것보다, 머리는 복음주의 또는 개혁주의면서 가슴은 율법주의적인 사람이 더 많을지도 모릅니다. 매로우 논쟁에서 드러났듯이, 그리스도 안에 나타난 무한한 하나님의 은혜를 머리로는 알지만, 실질적으로는 그 은혜가 축소되고 왜곡되어, 자신의 조건과 상황에 따라 그 은혜를 믿을 수 있었다가 또 믿을 수 없었다 하는 것이 반복됩니다. 이런 신앙의 풍조가 만연한 이유 중 하나는, 많은 사람이 그런 식으로 가르치는 목회자들에게 배웠기 때문입니다.

피기슨의 말대로 하나님의 후하신 사랑과 값없는 은혜를 축소하거나 왜곡하는 가르침은 무엇이든 율법주의입니다. 우리의 가르침 속에 하나님의 성품과 은혜를 의심하게 하는 것, 곧 어떤 조건이나 행위나 그 밖의 무엇을 말하면서 하나님의 은혜를 의심하게 만든다면, 그것은 율법주의적인 가르침입니다. 그것은 은혜를 말하지만 실상은 오직 은혜의 방해꾼입니다.

# 은혜를 말하지만 은혜를 누리지 못하는 왜곡된 믿음

은혜를 약화시키고 오용하고 왜곡하는 것은 율법주의만 있는 것은 아닙니다. 율법폐기주의도 마찬가지입니다. 이미 말한 대로 둘 다 에덴에서부터 같이 시작되어 한 뿌리에서 난 것이기 때문입니다. 하와가 하나님의 은혜로운 성품을 의심하여 하나님께서 말씀하신 것과 그분의 성품을 분리시킴으로써 율법주의에 빠진 데서부터 시작되었습니다. 하나님이 말씀하신 율법을 반대하고 어김으로써 율법폐기주의로 나아갔기 때문입니다. 따라서 율법폐기주의는 퍼거슨의 말대로 하나님에 대한 왜곡된 시각 곧 율법주의의 열매로 나타난 것이라고 할 수 있습니다.[73] 결국 율법주의가 있는 곳에는 율법폐기주의도 공존하게 됩니다.

이러한 율법폐기주의는 다양한 모습을 가지고 있습니다. 그러나 그들의 결론은 은혜를 말하면서 결국 율법을 반대하고 어기는 것입니다. 그러한 율법폐기주의의 기저에는 율법주의와 마찬가지로 하나님의 성품에 대한 잘못된 시각이 자리하고 있습니다. 하나님의 사랑과 은혜가 거룩한 것임을 보지 못하는 것입니다.

하나님의 사랑과 은혜 앞에는 '거룩한'이라는 수식어가 붙습니다. 그런데 율법폐기주의는 하나님의 율법을 거룩하신 성품과 분리해서 보는 잘못을 범합니다. 그런 결정적인 사실 때문에 율법주의와 율법폐기주의의 뿌리가 같다는 것입니다.

흔히 사람들은 율법폐기주의를 말하면 극단적 칼빈주의를 떠올립니다. 그러나 경험적 율법폐기주의는 예나 지금이나 우리 주변의 신앙과 삶과 가르침 속에서 흔히 볼 수 있습니다. 율법주의와 똑같이 하나님의 성품에 대한 잘못된 시각으로 하나님의 율법을 그분의 성품과 분리해서 율법을 어기기 때문입니다. 특히 그리스도 안에 있는 사람에게는 율법이 필요치 않다고 여기면서 율법을 어깁니다.

오늘날 율법폐기주의는 퍼거슨의 말대로 여러 형태로 나타나는데 "그중 하나가 기독교로 가장한 세속적 자기 수용의 복음"입니다.[74] 이 것은 복음을 말하면서 율법을 어기는 자신을 미화하며 세속적인 자기 수용의 태도를 취하는 것입니다. 그리하여 결국 율법폐기주의로 빠지는 것입니다. 율법에 얽매이지 않고 자기 자신으로 사는 것입니다. 그런 식으로 세속적인 삶을 사는 자신을 수용하는 것이 바로 율법폐기주의의 흔한 모습입니다.

더 흥미로운 사실은 하나님의 율법을 거부하는 율법폐기주의자들이 하나님의 은혜에 대한 구원을 말하면서도 실제로는 은혜를 누리지 못한다는 것입니다. 은혜의 하나님을 제대로 이해하지 못한 채 신앙생활을 하기 때문입니다. 율법폐기주의는 하나님의 율법을 하나님에게서 분리하는 것을 넘어, 그리스도 안에서 자신을 그 은혜에서도 분리함으로써 하나님의 율법뿐 아니라 복음의 진리까지 왜곡합니다. 그런 점에서 율법폐기주의 역시 은혜를 약화시키고 오용하고 왜곡하는 신앙생활을 하게 됩니다. 율법주의에 빠져 자신의 구원과 신앙에서 불안해하거나 나름 신앙 행위에 열심인 가운데 복음의 은혜를 누리지 못하는 것과 마찬가지로, 은혜를 말하면서 율법을 무시하고 거부하는 율법폐기주의도 사실상 하나님의 은혜와 율법과 복음을 오해함으로써, 실제로는 은혜의 복음을 누리지 못하는 신앙생활을 합니다.

그런데 율법폐기주의에 한 가지 특이한 사실이 있습니다. 자신의 잘못된 신앙생활에서 좀처럼 벗어나지 못한다는 것입니다. 복음의 은혜를 풍성히 말해 주면서 자신 안에 있는 율법주의와 율법폐기주의에서 벗어날 수 있도록 도와주어도, 지금까지 경험상 익숙해 있는 율법폐기주의적인 신앙생활, 곧 은혜를 풍성히 누리지 못하는 신앙생활을 오히려 더 편안하게 생각하는 것입니다. 이와 같은 신앙과 삶이 마치 옳은 것처럼 교회에서 배워 온 세월이 있어서, 몸에 맞는 옷처럼 편안하게 여기면서 신앙생활을 합니다.

## 은혜의 은혜 됨을
## 경험과 가슴으로 아는 믿음

그렇다면 은혜를 약화시키고 오용하고 왜곡하는 이 고질적인 두 가지에 대한 치료책은 무엇일까요? 그것은 율법주의라는 병에 걸려 은혜를 몰랐던 바울이 치료받고 벗어난 그 방법입니다. 그래서 역사 속에서 율법주의와 율법폐기주의에서 벗어난 사람은 공통적으로 바울의 가르침에서 그 답을 찾았습니다.

지금도 이 두 가지를 극복하고 벗어난 사람은 모두 바울이 가르쳐 준 길을 따랐습니다. 특별히 바울 이후 아우구스티누스를 비롯해 루터 같은 많은 종교개혁자가 바울이 제시한 그 치료책을 통해 이 두 가지에서 벗어났고, 또 자신처럼 이 두 가지에 오랜 세월 찌들어 있던 중세 사람들도 벗어나게 했습니다.

바울이 지독한 율법주의라는 병에서 벗어나는 치료책으로 제시한 길은 놀랍게도 새로운 것이 아니었습니다. 그것은 율법주의와 율법폐기주의가 놓친 것을 명확하게 알고 경험한 것으로, 다름 아닌 '은혜'였습니다. 그래서 종교개혁자들은 율법주의와 율법폐기주의가 놓친 그 은혜를 경험적으로 알고 확신하는 것을 '오직 은혜'라는 말 속에 담았습니다.

그러므로 이 장에서 우리는 바울처럼 그 은혜를 아는 것, 그야말로 성경이 말하는 은혜의 은혜 됨을 살펴본 후, 다음 장에서는 그 은혜 안에서 지속적으로 사는 길에 대해서도 나눠 보고자 합니다. 이를 통해 그동안 자신도 모르게 편안하게 입고 있던 율법주의와 율법폐기주의의 옷을 벗어버리고, 오직 은혜를 삶 속에서 경험적으로 알고 증거할 수 있기를 소망합니다.

먼저 율법주의와 율법폐기주의에 대한 치료책, 다시 말해 오직 은혜를 약화시키는 신앙과 삶의 조건에서 벗어나는 길은, 먼저 그런 조건에서 벗어난 사도 바울이 제시한 은혜의 복음 곧 오직 은혜를 경험적으로 아는 것입니다. 그리고 그것을 머리뿐 아니라 가슴까지 경험적으로 아는 것입니다. 이 은혜의 복음은 교리 지식으로만 정리할 것이 아닙니다. 우리에게 필요한 것은 오직 은혜를 자신의 신앙과 삶이 흔들리지 않을 정도로 삶 속에서 확신하는 것입니다.

성경 전체에서 은혜라는 단어는 150회 정도 언급됩니다. 그런데 그중 100회 정도를 바울이 언급했을 만큼 그는 누구보다도 은혜에 대해 많이 말했습니다. 또 그 후에는 아우구스티누스나 종교개혁자 그리고 그 뒤를 따라 오직 은혜를 선명하게 외친 사람들이 있고, 특별히 18세기에 그것을 더욱 부각시킨 휫필드 같은 사람도 있습니다.

그런데 은혜를 강조한 그들의 삶에는 공통적인 배경이 있습니다. 바로 성경이 말하는 은혜를 약화시키고 오용하고 왜곡한 율법주의와 율법폐기주의입니다. 그들은 또 다른 공통점도 있습니다. 그들 모두 성경이 말한 그 은혜를 경험적으로 알고, 자신이 속한 시대에 생생하게 말했다는 것입니다. 그리하여 그들은 교회 역사 속에 남게 되었습니다. 그들은 모두 예수 그리스도 안에서 드러난 하나님의 은혜, 바로 자신을 내어주신 하나님의 은혜를 만났고, 그 은혜로 삶이 바뀌었으며, 그 은혜를 강력히 전하게 된 것입니다.

더 나아가 그 은혜 안에서 하나님의 율법을 충실히 지키며 살았습니다. 자유, 기쁨, 감사 안에서 말입니다. 그것이 바로 은혜의 은혜 됨입니다. 그들은 적당히 종교인이 된 것이 아니라, 바울처럼 자신의 모든 것을 은혜로 설명할 만큼 존재의 변화에서부터 삶의 방향과 목표와 방식 그리고 최종적인 결론까지 바꾸는 영원한 무기를 지닌 사람이 된 것입니다. 그들에게 은혜는 교리적 지식만이 아닌 실제로 자신의 존재와 삶을 흔드는 것이요 자신의 미래까지 확실하게 만드는, 그 무엇과도 비교할 수 없는 강력한 무기였습니다. 그래서 고난 가운데 있거나 심지어 내면의 죄가 있을 때도, 이 은혜가 주는 강력한 무기 속에서 버티며 힘을 얻은 것입니다.

그런 점에서 퍼거슨은 "은혜, 즉 그리스도와의 연합을 통해 그리스도 안에 있는 하나님의 은혜가 율법주의와 율법폐기주의 모두에 대한 해결책"[75]이라고 말했습니다. 그렇습니다. 율법주의와 율법폐기주의에 대한 해결책은 다르지 않습니다. 바울 이래 모든 사람이 성경이 말한 은혜 곧 그리스도 안에 있는 하나님의 은혜를 정확히 앎으로써, 율법주의와 율법폐기주의에서 벗어나게 된 것입니다.

은혜의 은혜 됨, 오직 은혜를 경험적으로 알기 위해 우리에게 먼저 있어야 할 것은, 하나님께서 자신의 은혜를 예수 그리스도 안에서 나타내셨다는 이 실체를 정확히 알고 보고 믿는 것입니다. 이것이 율법주의와 율법폐기주의에 대한 첫 번째 치료책입니다. 이것은 예수 그리스도가 누구이고, 왜 오셔야 했으며, 또 오셔서 무슨 일을 했는지 정확히 알고 보고 믿어야 함을 의미합니다. 여기에 모든 은혜의 실체 곧 하나님이 죄와 율법을 해결하신 내용이 담겨 있습니다. 그리고 그 혜택을 죄인에게 은혜로 주시는 놀라운 사실이 담겨 있습니다.

## 죄인 됨을 자각하는 자가
## 선명하게 경험하는 은혜

은혜의 실체를 말하려면 일차적으로 스스로 인식하든 못하든 죄악 된 자기의 조건 곧 타락한 인간의 조건에서부터 시작해야 합니다. 그래서 성경은 타락 이후 하나님과 인간의 관계에 대한 내용을 다른 것으로 시작하지 않고 오직 은혜로 설명하는 것입니다.

은혜는 죄라는 배경 속에서 그 실체를 선명하게 드러냅니다. 특별히 인간이 타락했을 때 하나님은 여인의 후손을 통한 구원을 말씀하심으로써, 자신의 은혜를 선명하게 드러내셨습니다. 트루먼은 "은혜는 타락에 대한 하나님의 응답이고, 언제나 그런 맥락에서 이해되어야 한다"[76]고 말했습니다. 그러면서 우리가 은혜를 말할 때 먼저 주목할 사실을 덧붙였습니다.

> 죄에 대한 어떤 사람의 이해가 은혜에 대한 그 사람의 이해를 필연적으로 결정하게 되고, 은혜에 대한 이해는 그 사람이 죄를 무엇이라고 생각하는지를 드러내 준다.[77]

바로 이 사실을 자각하도록 하나님은 구약시대부터 죄에 대한 희생제사로 하나님의 은혜가 필요함을 생생하게 보여주셨습니다. 한마디로 이스라엘 백성에게 그 사실을 실물로 교육하신 것입니다. 그러므로 은혜를 알기 위해서는 먼저 은혜가 필요한 죄의 조건, 바로 죄가 자기 밖에 있는 것이 아니라 본성에 깊이 배어 있음을 보아야 합니다.

물론 그것은 인간이 하나님을 믿고 사랑하고 싶어도 자신의 힘으로는 안 되는 그런 죄악 된 자신의 본성을 스스로 고치지 못한다는 것과, 그러한 죄에서 자신을 구원하지 못한다는 것, 그래서 그 해결책이 자기 밖에서 와야 한다는 것, 즉 은혜가 필요하다는 것을 포함합니다. 그래서 이 은혜의 실체는 죄의 실체 속에서 설명하지 않으면 두루뭉술해지고, 성경이 말하는 오직 은혜에 못 미치게 되며, 확신도 갖지 못하게 됩니다. 아우구스티누스는 그 같은 하나님의 주권적인 은혜를 『고백록』에서 고백했습니다. 우리 안에는 구원받을 수 있는 해결책이 없기에 밖에서 와야만 한다고 말입니다.

루터도 지독한 율법주의적인 신앙 배경 속에서 하나님의 은혜를 경험적으로 알게 됩니다. 그는 율법이 오히려 하나님 앞에서 자신의 무능함을 드러냄을 깨닫습니다. 그리고 그런 자신에 대한 해결책이 자기 밖으로부터 와야 함을 로마서를 통해 깨닫습니다. 율법 외에 또 다른 의를 발견하면서 알게 된 것입니다. 자기 밖으로부터 오는 하나님의 은혜를 그리스도의 십자가에서 보고, 십자가 신학을 더욱 강조하면서 은혜에 의한 '이신칭의'(以信稱義)를 강력하게 외쳤습니다. 그가 이신칭의를 말할 때 강조한 것은, 구원은 우리 밖에서부터 온다는 사실이었습니다. 다시 말해, 구원은 하나님에게서 오는 은혜의 행위임을 외친 것입니다. 그래서 칭의는 바로 외부에서 오는 말씀 곧 하나님의 선언으로서, 하나님의 전적인 은혜에 따른 것임을 강조했습니다.

그렇게 율법주의 사슬에 매여 있던 루터는 이 같은 은혜를 알고 믿음으로써, 죄의 속박과 율법주의의 억압에서 벗어납니다. 그리고 영혼의 자유와 기쁨과 확신을 갖게 됩니다. 그런 면에서 은혜에 의한 이신칭의를 정확히 알고 믿으면, 율법주의나 그와 관련해 갖는 율법폐기주의에서 벗어나게 됨을 우리는 루터의 경험을 통해 배우게 됩니다. 결국 은혜에 의한 이신칭의를 정확히 아는 것, 그리고 그것을 전하는 것이 율법주의와 율법폐기주의의 가장 좋은 해결책입니다.

따라서 이신칭의를 오해해서든 아니면 그것을 제대로 알지 못해서든, 정확히 알고 믿지 않는 사람은 율법주의나 율법폐기주의를 벗어나지 못합니다. 이것은 매우 단순한 사실이지만, 우리의 신앙 세계에서 쉽게 볼 수 있는 모습입니다. 그래서 은혜를 제한하고 오용하는 일이 생기는 것입니다.

## 다시 주목해야 할
## '죄인을 의롭다 하시는 은혜'

이러한 이신칭의의 문제는 오늘날 기독교의 근간을 흔드는 문제로서 많은 논쟁이 되고 있고, 특별히 이후에 살펴볼 오직 믿음과도 관련이 있기에 중요하게 다루어야 합니다. 또 이 문제는 앞으로 기독교의 운명을 좌우하고, 기독교의 분위기를 완전히 바꿀 것입니다. 우리가 이 장에서 다루고 있는 바와 같이 은혜가 왜곡되는 문제가 있기 때문입니다.

기독교는 은혜가 왜곡되거나 오용되었을 때 그 생명력이 오래 지속되지 못했습니다. 한때 은혜를 경험한 세대가 지나고 그렇지 못한 세대가 오면 기독교는 생명력을 잃었습니다. 이것은 성경에서뿐 아니라 지난 기독교 역사가 보여주는 사실입니다.

우리가 만들어낸 신학이 무엇이든 하나님의 은혜를 약화시키면 기독교는 생명력을 잃고 신자 역시 생명력을 잃게 됩니다. 신자들이 확신을 갖지 못하는 모습도 결국 은혜가 약화되어 생겨나는 것입니다.

이런 점을 생각할 때 오늘날 교회와 신자는 이신칭의를 교리적으로 설명하는 수준을 넘어서야 합니다. 과거에 많은 사람이 교리를 통해 메마름과 죽은 정통을 경험하다 보니, 지금은 거기서 돌아서서 교회를 경시하는 현상이 보편적입니다.

당연히 교리교육이 없는 현실이 안타깝지만, 우리는 교리교육만으로는 안 된다는 사실을 자각해야 합니다. 루터 같은 경험적인 확신이 없는 사람들이 교회 안에 너무 많기 때문입니다. 그런 점에서 오늘날 우리 자신과 교회 현장을 보십시오. 이 중대한 은혜에 따른 이신칭의를 몇 마디 교리적 진술로만 알고 가르치고 있지는 않습니까? 누구든지 이신칭의를 정확히 알고 말하려면 로마서 3장 24-25절이 말한 대로, 또 루터가 그 말씀에 근거해 이신칭의를 강조한 대로, 은혜와 그리스도 곧 그리스도 안에서 나타난 은혜를 풍성하고 선명하게 알고 확실하게 믿어야 합니다.

우리는 은혜를 반드시 그리스도와 연결해야 그 은혜의 실체를 정확히 보게 됩니다. 따라서 우리는 그리스도 안에 나타난 지극히 부요한 은혜의 실체의 궁극에 이르러야 합니다. 그리스도 안에 나타난 은혜의 무한한 샘 속으로 들어와야 하는 것입니다. 거기서 기독교의 신앙과 삶의 부요함과 확고함, 설교의 풍성함과 힘을 갖게 됩니다. 바로 이것이 은혜를 약화시키는 율법주의와 율법폐기주의에서 벗어나는 결정적인 열쇠입니다. 그리스도와의 관계 속에서 은혜를 풍성하고 선명하게 알고 믿는 것 말입니다.

루터는 스스로 하나님을 사랑할 수 없고 구원받을 수도 없는 그러한 자신 밖에서, 그야말로 하나님의 은혜로 값없이 징의를 얻게 됨을 말하면서, 그 근거로 예수 안에 있는 속량 곧 그리스도의 객관적인 행위와 의를 크게 강조했습니다. 그래서 로마서 3장 24-25절 말씀대로 하나님의 은혜와 예수 그리스도, 믿음을 함께 말했습니다. 결국 하나님의 은혜와 믿음 모두 그리스도 안에서 보고 갖는 것으로 말한 것입니다. 이것은 오직 믿음을 이해하는 데도 매우 중요합니다.

그러므로 오늘날 교회 현실 속에서 일어나는 율법폐기주의를 보면서 수정된 이신칭의를 주장하는 추세에서, 우리는 먼저 성경이 말하는 은혜에 의한 이신칭의 곧 하나님의 은혜와 믿음과 칭의를 모두 그리스도 안에서 갖는 것으로 알고 말하고 그에 대해 반응하는지 물어야 합니다. 특히 하나님의 은혜가 예수 그리스도의 처절한 죽음, 곧 죄를 지고 대속하시는 죽음을 전제한 은혜와 그에 대한 반응인지 물어야 합니다. 값싼 은혜, 값싼 칭의를 알고 말하는 것은 아닌지 말입니다. 그리하여 예수 그리스도 안에서 자신의 칭의와 그 안에 나타난 무한한 은혜를 봄으로써, 율법주의와 율법폐기주의가 비집고 들어올 수 없는 상태에 이르러야 합니다.

## 그리스도와 그의 속죄에서
## 발견되어야 할 은혜

한편 이신칭의를 말하면서 믿음을 행위적인 것으로 이해해 은혜를 약화시키는 율법주의도 문제입니다. 그것은 로마서 3장 24-25절에서 은혜와 칭의와 믿음이 모두 그리스도 안에 있다고 말하는 것을 바르게 이해하지 못해서 생겨나는 것입니다.

바울은 칭의와 구원의 도구로 사용되는 믿음도 그리스도의 사역으로 인한 것이라고 말했습니다. 결코 공로라고 말하지 않았습니다. 트루먼의 말대로 "믿음 자체도 그리스도 안에서 이루어지는 하나님의 은혜의 역사"인 것입니다.[78] 이런 사실 때문에 트루먼은 루터가 믿음과 관련해서 어떻게 반응했는지 다음과 같이 말했습니다.

루터는 믿음 자체가 하나님의 은혜의 역사라는 것을 확실하게 하지 못하는 것은 은혜 개념 전체를 무너지게 하는 것이고, 행위 개념이 뒷문을 통해 몰래 들어오게 하는 것이며, 진정한 의미에서 인간의 공로 위에 구축된 구원론을 제시하는 것으로서, 신학적으로는 그리스도의 사역을 훼손하고, 목회적으로는 가장 개신교다운 특징인 그리스도인으로서 구원의 확신을 위험에 빠뜨리는 것으로 보았다.[79]

이것은 은혜를 우리와 연합하신 예수 그리스도와 분리하면 율법폐기주의가 두드러지고, 믿음을 예수 그리스도와 분리하면 율법주의가 두드러짐을 말해 줍니다.

칭의를 비롯해 죄와 율법에 대한 것, 그리고 우리의 구원과 관련된 그 밖의 모든 것에서 하나님의 은혜는 모두 예수 그리스도 안에서 나타내신 것이기에, 은혜와 구원 또는 칭의와 믿음 등 그 어떤 것도 예수 그리스도와 분리하지 말아야 합니다. 퍼거슨이 율법주의와 율법폐기주의에 대한 치료제를 복음과 은혜로 말하는 것은, 바로 그리스도 안에서 나타난 하나님의 은혜 때문입니다. 그는 율법주의에 대해 말하는 중에 "그렇다면 율법주의의 치료제는 무엇인가? 치료제는 바로 은혜다. 단, 상품으로서의 은혜가 아니라 실체로서 은혜. 이 은혜는 바로 그리스도 안에 있는 은혜다. 우리를 향한 하나님의 은혜는 바로 그리스도 자체다. 그렇다. 이 은혜는 바로 속죄다. 단, 이론이나 추상적인 현실로서의 속죄가 아니다. 이것은 예수 그리스도와 별개인 속죄도 아니다. 그리스도 자신이 바로 속죄다. '그는 우리 죄를 위한 화목제물이니'(요일 2:2)"[80]라고 말했습니다.

그는 이 치료제가 율법이라는 중한 병에 걸렸던 바울을 치료했다는 것입니다. 그렇게 하나님의 은혜는 예수 그리스도의 인격과 사역에 깊이 뿌리 박고 있습니다. 그래서 그리스도 안에 있는 하나님의 은혜를 통해 자기의 죄와 자기가 지켜야 할 율법을 보아야 하고, 우리의 행위와 구원을 보아야 합니다.

## 이 무한한 샘에서 길어 나르라

율법주의와 율법폐기주의에 빠지지 않으려면, 즉 성경이 말한 그 은혜와 종교개혁자들이 외친 오직 은혜를 경험적으로 알려면, 먼저 하나님의 은혜가 그리스도 안에 나타난 것을 풍성히 알아야 합니다. 하나님의 은혜와 예수 그리스도의 인격과 사역의 관계를 선명하게 보아야 합니다. 여기에 무한한 광맥이 있습니다. 여기로 기독교의 모든 진리가 모입니다. 특히 말씀을 전하는 목회자는 여기서 모든 것을 길어내야 합니다. 이곳은 무한한 샘입니다. 하나님은 그리스도 예수 안에서 그 은혜의 지극히 풍성함을 우리에게 나타내기 원하셨습니다.

잊지 마십시오. 죄의 조건을 가진 우리에게 하나님의 은혜는 오직 그리스도 안에서 곧 대속의 죽음 안에서 경험됩니다. 이것은 우리의 자격이나 공로로는 하나님의 은혜를 받을 수 없다는 뜻이기도 합니다. 우리의 능력으로도 하나님의 은혜를 받을 수 없습니다. 이것은 우리에게 부족함이나 죄악, 과실이 있어도 여전히 하나님의 은혜를 받을 길이 있다는 뜻이기도 합니다. 하나님이 오직 예수 그리스도 안에서 구원에 필요한 모든 것을 행하셨기 때문입니다. 그래서 하나님은 우리의 모든 조건을 초월해 은혜를 베푸시고 경험하게 하십니다. 이것이 복음이 선포하는 은혜입니다. 우리는 바로 이러한 '복음의 은혜'를 선명하게 그리고 경험적으로 알아야 합니다.

이처럼 오직 은혜는 예수 그리스도와 결부된 무한한 은혜의 세계를 담고 있습니다. 우리는 이 놀라운 하나님의 은혜의 실체를 예수 그리스도와의 관계 속에서 풍성히 알고 전해야 합니다. 혹시 하나님의 무한한 은혜의 실체가 보이지 않거나 잘 모르겠다면, 믿음의 눈으로 하나님이 이 세상에 보내신 독생자를 보십시오. 특히 그의 십자가를 보십시오. 갈보리 언덕에서 무슨 일이 일어났는지, 그 십자가에 달리신 분이 누구인지, 거기서 무엇을 이루셨는지 그 실체를 정확히 보십시오. 그러면 하나님의 은혜의 무궁한 샘을 보게 될 것입니다. 우리가 일평생 느끼고 경험하고 증거해도 마르지 않는 샘을 거기서 보게 될 것입니다. 특히 목회자의 사역을 부요케 하는 내용이 전부 여기 있습니다.

우리 모두 그리스도와 연관된 이 하나님의 무한한 은혜의 세계를 일평생 알고 확신하여 전하고 누리며 살아갈 수 있기를 소망합니다. 율법주의나 율법폐기주의가 비집고 들어올 수 없을 정도로 말입니다.

# 06
# 교회가 선명하게 경험하고 선포해야 할 '오직 은혜'

모든 은혜의 하나님 곧 그리스도 안에서 너희를 부르사 자기의 영원한 영광에 들어가게 하신 이가 잠깐 고난을 당한 너희를 친히 온전하게 하시며 굳건하게 하시며 강하게 하시며 터를 견고하게 하시리라 _ **벧전 5:10**

### 바르게 이해해야 할 은혜와 율법

앞장에서 우리는 오직 은혜를 붙드는 신앙이란, 하나님께서 예수 그리스도 안에서 은혜를 나타내셨음을 명확히 알고, 그 은혜를 경험적인 실체로 소유하는 것임을 살펴보았습니다. 이어서 이번 장에서는 그리스도 안에서 하나님의 은혜를 받은 자에게 율법이 무엇인지 명확히 알고 그것을 삶에 적용하는 것, 다시 말해 은혜와 율법의 관계를 정확히 알고 그 이해에 근거해 세워갈 신앙과 삶에 대해 나누고자 합니다.

앞장에서 다루었듯, 교회 역사 안에는 율법에 대한 잘못된 이해와 태도로 은혜를 왜곡하고 오용하는 일이 계속 반복되어 왔습니다. 율법주의와 율법폐기주의가 1세기부터 지금까지 여러 모양으로 계속되어 온 것입니다.

우리가 은혜를 말할 때 그에 상응하여 율법은 늘 우리의 관심사가 될 수밖에 없습니다. 18세기 매로우 논쟁도 은혜와 율법의 문제로 오랫동안 고심하며 목회했던 신실한 목회자 토머스 보스톤(Thomas Boston)이 에드워드 피셔(Edward Fisher)의 『개혁 신앙의 정수』(The Marrow of Modern Divinity)[81]라는 책을 읽고 그 문제에 눈을 떠서 취한 행동과 깊은 관련이 있습니다. 특별히 그 논쟁에서는 율법주의와 율법폐기주의 문제가 은혜와 율법의 관계와 맞물려 중요하게 제기되었습니다. 당시 보스톤은 예수 믿는 신자로서뿐 아니라 하나님의 말씀을 가르치는 사역자로서 이 문제를 놓고 고민했습니다.

진실한 신자나 목회자라면 자신이 알게 된 하나님의 놀라운 은혜와 관련해, 보스톤이 고심한 은혜와 율법의 문제를 언젠가는 대면하게 됩니다. 이 문제를 고민해 보지 않은 사람이 있다면, 자신이 피상적으로 신앙생활하고 있지는 않은지 돌아보아야 합니다.

오늘날에는 은혜와 율법의 문제가 복음과 율법의 문제로 더 자주 언급되지만, 이미 말한 대로 복음이 은혜의 복음이고, 그리스도 안에 나타난 은혜를 말하고 있기에, '율법과 복음'과 '율법과 은혜'는 결국 같은 의미입니다.

이러한 은혜와 율법 또는 복음과 율법의 문제는 바울 시대부터 사람들이 혼돈했고, 지금까지 계속 혼돈하고 있습니다. 이 문제에 대해 바울이 충분히 정리해 주었음에도 교회역사는 이 부분에서 혼돈을 반복하고 있습니다. 그것은 인간이 하나님의 은혜를 수용하는 데 그

만큼 어려움이 있음을 보여줍니다. 이 문제는 율법을 지켜야 한다는 인간의 본성과 맞물려 있기 때문입니다.

이러한 은혜와 율법에 대한 혼돈은 퍼거슨의 말처럼 율법이 복음 속으로 몰래 침투해 생겨난 율법주의와 율법이 완전히 폐지되었다는 율법폐기주의로 나타납니다.[82] 이처럼 율법주의와 율법폐기주의는 모두 하나님의 성품과 복음 또는 은혜를 오해하고 왜곡한 것일 뿐 아니라, 율법 또한 잘못 알고 적용해서 생기는 것입니다. 그래서 율법주의와 율법폐기주의는 모두 기독교적인 외형이지만, 기독교 진리의 중요한 문제에 있어서는 심각한 결함이 있습니다.

이러한 율법과 은혜에 대한 혼돈은 결국 은혜를 약화시키고 오용하고 왜곡하는 또 다른 이유가 됩니다. 따라서 우리는 지금도 계속되는 이 문제에 대해 혼란이 없도록 반드시 정리해야 합니다.

## 율법은 은혜를 대신하거나 은혜에 섞일 수 없다

먼저 은혜와 율법의 관계를 혼돈하는 첫 번째 내용은, 율법이 복음 또는 은혜 속으로 몰래 침투해 은혜를 대신하려 하는 율법주의라는 혼돈입니다. 이것은 갈라디아교회 성도들에게도 있었던 왜곡된 신앙입니다. 그들은 그리스도의 십자가에서 나타난 은혜나 복음만으로는 부족하다 여기며, 율법의 행위로 자신의 구원과 신앙에서 안정과 만족을 얻으려 했습니다.

1세기 이후로 교회는 바울의 가르침을 따라 율법의 여전한 가치와 거룩한 도구로서 필요를 인식하고 율법의 중요성을 계속 주장해 왔습니다. 그 과정에서 직접적으로 적용 가능한 율법의 내용과 간접적으로 적용 가능한 것을 구분했습니다. 특히 웨스트민스터 신앙고백서는 율법의 민사적(民事的) 사법적(司法的) 측면은 모든 시대 모든 사람에게 적용할 수 있는 일반적인 기준으로 보았고, 간접적으로 적용 가능한 것으로 보았습니다. 반면, 십계명 같은 도덕법은 직접적인 규범으로 보았습니다.

그런데 성경의 율법은 보편적인 도덕 원리로 이해하는 것으로 충분하고, 은혜 아래 있는 그리스도인이 그것을 반드시 지켜야 하는 것은 아니라고 주장하면서, 율법을 지키는 것을 거부하는 사람들이 계속 있어 왔습니다. 이것이 율법과 관련해 생긴 두 번째 혼돈의 내용입니다.

역사적인 교회 특히 종교개혁 이후의 교회는 나름대로 성경에 충실해 율법이 죄를 깨닫게 하여 그리스도께로 인도하는 기능과 세상에서 악을 억제하는 기능, 또 하나님의 뜻이 무엇인지 깨닫게 하는 기능이 있다는 사실을 말해 왔습니다. 율법의 중요성을 적절하게 강조하며 가르쳐 온 것입니다. 그럼에도 오늘날까지 교회는 갈라디아 교회가 겪은 은혜와 율법에 대한 혼돈을 그대로 경험하고 있습니다. 아이러니하게도 여전히 많은 사람이 율법주의적인 신앙생활에 빠져 있는 것입니다.

이것은 우리의 본성 안에 은혜보다 율법의 행위에서 만족하려는 욕구가 있기 때문입니다. 그래서 우리를 구원할 수 없는 율법을 자꾸만 우리 구원의 모든 것을 설명하는 은혜와 결부시키거나 은혜 안에 포함시키려는 것입니다.

바울 당시 갈라디아교회도 가르치는 자들이 은혜에 율법을 더하는 일이 있었고, 오늘날에도 그런 식으로 가르치는 일이 끊이지 않습니다. 이처럼 은혜에 율법을 끌어들이는 것은 일반적으로 은혜와 율법의 관계에서 율법의 위치가 정리되지 않아서 생겨나는 일입니다.

그런데 더 흥미로운 사실은 많은 사람이 오직 은혜로 구원 얻는다는 사실을 믿고 가르치는 것을 은근히 불안해한다는 것입니다. 구원이 하나님께서 그리스도 안에서 베푸시는 은혜라는 것, 그 은혜가 완전하고 충분하다는 것을 정확히 알지 못하거나 믿지 않는 것입니다. 그래서 율법이 구원에 조금도 기여하지 않음을 분명한 사실로 인식하지 못하는 것입니다. 그에 따라 은혜보다 오히려 율법을 더 중요하게 여기며, 심지어 그것을 구원에 결부시킵니다.

따라서 우리는 율법의 행위가 우리를 구원하시는 하나님의 은혜에 조금도 기여하거나 관여되지 않는다는 사실부터 명확히 해야 합니다. 그러나 이것은 단순히 교리적인 지식만으로 정리할 문제는 아닙니다. 이것 역시 자신의 신앙과 삶 속에서 분명히 경험하고 확인해야 할 사실입니다.

우리 구원에 관여하는 오직 은혜뿐입니다. 율법은 은혜 앞에도, 은혜 옆에도 있을 수 없습니다. 율법 준수의 중요성은 그야말로 은혜로 말미암은 구원 이후에 있습니다.

또 은혜와 율법의 문제는 거룩에 대한 바른 이해와도 깊이 관련되어 있습니다. 우리가 거룩을 추구할 때 이 부분을 바르게 이해하거나 적용하지 않으면 거룩은 왜곡됩니다. 하와에게 다가온 사탄은 바로 이 은혜와 율법의 순서를 바꾸도록 거짓말했고, 지금도 사탄에게 미혹된 거짓 교사들을 통해 이 일을 하고 있습니다.

은혜에 율법이 몰래 침투하여 생기는 율법주의의 유혹은 결국 율법의 렌즈를 통해 하나님을 보고 그의 은혜와 구원을 보게 합니다. 그 결과 은혜는 약화되거나 오용되고 왜곡됩니다. 이러한 율법주의는 은혜에 기초한 신앙생활이 아니라, 무거운 율법의 짐을 지고 신앙생활하도록 이끕니다.

복음의 은혜 또는 은혜의 복음은 우리에게, 스스로 하나님께 나아갈 수 없는 우리의 부패한 본성과 율법을 지킬 수 없는 우리의 무능한 조건을, 하나님께서 예수 그리스도 안에서 해결하신 것을 말해 줍니다. 그런데 율법주의 같은 잘못된 가르침으로, 하나님께서 예수 그리스도의 대속 안에서 값없이 베푸신 '은혜'만 있어야 할 자리에 율법이 끼어들어, 그 은혜를 누리지 못하게 하는 일이 일어납니다. 그로 인해 많은 사람이 오직 은혜만으로는 만족하고 안심하지 못합니다. 갈라디아교회 성도들에게 전해진 다른 복음처럼, 율법의 행위를 찾고 의지하게 하는 깃입니다.

안타깝게도 복음의 은혜에 가미된 율법의 행위 안에서 안정과 만족을 느끼는 사람은 공통적으로 하나님과 그의 은혜, 복음과 율법에 대해서도 잘못된 시각을 지니고 있습니다. 구원과 신앙생활의 무게추가 하나님이 아닌 자신에게로 기울어져 있습니다. 그런데 이러한 모습은 바울이 변화되기 전의 모습이었습니다.

## 그리스도 안에서 취해야 할
## 은혜의 렌즈

　　　　　모든 것을 율법의 렌즈로 보던 바울은 은혜를 경험하고 난 후 모든 것을 은혜의 렌즈로 보게 되었습니다. 바울은 죄악된 본성을 가진 인간의 가망 없는 조건과 율법의 관계, 자신의 구원과 하나님까지 모두 은혜의 렌즈로 보게 되었습니다. 그의 모든 서신이 바로 이 사실을 증명하고 있습니다. 성경 전체에 사용된 은혜라는 단어의 60퍼센트 정도가 그의 서신에 나온다는 것이 이 사실을 잘 보여줍니다.

　특히 바울은 그의 서신에서, 하나님께서 그리스도 안에서 나타내신 은혜를 직설법으로 말한 후 명령법을 말합니다. 이로써 명령법조차도 은혜와 연결합니다. 우리의 구원뿐 아니라 우리의 모든 행위와 삶 등을 직설법 곧 은혜의 렌즈로 보고 가질 것을 말하는 것입니다. 다시 말해, 우리의 신앙과 삶은 율법을 다 이루신 그리스도 안에 있는 하나님의 은혜의 렌즈로 보고 가져야 한다는 것입니다.

　성경의 명령법 또는 도덕법을 그리스도와 분리되지 않는 것 곧 그리스도 안에 나타난 하나님의 은혜로 시작된 구원과 신앙과 삶으로 본다면, 명령법 또는 율법은 은혜 안에서의 삶을 위한 말씀으로서 은혜의 방편 곧 은혜를 위한 방편이 됩니다. 이처럼 예수 믿는 자에게 율법은 예수 그리스도 안에 나타난 하나님의 은혜보다 앞설 수 없습니다.

　제라드 윌슨(Jared C. Wilson)은 "기독교는 어디에 조건을 다느냐가 중요하다. 복음에 율법의 조건을 달아서는 안 되고, 율법에 복음의 조건을 달아야 한다"[83]고 말했습니다. 이것은 율법으로 복음이나 은혜를 보는 대신 복음과 은혜로 율법을 보아야 한다는 말입니다.

종종 우리는 은혜와 율법의 균형에 대해 말합니다. 그러나 중요한 것은 균형이 아니라 순서입니다. 사탄은 항상 순서를 바꿔 우리를 무너뜨립니다. 신자에게 은혜는 율법 또는 명령법의 기초로서 율법 앞에 있는 것이지, 그 옆이나 뒤에 있는 것이 아닙니다. 이런 맥락에서 브라이언 채플(Bryan Chapell)은 "은혜가 성경의 명령과 균형을 이루도록 해서는 안 된다. 은혜는 그 명령의 기초요, 명령을 수행하기 위한 연료이기 때문이다"[84]고 말했습니다.

신자는 바로 이 사실을 자신의 경험 속에서 확인하고 확고히 해야 합니다. 율법이 은혜에 끼어들 수 없다는 것, 율법이 은혜 앞이나 옆에도 있을 수 없다는 것을 말입니다. 그것이 은혜의 은혜 됨을 누리는 길이고, 은혜를 약화시키고 오용하고 왜곡하는 율법주의와 율법폐기주의에서 벗어나는 길이며, 거기에 빠지지 않는 길입니다.

## 은혜는 과연 율법을 폐하는가

율법과 은혜의 관계에 대한 또 다른 혼돈은 복음 또는 은혜가 율법을 완전히 폐하였다고 생각하는 것입니다. 이러한 생각을 흔히 율법폐기주의라고 합니다. 물론 이 역시 은혜뿐 아니라 율법을 잘못 이해해서 생긴 것입니다.

그렇다면 성경은 과연 율법을 폐하였다고 말할까요? 이미 앞에서 살펴보았듯, 성경은 여전히 율법의 중요성을 말합니다. 바울은 로마서 3장 31절에서 "우리가 믿음으로 말미암아 율법을 파기하느냐"라 묻고는 곧바로 "그럴 수 없느니라 도리어 율법을 굳게 세우느니라"고 말합니다. 그는 율법주의와 율법폐기주의를 경계하는 말을 할지언정 율법 자체를 폄하하지는 않았습니다.

또 로마서 7장에서도 "율법은 거룩하고 계명도 거룩하고 의로우며 선하도다"(롬 7:12)라고 했습니다. 로마서 앞부분에서 은혜에 의한 이신칭의를 말한 후 이와 같은 내용을 말한 것입니다. 결국 하나님의 은혜는 율법을 인정할 뿐 아니라, 아예 율법을 하나님의 은혜의 표현으로 말하고 있습니다.

루터는 그동안 자신이 율법에 매여 지냈던 것에 대한 오랜 수고와 짓눌림이 있었기에, 율법과 당시 만연한 율법주의적인 가르침에 대한 반발로서 율법과 복음 또는 율법과 은혜를 상극으로 보면서, 율법을 지나치게 부정적으로 말했습니다. 물론 율법과 복음을 구별하는 것은 그의 강조대로 필요합니다. 그러나 율법을 부정적으로만 보는 것은 바울이 율법에 대해 말하는 바가 아닙니다.

흔히 사람들은 바울이 고린도후서 3장에서 "율법 조문은 죽이는 것이요 영은 살리는 것이니라"(고후 3:6)고 한 말씀과 "돌에 써서 새긴 죽게 하는 율법 조문의 직분도 영광이 있어 이스라엘 자손들은 모세의 얼굴의 없어질 영광 때문에도 그 얼굴을 주목하지 못하였거든 하물며 영의 직분은 더욱 영광이 있지 아니하겠느냐"(고후 3:7-8)라는 말씀을 들어 율법을 부정적으로 말합니다.

그러나 그것은 바울이 오순절 성령강림 사건을 강조하기 위한 것이지 율법의 무용과 폐기를 말하고자 한 것이 아닙니다. 그는 비록 비교조차 되지 않지만, 돌에 써서 새긴 죽게 하는 율법 조문의 직분도 영광이 있다고 말했습니다. 바울이 율법과 복음에 대해 이같이 비교한 것에 대해 퍼거슨은 다음과 같이 말했습니다.

> 구약의 신자들은 모세의 통치 배경 속에서 나름대로 풍요로운 복들을 맛보았다. 하지만 그리스도 안에서 얻는 온전한 은혜에 비하면 그 복들은 빛바랜 것에 지나지 않는다. 이 점을 이해하면 바울이 율법 속에 있는 하나님의 영광을 부인한 것이 아님을 알 수 있다. 바울은 율법을 비하한 것이 아니라 비교 차원에서 말한 것이다.[85]

그런데 사람들은 "이는 너희가 법 아래에 있지 아니하고 은혜 아래에 있음이라"(롬 6:14)는 말씀과 율법은 "약속하신 자손이 오시기까지 있을 것이라"(갈 3:19)는 말씀을 근거로 율법이 완전히 폐하여졌다고 말합니다. 그러나 예수님은 "내가 율법이나 선지자를 폐하러 온 줄로 생각하지 말라 폐하러 온 것이 아니요 완전하게 하려 함이라"(마 5:17)고 말씀하셨습니다.

바울도 로마서 13장에서 의롭다 함을 받은 자들에게 십계명의 내용을 말하면서, 사랑으로 율법을 행할 것을 말했고(롬 13:8-10 참조), 자신을 가리켜 "그리스도의 율법 아래에 있는 자"(고전 9:21)라고 말하기도 했습니다. 이처럼 성경은 율법이 완전히 폐하여진 것이 아니라 은혜 아래서 행할 것으로 말합니다.

그럼에도 기독교 안에는 율법이 완전히 폐하여졌다고 말하면서 율법폐기주의를 따르는 사람들이 있었고 지금도 있습니다. 이들의 문제는 앞에서 말한 대로, 율법을 잘못 이해하고 은혜와 율법의 관계를 혼돈한 것입니다. 이들은 은혜로 구원받은 신자는 더 이상 율법의 정죄를 받지 않고 율법 아래 있거나 모세의 율법에 매여 있지 않다고 말한 성경의 내용을, 모든 율법과 심지어 신약에서 강조하는 율법에까지 일반화시킵니다. 그들은 예수 그리스도께서 율법을 완전히 지키고 이루신 것 안에서 갖는 율법의 의미와 용도까지 거부하는 잘못을 범한 것입니다. 다시 말해, 바울이 그리스도의 율법 아래 있다고 말한 은혜 안에서 갖는 율법의 의미와 용도까지 모두 거부한 것입니다.

## 은혜 안의 율법

그렇다면 예수 그리스도 안에 나타난 하나님의 은혜 아래 있는 자에게 율법은 무엇일까요? 그것은 그야말로 은혜 안의 율법입니다. 곧 모든 율법을 완전히 지키고 완성하신 그리스도를 거쳐서 오는 율법입니다. 그래서 그 율법이 이제는 성령에 의해 마음에 기록되어 지킬 수 있게 되는 것입니다. 이에 대해 케빈 드영(Kevin DeYoung)은 우리는 흔히 율법의 역할을 예수 믿기 전 우리를 복음으로 이끄는 것만 생각하는데, 신자 된 우리와 관련해서는 "복음이 율법으로 이어진다"[86]고 말했습니다. 바꾸어 말하면, 예수 믿는 우리에게 율법은 이제 은혜가 이끄는 율법입니다.

바로 이 사실을 우리 안에서 실제로 나타내며 증명하시는 분이 성령 하나님입니다. 그분은 그리스도께서 율법을 다 이루신 것에 근거해, 그동안 우리 밖에 두었던 율법을 이제는 우리 마음에 새겨, 그 율법을 기꺼이 지키도록 역사하시며 실제로 지키게 하십니다. 퍼거슨은 이와 같이 성령께서 하나님의 법을 우리 마음에 쓰신 것을 두고 이렇게 말했습니다.

> 이제 끝까지 하나님께 순종하고 율법을 완벽하게 지키신 그리스도의 내주하심을 통해 성령이 우리에게 힘을 주신다. 이 은혜로 우리는 동기와 힘을 얻는다. 또 우리 주 예수 그리스도처럼 "내가 주의 법을 어찌 그리 사랑하는지요"라고 말할 능력을 얻는다. 이렇게 은혜와 율법은 서로 완벽하게 연결되어 있다.[87]

우리에게 죄를 알게 하고 그 죄로 말미암아 정죄받았다는 것과 사망에 처해 있다는 것을 보여주는 율법이, 이제는 은혜와 연결된 율법, 즉 은혜 안에 있는 율법이 되는 것입니다. 우리에게 완전한 순종을 요구하는 바로 그 율법을 성령께서 은혜로 지킬 수 있도록 하시기 때문입니다. 우리를 대신해 완벽하게 지키신 그리스도와 연합한 우리에게 힘을 주심으로써 말입니다.

모든 율법은 그리스도 안에서 완성되었습니다. 도덕법까지 모두 말입니다. 그래서 성령께서 우리 안에 역사하셔서 우리가 그리스도와 연합한 자로서 그 법을 지키게 하시는 것입니다. 그리스도께서 율법을 완성하심으로 율법이 폐지된 것이 아니라 오히려 율법을 강화하신 것입니다.

그런 점에서 율법이 자신에게 은혜 안의 율법이요, 율법을 완성하신 그리스도를 거쳐 온 율법인지 질문해 보십시오. 율법이 자신에게 속박이 아니라 은혜의 율법, 사랑의 율법, 감사 속에서 능동적으로 행할 율법으로 바뀌어 있습니까? 마음으로 율법을 사랑하고 지키고자 하는 동기와 힘이 자신 안에서 일어나고 있습니까? 성령에 의해서 말입니다. 바로 그 일을 성령께서 우리 마음에 율법을 기록하심으로써 행하시는 것입니다. 그리하여 은혜에 더할 율법이 아니라 은혜 안에서 감사와 사랑과 기꺼움으로 행하고, 주님을 더욱 닮고 거룩해지고자 하는 소원 속에서 지키는 율법을 경험적으로 갖게 하시는 것입니다.

## 그리스도 안에서
## 강력한 은혜의 도구가 되는 율법

개빈 드영은 오늘날 복음을 이해하는 그리스도인과 설교자들에게 '율법 공포증'이 있다고 하면서 다음과 같이 덧붙였습니다.

> 값없이 주어진 은혜를 강조하는 것은 문제가 아니다. 문제는 선한 행동이 오로지 복음을 부지런히 강조해야만 흘러나올 것이라고 가정하는 데 있다. 설교자를 위시한 많은 그리스도인이 계명을 어떻게 이해하는지 갈피를 못 잡고, 직접적으로 순종에 대해 이야기하는 것을 두려워한다. 세상은 우리가 동성애 공포증을 갖고 있다고 생각할지 모르지만, 어쩌면 율법 공포증이 더 큰 문제일지도 모

른다.[88]

그의 말처럼 이것이 우리의 현실입니다. 은혜 아래 있는 자 곧 성령께서 마음에 율법을 지키도록 역사하는 신자에게, 율법은 공포를 불러일으키거나 순종하기에 주저할 무엇이 아닙니다. 신자에게 율법은, 율법이 정죄하는 우리의 모든 죄를 대신 지고 죽으시고 부활하신 우리의 대제사장이요 대언자이신 예수 그리스도 안에서 또 성령의 이끄심 속에서 지킬 은혜의 계명이요 사랑의 말씀입니다. 바로 자유와 기쁨과 감사와 사랑으로 지킬 말씀입니다.

심지어 우리가 계명을 어기는 일이 있을 때조차도, 사도 요한은 우리에게 대언자 되신 예수 그리스도가 계심을 말함으로써, 율법을 어기는 우리에 대해 또 그런 우리를 대하시는 하나님에 대해 전혀 다른 시각을 갖게 합니다. "만일 누가 죄를 범하여도 아버지 앞에서 우리에게 대언자가 있으니 곧 의로우신 예수 그리스도시라"(요일 2:1). 그리고 그 말씀에 앞서 우리가 죄를 자백할 때, 우리는 율법의 정죄와 심판이 아닌 미쁘시고 의로우신 하나님을 대면한다고 말합니다. "만일 우리가 우리 죄를 자백하면 그는 미쁘시고 의로우사 우리 죄를 사하시며 우리를 모든 불의에서 깨끗하게 하실 것이요"(요일 1:9).

어떤 사람은 이 말씀을 의아하게 생각하며 거부반응을 보입니다. 사람들은 죄 있는 자가 의로우신 하나님 앞에 설 수 없다는 생각을 기본적으로 갖고 있기 때문입니다. 오히려 루터처럼 죄에 대한 하나님의 의로우심은 두려움을 느끼게 하는 것으로 생각합니다.

그러나 그것은 예수 믿기 전 이야기입니다. 사도 요한은 정죄하는 율법과 연결해서 말하는 것이 아니라, 이미 율법을 완성하신 예수 그리스도 곧 우리 죄에 대한 율법의 모든 정죄와 저주를 담당하신 예수 그리스도의 대속에 근거해서 죄를 사하시고 우리를 깨끗게 하시는 하나님의 의로우심을 말하는 것입니다. 따라서 여기서 말하는 하나님의 의로우심에는 은혜가 전제되어 있습니다. 죄를 범한 조건, 율법을 범한 조건인데도 하나님의 의로우심이 우리 죄를 사하시고 우리를 깨끗하게 하시는 것입니다.

놀랍게도 이 사실은 예수 믿는 자가 범한 율법이 이제는 더 이상 정죄의 도구가 아닌 은혜의 도구임을 말해 줍니다. 율법이 죄를 밝힐 지라도 결국에는 은혜로 나아가는 도구요 은혜로 연결되는 길임을 말해 줍니다. 그런 면에서 예수 믿는 자에게 율법은 예수 그리스도의 얼굴을 통해서 보는 율법이 되어 완전히 달라진 것이 됩니다. 하나님의 은혜로운 성품 곧 예수 그리스도 안에서 드러난 은혜와 연결된 율법이 되는 것입니다.

혹시 이것이 깊이 공감되지 않거나 경험적으로 수용되지 않는다면, 하나님의 율법을 그분의 은혜로운 성품과 분리해 생각하고 있을 가능성이 큽니다. 한 마디로 율법주의에 젖어 있는 것입니다. 다시 말하지만, 예수 믿는 자에게 율법은 예수 그리스도의 얼굴을 통해서 보는 것이어야 합니다. 그래야만 율법을 범해도 죄를 자백함으로써 여전히 은혜를 경험할 수 있습니다. 하나님의 의로우심과 신실하심이 모두 은혜에서 나오는 것입니다. 율법을 통한 하나님의 의중을 알기에 오히려 율법을 사랑하게 됩니다. 바로 이것이 예수 믿는 우리에게 율법과 은혜의 올바른 관계입니다.

# 은혜의 방편이
# 진정한 은혜의 방편이 되어야 한다

이제 좀 더 적극적인 내용으로서, 우리의 일상적인 삶과 사역 속에서 은혜를 계속 경험하며 사는 문제에 대해 생각해 보겠습니다. 오직 은혜의 문제는 구원에서도 중요하지만, 그것만으로 끝나지 않고 신자의 삶에 계속 연결되어 있습니다. 『오직 은혜입니다』[89]라는 책에서도 강조했듯이, 성도의 삶은 처음부터 끝까지 모든 것이 은혜로 설명됩니다.

은혜는 예수 믿는 자의 삶과 사역 속에서 결코 이론적인 것일 수 없습니다. 예수 믿는 자에게 은혜는 자신의 존재와 삶을 설명하는 생생한 증거요 경험입니다. 그것도 매일 확인할 수 있는 실체이며 끊임없이 경험할 수 있는 삶의 핵심입니다. 신자는 그 은혜에 힘입어 살아가는 존재입니다. 아니, 그 은혜가 신자의 존재와 삶 전체에 영향을 미쳐, 신자를 이 세상에서 구별되게 만들고 또 그렇게 보이게 합니다. 그러므로 중요한 것은 구원받을 때뿐 아니라 구원의 여정 곧 일상의 삶 속에서 은혜를 경험하는 것입니다.

이처럼 우리가 일상의 삶과 사역 속에서 은혜를 경험하며 그 은혜 안에서 살기 위해서는, 하나님이 은혜 아래 있는 우리에게 은혜를 지속적으로 맛보며 경험하도록 주신 은혜의 방편에 충실해야 합니다. 성경은 이러한 은혜의 방편을 말씀과 성례와 기도라고 말합니다. 우리는 이 세 가지 은혜의 방편 중 특별히 말씀에 초점을 맞추어 살펴보고자 합니다. 율법주의와 율법폐기주의는 모두 잘못된 가르침과 밀접하게 관련되어 있기 때문입니다.

오늘날 교회 안에 있는 많은 사람에게 이 세 가지 은혜의 방편은 어느 정도 익숙합니다. 그러나 과연 이 방편을 통해 하나님의 은혜를 지속적이면서도 풍성하게 경험하고 있는지는 의문이 듭니다. 은혜를 약화시키고 오용하며 왜곡하는 율법주의와 율법폐기주의가 교회 안에 너무 흔하기 때문입니다. 그 이유 중 하나는 이러한 은혜의 방편이 실제로 하나님의 은혜를 얻고 경험하는 방편이 되지 않거나, 그것이 은혜의 방편이 된다고 해도 너무 미미하고 형식적인 수준을 넘어서지 못하기 때문입니다.

오늘날 교회 안에는 은혜의 방편을 통해 하나님의 은혜에 사로잡히거나 충만하게 되는 경우는 점점 사라지고 인위적인 것이 많아지고 있습니다. 은혜의 방편을 대신할 다른 수단을 교회 안으로 많이 가지고 들어오기 때문입니다. 그러면서 하나님께서 우리에게 주신 이 방편에 의한 역사는 크게 기대하지 않습니다. 그 대신 심리학이나 신비로운 체험으로 뭔가를 경험하려고 합니다.

이것은 하나님께서 우리에게 주신 은혜의 방편을 통한 역사가 얼마나 엄청난지, 또 이 은혜의 방편을 통해 어떻게 교회가 세워지고 사람이 변화되는지 모른다는 것을 말해 줍니다. 은혜의 방편을 통한 진정한 역사에 대한 기대치는 사라지고, 오히려 다른 것을 방편으로 삼으려 기웃거리고 있습니다.

그러나 말씀과 성례와 기도를 통해 하나님을 인격적으로 대면하고 그의 은혜를 맛보며 영혼이 충만하게 되는 것을 모른다면, 다른 모든 것을 통한 하나님의 만남과 충만은 모두 조작품입니다. 또 그렇게 하도록 만드는 사람이 있다면 그는 조작품을 제공하는 사람입니다.

## 하나님이 교회를 세우시는 방법

교회는 하나님의 은혜로 부름받은 자들이 모여 하나님께서 주신 은혜의 방편을 통해 하나님을 직접 만나고 교통하는 유일한 창조물입니다. 하나님은 이 땅에 자기 백성 공동체, 곧 교회를 계획하여 존재하게 하시고, 바로 그와 같은 방식으로 은혜를 주시며 교통하셨습니다. 하나님은 그러한 계획에 따라 교회를 세우기 위해 어떤 조직이나 직분보다 먼저 하나님을 대면하고 은혜를 덧입는 방편부터 허락하셨습니다. 그리고 그러한 방편을 통해 은혜로 교회를 세우셨습니다. 이것은 우리가 매우 중요하게 인식해야 할 사실입니다.

종교개혁자들은 성경을 통해 바로 이 사실을 파악하여 하나님께서 뜻하신 교회, 그리스도께서 말씀과 성령으로 다스리는 참된 교회의 외적 표시를 참된 말씀의 전파와 성례의 정당한 집행, 권징의 시행이라 말했습니다. 그들은 교회가 이 세 가지 은혜의 방편에 충실해야 참된 교회의 외적 표지를 가질 수 있고, 또 그렇게 함으로서 교회를 세울 수 있음을 보여주었습니다.

이 세 가지 은혜의 방편은 모두 하나님 말씀에 기초합니다. 참된 말씀의 전파뿐 아니라 보이는 말씀으로서 성례, 말씀을 따라 교회를 바로 세우는 권징까지 모두 하나님의 말씀과 연관되어 있습니다. 이것은 결국 하나님의 말씀이 참된 교회의 표지와 밀접하게 관련되어 있음을 말해 줍니다.

특별히 종교개혁자들과 그 후예들은 참된 교회를 세우는 데 있어 그 무엇보다 하나님 말씀의 중요성을 인지했습니다. 그들은 그것을 통해 하나님의 은혜를 실제로 경험하는 것과, 그 가운데서 교회가 은혜로 세워지는 데 대해 강력한 확신이 있었습니다. 종교개혁의 역사는 성례와 기도도 중시했지만, 하나님의 말씀을 통한 역사라고 할 만큼 하나님의 말씀이라는 은혜의 방편을 크게 강조했고, 실제로 그로 인한 큰 역사를 경험했습니다. 그들은 미사 같은 예전을 위해 제단을 중심에 두었던 가톨릭교회의 전통을 개혁하여 설교단을 중심에 두었습니다. 그들이 그렇게 한 이유는 오직 한 가지였습니다. 바로 하나님의 말씀이 설교단을 통해 선포된다는 사실 때문이었습니다.

오늘날 교회의 설교단은 각종 유희와 설교자의 개인적인 이야기로 채워지고 있습니다. 이것은 모두 은혜의 방편에 문제가 있음을 그대로 보여줌으로써, 결국 참된 교회가 세워지는 데 문제가 있음을 말해 줍니다. 은혜의 방편인 말씀이 설교단에서 제대로 선포되지 않으면 교회는 참된 교회로 세워질 수 없습니다.

중세나 오늘날 가톨릭교회는 미사를 드릴 때 하나님의 임재가 중앙에 있는 제단을 통해 눈과 입으로 임한다고 여겼습니다. 그러나 종교개혁자들은 구약에서부터 하나님의 임재가 그 무엇보다 말씀을 통해 임한다는 사실을 알고, 하나님의 말씀을 참되게 전하는 것을 중시했습니다.

그런 점에서 오늘날 많은 사람이 말씀 듣는 것을 싫어하거나 지루해하는 것은 그리 바람직한 현상이 아닙니다. 물론 영상이나 다른 방식으로 말씀을 들을 때 나름대로 효과와 유익이 있을 수 있습니다. 그러나 귀로 듣는 것은 싫어하면서 그런 방식을 취하는 것은 은혜의 방편을 통해 하나님의 은혜를 받는 것에 문제가 있음을 스스로 노출하는 것입니다. 이런 맥락에서 트루먼은 말했습니다. "말씀을 선포하는 것은 은혜의 수단이고 실제로는 은혜를 매개하는 가장 중요한 수단이다." "그것은 하나님이 자신의 은혜에 의거한 목적이 교회를 구성하는 사람들의 삶 속에서 열매를 맺게 하기 위해 정한 수단이다." "하나님은 무엇보다도 먼저 설교단에서 하나님의 능력 있는 구원의 역사가 선포되는 것을 통해서 역사하신다."[90]

## 설교자의 막중한 의무

바로 이러한 사실 때문에 하나님의 은혜의 역사를 경험함에 있어 설교자는 매우 큰 임무를 갖습니다. 이것은 또 설교자의 설교가 얼마나 신중하고 진지해야 하는지, 설교를 위한 단 한 번의 기회와 시간에 얼마나 중요한 가치와 의미가 있는지 말해 줍니다. 물론 이것은 설교자 자체의 가치를 말하는 것이 아닙니다. 하나님의 말씀이 은혜의 방편이기에, 그 방편에 사용되는 설교자가 중요하고 그의 임무가 진중해야 함을 말하는 것뿐입니다. 설교자를 마치 은혜의 매개자인 것처럼 생각해서는 안 됩니다. 설교자 자신이 잘해서 은혜를 받게 한 것처럼 생각해서는 안 된다는 말입니다.

하나님은 구약에서부터 모세와 선지자 그리고 신약에서는 사도와 그 뒤를 이은 설교자들이 전하는 말씀을 통해 은혜를 경험하게 하셨습니다. 그러나 그것은 어디까지나 은혜를 경험하게 하는 하나님의 말씀 때문이지 설교자 때문은 아닙니다.

안타깝게도 하나님의 말씀을 중시하는 설교자 중에는 마치 자신이 잘해서 사람들이 은혜 받거나 자신이 잘할 때만 은혜를 받는다고 착각하는 사람이 있습니다. 아닙니다. 설교자가 아무리 중요하고 또 설교자가 아무리 열심히 준비해서 전한다 해도, 하나님의 은혜를 경험하는 것은 듣는 자 안에서 역사하시는 하나님의 말씀 때문이지 결코 설교자 때문이 아닙니다.

바로 이 사실 때문에 설교자가 진실하게 사역과 역할을 감당하기만 하면, 그 결과는 하나님께 맡길 수 있습니다. 설교자가 은혜의 방편이 아니라 하나님의 말씀이 은혜의 방편이기 때문입니다. 그래서 설교자는 설교의 결과로 절망하지 않을 수 있습니다. 그러나 이것은 설교자가 설교 준비에 게으르거나 잘못하는 것까지도 문제 되지 않는다는 말은 아닙니다.

우리는 하나님의 은혜의 방편인 말씀에 대해 한 가지 확신을 가져야 합니다. 그것은 하나님의 말씀이 창조에서부터 창조의 능력을 나타냈듯, 구원에서도 능력을 나타낸다는 사실입니다. 다시 말해, 하나님께서 자신의 은혜의 목적을 이루는 데 있어서도 그 능력을 나타내심으로써, 자기 백성을 향한 모든 구원의 뜻을 실현하신다는 것입니다. 바로 설교자가 전하는 은혜의 방편인 말씀을 통해서 말입니다.

문제는 설교자가 이런 사실을 인지하지 않고 하나님의 말씀을 읽고 전한다는 것입니다. 하나님의 말씀을 그분의 은혜와 임재와 능력이 임하는 방편으로 여기지 않는다는 것입니다. 하나님의 말씀으로 하나님의 은혜가 임하고, 그 은혜가 말씀을 듣는 이들의 영혼과 삶으로 침투해 들어가는 그 엄연한 사실을 기대하지 않고 전한다는 것입니다. 그런 점에서 자신이 전하는 하나님의 말씀이 얼마나 엄청난 은혜의 방편인지조차 모르고 전하는 설교자는 최악의 설교자입니다. 그것은 마치 중세 가톨릭교회 사제들이 하나님의 말씀을 의식적이고 형식적인 차원에서 전한 것과 같습니다.

반면, 종교개혁자들과 그 후예들은 하나님의 말씀이 실제로 은혜를 경험하게 하고, 또 실제로 창조하는 능력이 있음을 알고, 그 말씀을 참되게 전하는 것을 가장 중요하게 여겼습니다. 1900년대 초 포사이스(P. T. Forsyth)는 예일대 강연에서 설교의 중요성을 다음과 같이 말했습니다.

> 나는 감히 기독교가 서거나 넘어지는 것은 설교에 달려 있다고 말하고자 합니다. 개신교에서는 성경에 최고의 권위를 부여하는데 성경이 그런 최고의 지위를 지닌 곳에서 드려지는 예배의 가장 독특한 특징은 설교입니다.[91]

나름 설교의 가치를 알고 말씀을 열심히 준비하는 사람 중에는, 자신이 설교를 열심히 연구하고 준비했다는 것에 은근히 확신을 갖는 사람이 있습니다. 아닙니다. 포사이스가 말한 바와 같이 기독교가 서거나 넘어지는 것이 설교에 달려 있다고 한 것은, 설교가 은혜의 방편인 하나님의 말씀을 담고 있기 때문입니다.

하나님은 우리가 만들어낼 수 없는 은혜를 말씀을 통해 주시고 경험케 하시며 구원과 변화를 일으키십니다. 결국 말씀으로 주어지는 하나님의 은혜에 모든 것이 좌우됩니다. 이 사실을 종교개혁의 전통 속에서 잘 인지한 트루먼은 이렇게 말했습니다.

> 설교는 죽느냐 사느냐를 가르는 가장 심각하고 진지한 문제다. 왜냐하면 설교를 통해 하나님은 그리스도 안에 있는 자신의 은혜를 가지고 사람들을 만나고 그들의 죄 문제를 해결하기 때문이다. 오직 은혜로 말미암은 구원이라는 종교개혁의 이해를 고수하는 사람들에게 하나님의 말씀 선포는 가장 중요한 은혜의 수단이다.[92]

그러므로 하나님의 은혜를 구하는 자, 그 은혜의 역사를 보기 원하는 자는 다른 것에 기웃거리지 말고, 일차적으로 또 일상적으로 또 교회 모임과 예배 속에서 가장 중요한 은혜의 방편인 하나님의 말씀 앞에 서야 합니다. 하나님께서 그의 말씀 특히 선포되는 말씀을 통해 사람을 만나시고 죄 문제를 해결하시며, 성령께서는 그 말씀을 통해 사람을 변화시키시기 때문입니다. 그야말로 사람이 바뀌고 하나님께로 향하게 되는 강력한 은혜가 다름 아닌 말씀을 통해 임하기 때문입니다.

## 말씀을 은혜의 방편으로 주신 하나님의 뜻

물론 하나님은 그의 백성 된 자들의 연약함과 한계를 잘 아십니다. 특히 세상과 육체와 마귀를 대항하며 구원의 여정을 가는 가운데, 말씀을 통해 은혜를 받고도 그것을 계속해서 기억하지 못하거나 그 은혜로 우리 자신을 유지하는 데 어려움을 겪는 것까지도 하나님은 잘 아십니다. 하나님께서 다른 은혜의 방편과 함께 말씀을 은혜의 방편으로 주신 데는 이유가 있습니다. 우리가 하나님의 말씀을 통해서만 계속해서 은혜를 힘입어 설 수 있고, 또 그 말씀을 통해 은혜를 힘입지 않으면 안 된다는 것을 아시기 때문입니다. 그래서 하나님은 말씀을 지속적인 은혜의 방편으로 주십니다. 그럼으로써 하나님은 우리가 은혜의 사람 곧 은혜로 사는 사람, 그 은혜를 드러내고 은혜의 영광을 찬미하는 사람이 되도록 하십니다. 이것이 바로 하나님의 뜻입니다.

은혜의 방편인 하나님의 말씀이 참되게 전해지고 선포되는 곳에는 실제로 그런 결과가 있습니다. 따라서 은혜의 방편인 하나님의 말씀이 있는데도 그와 같은 결과가 없다면 분명 문제가 있습니다. 설교자가 하나님의 말씀을 은혜의 방편으로 인지하지 못하고 전했거나, 은혜의 방편이 실제로는 은혜를 힘입는 방편이 되지 못하게 하는 여러 가지 문제가 있는 것입니다.

그러나 하나님의 말씀이 은혜의 방편으로 참되게 전해지고 선포되는 곳에는, 전하는 자가 부족해도 하나님의 은혜가 나타나 사람들로 은혜의 사람이 되게 합니다. 그리하여 결국 은혜의 영광을 찬미하게 합니다. 설교자가 아닌 그가 전한 말씀을 통해 만나게 되는 하나님, 자신에게 은혜를 베푸신 하나님을 높이게 되는 것입니다. 그것이 설교자가 은혜의 방편에 제대로 쓰임받은 결과입니다. 그리하여 오직 은혜는 오직 하나님께 영광으로 연결됩니다. 바로 이것이 성경이 말하는 오직 은혜를 알고 듣고 선포하는 데서 생겨나는 결론입니다. 따라서 설교자는 바로 그와 같은 은혜를 알고 전하는 사람, 하나님의 말씀이 실제로 은혜의 방편이 되게 하는 사람이 되어야 합니다.

## '오직 은혜'를 믿는 교회의 열 가지 특징

마지막으로 교회가 오직 은혜를 믿는 교회인지 확인해 볼 수 있는 시금석 같은 사실을 트루먼의 말에서 인용하고자 합니다. 그는 오직 은혜를 믿는 교회의 정체성이 어떤 것인지 열 가지 명제로 말했습니다.[93] 그의 말에 따르면 오직 은혜를 믿는 교회는, 첫째 죄를 진지하게 다룹니다. 은혜는 인간의 죄에 대한 하나님의 구체적인 응답이기 때문입니다. 그래서 그는 "어느 교회가 오직 은혜를 진지하게 받아들이고 있는지는 그 교회가 죄를 진지하게 다루고 있는지를 보면 안다"[94]고 말했습니다.

둘째, 오직 은혜를 믿는 교회는 그리스도를 진지하게 받아들인다고 말합니다. 은혜는 주 예수 그리스도 안에서 실현되기 때문입니다. 트루먼은 이렇게 말합니다. "은혜는 하나님이 그리스도 안에서 죄를 처리하고 그리스도를 통해 이룬 일을 성령으로 말미암아 개개인에게 적용하는 역사다."[95]

즉, 은혜를 말하면서 예수 그리스도를 대충 말한다면 그 교회는 오직 은혜를 믿는 교회라고 할 수 없는 것입니다. 죄가 오직 예수 그리스도 안에서만 사해질 수 있기 때문입니다. 그러므로 오직 은혜를 믿는 교회는 죄를 대속한 예수 그리스도를 풍성히 말하며 진지하게 받아들이는 교회입니다. 설교자가 전하는 메시지뿐 아니라 그 말씀을 듣는 성도의 반응에서도 예수 그리스도가 중심에 있습니다.

셋째, 오직 은혜를 믿는 교회는 개인의 구원에서 하나님의 우선성을 진지하게 받아들입니다. 트루먼이 말하는 하나님의 우선성이란 하나님의 은혜의 절대 주권성을 말합니다. 쉽게 말해, 은혜를 베푸시는 하나님의 우선성 곧 그 은혜로 구원하시는 하나님의 절대 주권을 받아들이는 교회가 오직 은혜를 믿는 교회입니다. 트루먼은 이렇게 말합니다. "오직 은혜를 믿는 교회는 모든 피조 세계에 대한 하나님의 절대 주권성에 의한 우선성을 주저 없이 선포하는 교회다."[96]

넷째, 오직 은혜를 믿는 교회는 구원의 확신을 진지하게 받아들이는 교회입니다. 이것은 은혜로 구원하시는 하나님의 우선성 곧 절대 주권을 믿는 것에 자연스럽게 연결되는 내용입니다. 이런 면에서 구원의 확신을 가질 수 없는 것처럼 말하는 교회는 은혜라는 말을 사용해도, 그 은혜는 오직 은혜가 아닌 소위 '협력하는 은혜'를 말합니다.

그러나 그것은 성경이 말하는 은혜가 아닙니다. 목회자든 성도든 구원의 확신을 갖지 못하는 사람은 아무리 은혜를 말해도 성경이 말한 그 은혜, 즉 오직 은혜가 아닌 자신의 무엇 안에서만 은혜를 말하기 때문입니다.

다섯째, 오직 은혜를 믿는 교회는 가시적인 교회가 공동체로 모이는 것을 진지하게 받아들입니다. 교회는 공동체로 모이는 가운데 은혜의 방편을 통한 은혜를 경험하고, 교회가 은혜로 세워지기 때문입니다. 그러므로 은혜의 방편인 하나님의 말씀 선포와 성례가 있는 교회 공동체의 모임을 가벼이 여기거나 소홀히 하는 신자나 교회는 오직 은혜를 믿는다고 할 수 없습니다.

또 여섯째와 일곱째는 성경과 설교를 진지하게 받아들이는 것입니다. 성경이 은혜의 방편인 말씀을 담고 있고, 또 설교를 통해 그 은혜를 경험하기 때문입니다. 트루먼은 이렇게 말합니다.

> 은혜를 진지하게 받아들이는 교회는 설교를 진지하게 받아들인다. 그리고 그것은 사역자가 말씀을 충실하게 전할 뿐만 아니라 그 선포가 교회생활의 중심이고, 회중은 사역자가 전하는 말씀을 능동적으로 경청한다는 것을 의미한다.[97]

실제로 오직 은혜를 받아들이는 교회는 은혜의 방편인 하나님의 말씀이 진지하게 선포되고, 그 선포가 교회의 중심이 되며, 성도는 그 말씀을 사모하여 능동적으로 반응하는 것을 볼 수 있습니다. 반면, 자신의 체험이나 열심 등이 강조되는 교회, 소위 협력하는 은혜를 강조하는 교회는 상대적으로 하나님이 주신 은혜의 방편인 말씀의 비중이 크지 않습니다.

트루먼은 지금까지 말한 것에 덧붙여서, 여덟째와 아홉째 그리고 열째로 다른 은혜의 방편인 세례와 성찬과 기도를 진지하게 받아들이는 교회가 오직 은혜를 믿는 교회라고 말합니다.

오늘날 한국 교회는 기도는 비중 있게 강조하고 진지하게 받아들이지만, 세례와 성찬은 상대적으로 형식적인 수준이 되어, 그것이 정말 은혜의 방편인지조차 모를 정도가 되었습니다. 교회 안에 많은 사람이 세례와 성찬이 은혜의 방편인지조차 모르고 그저 구경하는 수준에 머물러 있습니다.

　은혜가 중요하고 또 은혜를 사모한다고 말하면서도 설교와 성례와 기도 같은 은혜의 방편에 충실하지 않는다면, 그 교회는 오직 은혜를 믿는 교회, 하나님의 은혜로 세워지는 교회라고 할 수 없습니다. 그것은 하나님은 배제한 채, 다시 말해 하나님의 은혜 없이 자기들끼리 만들어가는 교회라고밖에 말할 수 없습니다. 이런 사실을 반영하여 트루먼은 "사람이 오직 은혜를 믿는다고 말하는 것은 설교와 성례전과 기도가 그 중심에 있는 특정한 형태의 교회생활을 수반하는 경우에만 참이 된다. 이러한 것은 단순하지만 하나님이 자신의 은혜를 우리의 삶 속에 베풀어주기 위해 정한 수단이다. 은혜는 목회자가 전하는 말씀과 물(세례), 떡과 포도주(성찬) 같은 단순한 것을 통해 우리의 존재 전체 속으로 들어와 우리의 존재 전체를 장악하는 교리"[98]라고 말했습니다.

　하나님은 자신의 그 놀라운 은혜를 우리에게 주시기 위해 우리의 눈높이에 맞춘 은혜의 방편을 주셨습니다. 따라서 우리가 오직 은혜 안에 살기 위해서는 이 은혜가 임하는 방편에 매우 충실해야 합니다. 하나님의 말씀을 전하는 것에서부터 그 방편에 참여하는 것까지 말입니다.

## 이것이 교회를 위한 우리의 사명이 되게 하라

　　　　　이상과 같은 교회가 오직 은혜로 세워지는 교회요, 종교개혁자들이 성경에 충실한 교회라고 말한 참된 교회입니다. 은혜를 약화시키고 오용하고 왜곡하는 것을 말씀에 비추어 제거하고, 은혜의 방편을 통해 실제로 은혜가 임하는 교회, 그래서 오직 은혜로 세워지는 교회가 바로 참된 교회입니다. 그런 의미에서 제임스 보이스는 "오늘날 우리가 오직 은혜에 대한 바른 이해와 확신을 갖지 않을 경우 참된 교회가 되는 일에 실패하게 될 것"[99]이라고 말했습니다.

따라서 오직 은혜는 결코 가볍게 생각할 문제가 아닙니다. 여기서 타협하거나 실패하면 우리는 오직 은혜로 세워지는 교회에서 빗나가고 왜곡되며 실패하게 됩니다.

그런 점에서 당신이 정녕 원하는 교회는 어떤 교회입니까? 그저 사람이 많이 모이고 삶의 안정을 이루는 교회입니까? 목회자와 성도들이 그런 마음으로 교회를 세우겠다고 한다면 하나님이 아닌 사탄이 좋아할 일밖에 생기지 않을 것입니다. 그런 식으로 세워지는 교회는 모두 주 앞에서 불타 없어지게 돼늬다.

우리가 정녕 하나님의 부르심을 받은 신자와 사역자라면, 그 부르심은 다른 것으로 나타나지 않을 것입니다. 그 부르심은 바로 참된 교회를 세우고 이루는 데서 나타날 것입니다. 그러한 참된 교회는 우리의 무엇이 아닌 오직 은혜로 세워집니다.

그러므로 우리는 먼저 오직 은혜를 알고 그것을 약화시키거나 오용하거나 왜곡하는 율법주의와 율법폐기주의를 우리의 신앙과 삶과 사역 속에서 제거해야 합니다. 또 우리는 오직 은혜를 경험적으로 알고 힘써 전해야 합니다. 그러기 위해서는 먼저 은혜의 방편 특히 참된 교회의 모든 외적 표지의 기저에 있는 하나님의 말씀이라는 방편을 통해 교회가 서고 넘어질 수 있음을 기억하고, 그 방편을 통해 은혜를 경험해야 합니다.

 그 일은 실제로 은혜의 방편을 통해서만 가능하고, 하나님은 그 방편을 통해 교회를 세워나가시며, 그 안에 있는 사람을 변화시키고, 이 세상과 구별하는 일을 하신다는 것을 믿고 경험하고자 해야 합니다. 그렇게 교회가 오직 은혜로 세워지는 것을 경험해야 합니다. 그리고 거기에 우리가 사용되어야 합니다.

 이 땅은 바로 그런 사람이 필요합니다. 이 땅의 교회가 절규하듯 그것을 원합니다. 그러므로 우리는 눈에 보이는 것만 보지 말고 이런 영적 현실을 보면서, 하나님이 간절히 원하시는 의중을 담고 드러내는 신자와 사역자가 되어야 합니다. 그리하여 우리 모두 각자의 자리에서 하나님이 원하시는 성경에 충실한 참된 교회를 세우는 도구로 사용되기를 소망합니다.

# 07
# 거센 풍랑 속에 선 '오직 믿음'

사람이 의롭게 되는 것은 율법의 행위로 말미암음이 아니요 오직 예수 그리스도를 믿음으로 말미암는 줄 알므로 우리도 그리스도 예수를 믿나니 이는 우리가 율법의 행위로써가 아니고 그리스도를 믿음으로써 의롭다 함을 얻으려 함이라 율법의 행위로써는 의롭다 함을 얻을 육체가 없느니라 _ 갈 2:16

## 다시 '오직 믿음'을

이제 우리는 기독교의 핵심 진리인 다섯 가지 오직 중 네 번째 내용에 해당하는 '오직 믿음'(Sola Fide)에 대해 살펴보고자 합니다. 오직 믿음은 죄인인 인간이 어떻게 거룩하신 하나님께 받아들여질 수 있는지에 대한 대답입니다. 또 오직 믿음은 참 신앙과 참된 교회를 세우고 그 생명성을 유지하며 경험하는 것과 관련되어 있기에, 개념에 대한 지식 정도로 만족할 내용이 아닙니다. 그럼에도 오직 믿음의 믿음 역시 오늘날 교회 현실 속에서 흔들리거나 희석되고 있습니다.

성경은 죄인인 인간이 거룩하신 하나님께 받아들여지거나 의롭다 함을 받을 수 있는 것은 율법의 행위로 말미암지 않는다고 분명하게 말한 뒤, 예수 그리스도를 믿음으로 말미암는다고 선언합니다. "사람이 의롭다 하심을 얻는 것은 율법의 행위에 있지 않고 믿음으로 되는 줄 우리가 인정하노라"(롬 3:28). "내가 가진 의는 율법에서 난 것이 아니요 오직 그리스도를 믿음으로 말미암은 것이니"(빌 3:9).

바울은 에베소서 2장에서도 "너희는 그 은혜에 의하여 믿음으로 말미암아 구원을 받았으니"(엡 2:8)라고 하면서, 우리의 무엇이 아닌 하나님의 은혜에 의해 믿음으로 말미암아 구원을 얻은 것이라고 밝힙니다. 비록 '오직'이라는 말이 성경에 언급되지는 않지만, 죄인이 의롭다 함을 받고 구원 얻는 것에는 '오직'을 붙여야 함을 성경은 분명하게 말합니다.

따라서 성경을 따르는 종교개혁자들은 죄인인 인간이 거룩하신 하나님께 받아들여질 수 있는 길, 즉 의롭다 함을 얻고 구원 얻는 길은 다른 것으로는 안 되고 오직 예수 그리스도를 믿음으로만 된다는 것을 당시 시대를 반영해 매우 중요하게 강조했습니다.

그런데 오늘날 이 시대는 오직 믿음에 대한 많은 문제점과 혼란을 다시 드러내고 있습니다. 그러한 이유로 우리는 먼저 16세기 종교개혁자들이 왜 오직 믿음을 중요하게 외쳐야 했는지를 생각하고, 오늘날 이것을 또다시 외쳐야 할 필요가 있는지 생각해 보고자 합니다.

어떤 사람은 철 지난 오직 믿음에 대한 강조가 오히려 사람들에게 부정적인 영향을 주지 않을까 염려하기도 합니다. 데이비드 웰스는 오직 믿음에 대한 오늘날의 냉담함에 대해 다음과 같이 말했습니다.

솔라 피데(오직 믿음)라는 말이 진기해졌고 때로는 이해할 수 없게 되면서 대부분에서 시대에 뒤처진 것이 되었다는 것은 우리 시대의 한 특징이다. 한때는 종교개혁에 대한 이해에 있어서 모든 역할을 떠맡았던 것이 오늘날에는 케케묵은 어구같이 하찮은 것으로, 교리적으로 까다롭고 민감한 자들이나 흥미를 가지는 것으로, 그러면서도 교회를 운영하느라 바쁜 자들에게는 실질적으로 중요하지 않은 것이 되어 버렸다.[100]

## '오직 믿음'이 보이지 않게 감추어지는 현실

한편 웰스는 오직 믿음과 관련해 현재 복음주의 안에 세 가지 주요한 지역구가 있다고 말합니다. 그중 하나는 복음주의적인 신앙의 역사적인 교리가 여전히 유지되고 있고 심지어 소중히 보존되고 있는 곳이며, 또 다른 그룹은 그런 교리에 대해 잘 의식하지 못하고 있으며 그것을 교회 성장의 장애물로 생각하는 곳입니다. 그리고 마지막 세 번째는 앞의 두 지역구를 다 비웃는 곳으로서, 그 이유는 첫 번째로 말한 지역구(소위 정통이라고 말하는)는 너무 제한적이고, 두 번째로 말한 지역구는 교회생활이 화려하기는 해도 너무 공허하다는 것입니다. 그래서 첫 번째도 두 번째도 아닌 제3의 길을 가는 교회가 세 번째 지역구라고 말합니다.[101]

한편, 웰스는 첫 번째 지역구로 말한 교회와 신자가 점점 바뀌어 가는 것을 염려했는데, 오늘날 우리는 현실 속에서 그 모습을 실제로 보고 있고, 대신 두 번째와 세 번째 지역구로 말하는 교회가 더욱 득세하고 있는 것을 보게 됩니다. 특히 두 번째 지역구의 모습이 우리나라에 다수이고, 세 번째는 계속해서 부상하고 있는 것으로 보입니다.

특히 다수가 된 두 번째 교회는, 웰스의 말대로 오직 믿음에 대한 종교개혁적인 이해를 공공연히 부인하지는 않지만, 그것을 안 보이도록 숨깁니다. 사람들에게 부담을 주지 않고 많은 구도자를 얻고자 하기 때문입니다. 쉽게 말해, 교회 성장을 위해 더 많은 사람을 얻어야 한다는 실용주의적이고 성공주의적으로 생각하는 것입니다.

이처럼 한국 교회 안에는 다섯 가지 오직 같은 진리를 노골적으로 반대하지는 않지만, 이러한 진리가 실제로는 구석으로 밀려나 있고 성장만을 구하는 교회와, 또 그러한 마음으로 설교하고 가르치는 목회자가 다수를 차지하고 있습니다. 이렇게 두 번째 지역구에 속한 교회는 결국 소비자 중심적인 태도로 값싼 복음, 대가 없는 복음을 말하고 그것을 좋게 여깁니다. 웰스는 이러한 교회에서 전하는 메시지를 다음과 같이 말했습니다.

> 메시지는 사람을 십자가 없는 어떤 한 그리스도를 통해 죄의식 없는 곳으로 데리고 가면서, 즉 심판이 없는 어떤 한 나라 속으로 데리고 가면서 (중략) 그 모든 것은 우리 자신에 대해 기분만 좋게 하는, 그래서 다음 주에는 '교회'로 다시 오게 하는 것으로, 진노가 없는 어떤 하나의 신(神)에 관한 것으로 되어버렸다.[102]

## 진리 없이도 '괜찮은 교회'로 인정받을 수 있다?

한편, 한국 교회 안에서 급부상는 세 번째 지역구 교회인 소위 '이머징 처치'(Emerging Church)가 있습니다. 이들은 편협해 보이는 첫 번째 지역구에 속한 교회도 싫고, 겉으로는 화려해 보이지만 실상은 공허한 두 번째 지역구도 싫어서 제3의 길을 가는 교회입니다. 이들은 성장주의적인 모습을 취하면서 많은 문제점과 타락상을 보였던 기존 교회와는 차별화해, 도덕주의적인 모습을 취하며 시대에 잘 적응하는 세련된 교회를 추구합니다. 그러나 이들도 두 번째 지역구와 마찬가지로 오직 믿음 같은 진리는 좋아하지 않습니다.

문제는 많은 사람이 포스트모더니즘의 정신에 편승해 도덕주의적인 모습으로 차별화 된 이 세 번째 지역구 교회를 매우 좋게 생각한다는 것입니다. 특히 재정을 인터넷에 공개하면서 도덕적으로 깨끗하다는 인상을 주는 이러한 교회를 좋은 교회로 인식합니다. 이들이 다섯 가지 오직 같은 진리를 믿는지는 사람들에게 별로 중요하지 않습니다. 그런 점에서 제3의 길을 가는 교회가 많은 사람에게 바른 교회라는 인식과 함께 호응을 얻으면서 부상하고 있는 것입니다.

웰스는 이 두 번째와 세 번째 그룹이 복음주의 교회 안에서 다수라고 말합니다. 이들은 기독교의 중심적이고 근본적인 진리를 구석으로 밀어놓거나 편협하게 여기는 교회임에도, 오늘날 다수가 되고 있습니다. 그러나 오직 믿음을 지식적으로만 알고, 자신의 신앙과 삶과 사역 속에서는 구석으로 밀려난 진리로 여기고 있다면, 복음에 의한 참된 역사를 모르는 것입니다.

　교회가 수적으로 성장하고 체제가 잘 유지된다고 해서 다섯 가지 오직 같은 복음의 내용에 충실하다고 단정 지을 수는 없습니다. 로마 가톨릭도 나름 자신들의 조직과 체제 속에서 율법주의적인 종교로 든든히 서 있고, 심지어 신천지 같은 이단도 자신만의 체제를 가지고 득세하며 성장하고 있기 때문입니다.

　따라서 우리는 사람이 많이 모이는 교회가 반드시 바르다는 생각을 버려야 합니다. 물론 그러한 교회를 무조건 비판해서는 안 됩니다. 그러나 우리는 지금까지 살펴본 내용을 토대로 오늘날 교회의 모습을 분별하고, 자신은 지금 어디에 속해 있는지 자각할 필요가 있습니다.


## '오직 믿음'에 대한 거센 도전

　　　　　　　　　그런데 이보다 더 심각한 문제는 많은 학자와 목회자들의 성경에 대한 이해와 해석에서부터 오직 믿음이 부정되며 거부되고 있다는 사실입니다. 개신교 안에서 축적된 역사와 최근에 널리 수용된 성경 해석을 통해 이러한 모습이 두드러지고 있습니다.

　예를 들면, 중세 가톨릭교회는 사람이 의롭다 함을 얻는 것은 오직 믿음이 아니라 믿음에 선행이 더해져야 한다고 가르쳤습니다. 그들은 자신 안에서 소위 반(反)종교개혁(counter-reformation)을 했지만, 믿음과 관련된 구원 교리의 기본적인 틀은 전혀 달라지지 않았습니다. 그들은 지금도 소위 '주입된 은혜'에 인간이 협력할 때, 즉 은혜에 인간의 선행이 더해질 때 의인이 된다고 가르칩니다.

그러나 종교개혁자들은 성경에 근거해서 그러한 가르침을 바로잡았습니다. 죄인이 거룩하신 하나님 앞에서 의롭다 함을 얻는 데는 인간의 그 어떤 행위도 더해질 수 없다는 사실을 분명히 했습니다. 그러자 로마 가톨릭은 오직 믿음을 믿는 개혁자와 신자들을 정죄하고 저주하면서 파면했습니다. 그러나 오직 믿음을 믿는 개신교회는 하나님의 크신 역사 속에서 많은 무리가 구원 얻는 참된 교회의 역사를 경험했습니다.

그런데 그 이후로 개신교 안에는 특이한 일이 발생합니다. 오직 믿음을 버리고 다시금 로마 가톨릭의 가르침으로 이동하게 된 것입니다. 교회의 외형만 보는 사람들에게는 그리 심각한 문제로 보이지 않을 수 있습니다. 그러나 이것은 매우 심각한 것입니다. 개신교회가 복음에 의한 신앙과 삶과 참된 교회를 버리고 과거 유대교나 로마 가톨릭처럼 율법주의적인 교회로 이동하는 것이기 때문입니다.

과거 율법주의는 로마 가톨릭을 큰 제도적 교회로 견고히 서게 했습니다. 그러한 율법주의는 지금도 성경으로 사람들을 묶어두면서 얼마든지 교회를 구성할 수 있습니다. 다만 율법주의를 따르는 교회와 신자는 성경이 말하는 신앙과 교회 됨에서는 멀어집니다.

그럼에도 오늘날 교회는 죄인인 인간이 어떻게 거룩하신 하나님께 받아들여질 수 있는지에 대해 오직 믿음이 아닌 믿음에 선행을 덧붙이는 쪽으로 주장하는 것을 심각하게 여기지 않고 오히려 그것을 수용하는 분위기입니다. 나름의 목회적인 이유와 성경 해석을 덧붙인 그와 같은 주장은 많은 사람에게 설득력 있게 전해지고 적지 않은 호응을 얻고 있습니다.

그러나 우리가 성경과 교회역사를 통해 증거된 참된 신앙과 참된 교회를 구한다면, 오직 믿음에 대한 이 특이한 변화와 새로운 도전을 잘 알고 반응해야 합니다. 우리가 이러한 역사적인 배경과 연결고리를 모르면 지금뿐 아니라 앞으로 있을 변화도 분별하지 못하고, 오히려 명확한 근거도 없이 이들의 주장을 비판한다고만 생각할 것입니다.

### ① 아르미니우스주의와 율법폐기주의

그런 점에서 우리는 먼저 성경이 말하는 오직 믿음에 대해 다르게 주장하는 견해를 살펴보아야 합니다. 첫 번째로 언급할 내용은 아르미니우스주의입니다. 아르미니우스주의는 제임스 패커(J. I. Packer)의 말대로 우리의 믿음을 칭의를 위한 조건과 토대로 여김으로써 이 솔라 피데를 흔들었고, 결국 믿음을 의로운 행위로 여겼습니다.[103] 그런 점에서 조엘 비키는 "알미니안주의는 칭의의 근거가 일부 믿음에 있다고 주장하는 우를 범한다"[104]고 지적하면서, 그것은 "하나님이 믿는 이들을 선택해서 구원하신다는 주장인데 (중략) 믿음을 구원의 조건으로 내세운다"[105]고 말했습니다. 그것은 존 오웬의 말대로 "마치 소경 된 자에게 그가 앞으로 보게 된다면 많은 돈을 주겠다고 약속하는 것"과 같은 것입니다.[106] 믿음에 대한 이러한 이해와 함께 여러 면에서 아르미니우스주의는 오직 믿음을 부정하고 다시 로마 가톨릭 쪽으로 이동했습니다.

이와 더불어 개신교 역사 속에서 오직 믿음을 흔드는 가장 일반적이면서 흔한 것은 율법폐기주의입니다. 율법폐기주의(반율법주의, 도덕률 폐기론)는 주로 극단적 칼빈주의자에게서 나왔습니다. 그들은 하나님의 절대 주권을 강조하면서, 하나님이 창세 전에 이미 구원을 예정하시고 영원 속에서 칭의했다고 주장합니다. 그들은 칭의가 영원 전에 이루어졌기 때문에 이 세상에서 믿음을 통해 그리스도와 연합함으로써 실제로 칭의를 얻을 필요가 없다고 여겼습니다. 그들은 이 땅에서 갖는 칭의를 자신이 영원 전에 의롭다 함을 받았다는 것에 대한 인식 정도로만 여깁니다.

이런 극단적 칼빈주의에 의한 율법폐기주의는 청교도 당시에도 있었고, 화란 개혁파 안에도 있었으며, W. 게르비나 필폿 같은 침례교 신학자 안에도 있었습니다. 오늘날에도 이런 극단적 칼빈주의는 아니더라도 창세 전에 택하심으로 있게 된 구원과 오직 믿음을 오해하여 율법폐기주의에 빠진 사람이 많습니다.

그러나 그보다 더 보편적인 현상은 많은 사람이 자기 주도적으로 신앙생활하면서 율법폐기주의에 빠져 있다는 것입니다. 그런 율법폐기주의에 따른 신앙생활은 오직 믿음으로 의롭다 함을 얻는 것과는 전혀 다른 신앙과 삶을 갖게 합니다. 바울은 로마서 6장에서 의롭다 함을 받은 자들에게 있는 결과, 곧 죄에 대하여 죽고 그리스도에 대하여 살게 된 것을 무시하는 데 대해 경고함으로써, 율법폐기론은 기독교 신앙이 아니라고 분명히 지적했습니다. 예수 그리스도를 믿음으로 의롭다 함을 얻는 믿음은 역사하는 믿음, 곧 야고보서 2장에서 말한 대로 행위로 드러나는 믿음입니다. 조엘 비키는 오직 믿음으로 의롭다 함을 얻는 것과 관련해서 아르미니우스주의와 율법폐기주의를 비교하면서 다음과 같이 말했습니다.

> 아르미니우스주의는 믿음을 구원의 조건으로 봄으로써 지나치게 강조했고, 도덕률 폐기론(율법폐기주의)은 구원받은 신자가 맺어야 할 행위의 열매를 부인함으로써 믿음을 지나치게 폄하하였다.[107]

② **신(新)율법주의와 웨슬리주의**

개신교회 안에서 오직 믿음이 무너진 배경에는 이런 것만 있는 것은 아닙니다. 이것은 종교개혁 후에 시작된 것으로, 여기에는 소시니안주의(Socinianism)도 있습니다. 그러나 오늘날 이보다 더 중요하게 다루어야 할 내용은 신(新)율법주의입니다. 이것은 청교도 당시 율법폐기주의에 대한 반발로 리처드 백스터(Richard Baxter)가 제기했습니다. 당시 백스터는 이중적 칭의에 의한 구원을 주장하면서, 오늘날 새 관점과 마찬가지로 첫 번째 칭의는 이생에서 얻고, 두 번째 칭의는 죽음 후에 얻는다고 말했습니다.

그는 이 두 칭의 모두 이중적인 의를 요구한다고 말하면서, 그중 하나는 그리스도의 의이고, 다른 하나는 참된 믿음과 회개를 통해 그리스도의 의로 세워진 새로운 율법에 순종하는 우리 자신의 의라고 말했습니다.[108] 그리하여 결국 그리스도의 의만으로는 우리가 의롭다 함을 얻을 수 없다고 주장한 것입니다. 그는 개혁주의에서 말하는 그리스도의 의의 전가가 율법폐기론을 수반한다고 확신하면서 신율법주의를 주장했습니다. 그런데 그의 주장은 말 그대로 새로운 율법주의에 지나지 않았습니다. 그는 결국 믿음에 행위를 더해야 한다고 주장함으로써 로마 가톨릭 쪽으로 이동한 것입니다.

개신교 안에서 오직 믿음에 변화를 준 또 한 사람으로 존 웨슬리를 들 수 있습니다. 그는 오직 믿음을 옹호했지만, 예수 그리스도를 믿음으로 그의 의가 전가된다는 것에 의문을 제기했습니다. 웨슬리는 1762년 제임스 허비(James Hervey)의 편지에 대한 답장에서 "그리스도의 의는 내가 성경에서 발견하지 못한 표현"[109]이라고 말했습니다. 그가 그리스도의 의의 전가에 대해 부정적인 이유는 그것을 옹호할 때 율법폐기론으로 통하는 문이 열린다고 생각했기 때문입니다. 그래서 오직 믿음에 대해 주저했습니다.

우리가 개신교회 안에서 오직 믿음을 거부하거나 주저하거나 변질시키는 주장 가운데 주목할 내용 중 하나가 바로 이러한 웨슬리의 생각과 태도입니다. 토머스 슈라이너(Thomas R. Schreiner)는 "비록 웨슬리가 그리스도의 의의 전가에 대해 의문을 표시하며 적극적으로 상소하지는 않았지만 그 진리를 부인한 것은 아니다. 단지 그가 율법폐기론을 정당화하는 데 악용될 것을 우려하여 의의 전가라는 표현이 성경에 없기에 자신은 다루지 않겠다는 태도를 보이면서 오락가락한 것"[110]이라고 평가했습니다.

문제는 율법폐기주의에 빠지는 것을 염려해 성경과 종교개혁자들이 오직 믿음에서 가장 중요하게 말한 의의 전가를 주저하고 기피하는 것입니다. 실제로 많은 사람이 자신도 모르게 웨슬리의 생각과 태도를 긍정적으로 생각하면서 호응합니다. 바로 이런 이유 때문에 우리는 그런 생각과 태도를 더욱 분별해야 합니다.

## '오직 믿음'의 자리를 대신하는 것

이처럼 개신교 안에서 오직 믿음을 변형시키거나 기피하고 거부하는 주장과 가르침의 기저에는 율법폐기론에 대한 반발과 우려가 있습니다. 결국 아르미니우스주의는 오직 믿음이 인간의 반응과 책임을 경시한다는 반발과 우려 속에서, 인간의 기여를 비중 있게 함으로써 오직 믿음과는 다른 주장을 한 것이고, 신율법주의와 웨슬리주의 역시 율법폐기주의에 대한 우려에서 나온 주장입니다.

한편 19세기에는 웨슬리의 주장을 이어받은 소위 웨슬리주의자들이 폭발적으로 증가했습니다. 예를 들면, 나사렛교회, 구세군, 성결교 등이 모두 여기서 나왔습니다. 그들은 웨슬리의 영향으로 그리스도의 의의 전가를 소홀히 여겨, 결국 그들에게 의의 전가는 주저하고 기피하는 진리로 바뀌어버렸습니다. 이것이 바로 19세기부터 일어난 변화입니다. 오직 믿음에서 가장 중요한 그리스도의 의의 전가가 경시되면서, 결국 오직 믿음을 거부하는 시대의 흐름이 이어졌습니다. 그리고 20세기에는 세계에서 가장 큰 교단인 오순절 교단이 그 맥락을 이었습니다.

개혁교회 안에서 오직 믿음을 이런 식으로 기피하고 거부함으로써, 다수가 로마 가톨릭 쪽으로 기울고 신앙이 뒤섞였습니다. 그 결과 오직 믿음 같은 진리보다는 외적인 교회 사역과 활동이 늘기 시작했고, 영적 체험이 중시되었습니다. 그 가운데 성결 운동을 하는 사람들은 소위 '세컨드 블레싱'(second blessing)을 주장하면서 체험에 비중을 두는 쪽으로 흘러갔습니다.

이처럼 개신교의 역사는 어떤 진리에 대한 반발로 그와 반대되는 쪽으로 기우는 진자운동을 하면서 흘러왔습니다. 이러한 점에서 인간은 진리에 따른 체험과 삶을 함께 갖는 지혜를 발휘하지 못했습니다. 특정한 진리를 경시하면서 그것을 대신하는 것으로 충족하려고 시도한 것입니다.

그런 흐름 속에서 제1, 2차 세계대전을 겪고 난 후 계몽주의의 이상이 깨지고 허무주의가 감돌게 됩니다. 그러면서 많은 사람이 허무주의를 달래기 위해 종교를 찾으면서 교회로 유입되었습니다. 그와 같은 흐름 속에서 신비주의가 다시 부흥하게 됩니다.

지금까지 계몽주의 영향 아래 인간의 이성을 믿었던 것이 결국 헛된 것임이 드러났기에, 사람들은 이제 믿을 것이 자신밖에 없다고 생각하며 자신을 채워줄 종교를 찾았고, 모든 종교가 함께 융성하게 되었습니다. 그런 분위기 속에서 교회도 융성했습니다. 그 과정 속에서 기독교의 주류로 있던 자유주의가 꺼이고, 20세기 중반 이후에는 소위 복음주의 교회가 크게 형성되었습니다. 여기에는 이미 언급한 아르미니우스주의와 웨슬리 신학을 따르는 교회뿐 아니라 종교개혁자들의 신학을 따르는 개혁교회 등도 포함되었습니다.

## 주재권 구원(Lordship Salvation) 논쟁

여기서 복음주의 교회 안에서 오직 믿음이 어떻게 받아들여졌는지에 주목해야 합니다. 개혁주의를 따르는 교회는 종교개혁자들이 말한 바를 계속해서 주장하지만, 그들은 세계 기독교회 안에서 상대적으로 소수입니다. 반면, 다수는 놀랍게도 웨슬리 신학을 따르는 오순절 계통의 교회입니다. 그들은 그리스도의 의의 전가에 대한 웨슬리의 우려를 반영한 신학과 신앙을 이었습니다.

이렇게 오직 믿음을 기피하고 거부하는 신학과 신앙이 기독교 안에 다수가 된 가운데 모든 개신교회에 영향을 미치고, 심지어 개혁주의를 따르는 교회에까지 영향을 미치는 신학적 흐름이 20세기에 일어나게 됩니다. 특히 20세기 후반에 개신교 안에서 오직 믿음을 흔드는 주장과 운동이 복음주의 교회로 유입된 사람들 속에서 일어나게 됩니다.

먼저 1970-1980년대 복음주의 안에는 존 맥아더와 세대주의자들 사이에 소위 '주재권 구원'(Lordship Salvation) 논쟁이 일어납니다. 이 논쟁은 복음주의 교회 안에서도 계속 문제가 되는 내용이기도 합니다. 이 논쟁의 쟁점은 예수를 주(Lord)가 아니라 구주(Savior)로만 받아들이면 구원을 받을 수 있는가 하는 것입니다. 여기서 주목할 것은 의롭다 함을 얻기 위해 요구되는 것입니다. 곧 구원 얻는 믿음은 순종의 행위를 낳는가 낳지 않는가 하는 문제가 얽혀 있었던 것입니다. 맥아더는 구원 얻는 믿음은 필연적으로 순종의 행위를 낳는다고 주장했고, 반대편에 있던 라일리(Charles C. Ryrie)와 핫지스(Zane C. Hodges) 등은 믿음이 순종의 행위를 즉각적으로 낳아야 하지만 언제나 그렇지는 않다고 주장했습니다.[111] 이에 대해 맥아더는 라일리 등이 말한 것은 율법폐기론이며, 성경적 칭의관과 역사적 개신교 입장에서 벗어난 것이라고 주장했습니다. 그에 반해 라일리 등은 맥아더가 신율법주의를 가르친다고 하면서 칭의를 위한 필요조건으로 믿음에 행위를 덧붙인다고 주장했습니다.

　오늘날 한국 교회 안에서도 계속되고 있는 이 논쟁의 논점은, 과연 구원 얻는 믿음을 구성하는 것이 무엇이며, 참된 신앙을 가진 사람이 행위를 나타내지 못할 수도 있는가 하는 것입니다. 이미 종교개혁자들은 의롭다 함을 얻는 믿음 곧 참된 믿음은 필연적으로 행위의 열매를 맺는다고 주장했습니다. 그러므로 이에 따르면 구원 얻는 믿음이 행위를 나타내지 못할 수도 있다는 율법폐기주의적인 주장은 기독교가 말하는 믿음이 아니고, 종교개혁이 말한 오직 믿음에서 벗어난 것이라고 볼 수 있습니다.

## ECT(Evangelical and Catholic Together) 공동선언문

　　　　　그러나 20세기 복음주의 교회 안에서 이보다 더 큰 문제는 로마 가톨릭 쪽으로 기우는 것이었습니다. 처음에는 율법폐기주의에 대한 문제 정도였는데, 로마 가톨릭 쪽으로 기우는 운동과 주장이 계속해서 일어나면서, 마침내 1994년에는 오직 믿음에 대해 복음주의 신학자와 로마 가톨릭 신학자들이 대화하면서 서로 협력하기로 하는 일이 벌어집니다. 특히 찰스 콜슨(Charles W. Colson), 빌 브라이트(Bill Bright), 제임스 패커, 마크 놀(Mark Noll), 오스 기니스(Os Guiness)같이 영향력 있는 많은 신학자가 ECT라는 협의를 통해 커다란 반향을 일으켰습니다. 그들은 그리스도를 주와 구주로 영접하는 사람은 누구나 그리스도 안에서 형제자매라고 하면서, 복음주의자와 가톨릭교도가 그리스도 안에서 형제자매라고 진술했습니다.

문제는 그런 협력 속에서 로마 가톨릭교회가 오직 믿음으로 의롭다 함을 받는다는 것에 대해 어떠한 변화도 보이지 않았다는 것입니다. 이에 대해 스프로울은 예수를 구주와 주로 영접한다고 할 때 그 내용 속에서 말하는 믿음이 과연 성경적인 복음에 대한 믿음을 포함하는지, 구원 얻는 믿음을 말할 때 오직 그리스도의 의만 칭의의 근거로 믿는 것을 요구하는지, 결국 복음에 대한 다른 견해를 갖고서도 여전히 그리스도인이 될 수 있는지 등의 문제가 남아 있다고 말하면서, 다음과 같은 질문을 덧붙였습니다.

> 오직 믿음으로 의롭다 함을 얻는다는 사실은 복음의 필수적 본질적 요소인가? 교회는 참된 교회가 되기 위하여 솔라 피데를 고백해야 하는가? 혹은 어떤 교회가 오직 믿음으로 의롭다 함을 얻는 것을 거부하거나 정죄하면서도 여전히 참된 교회가 될 수 있는가?[112]

그러면서 스프로울은 "종교개혁자들은 확실히 그렇게 생각하지 않았다"[113]고 답했습니다. 그럼에도 복음주의에 속한 ECT(Evangelical and Catholic Together) 작성자들은 종교개혁자 같은 명확한 태도를 드러내지 않고, 오직 믿음으로 의롭다 함을 얻는 것에 그 어떤 변화도 보이지 않은 로마 가톨릭과 뜻을 함께했습니다. 결국 로마 가톨릭의 칭의관은 조금도 바뀌지 않았고, 개신교회 사람들만 오직 믿음에 대해 흐릿한 태도를 취해 버린 것입니다.

그 뒤로 1999년에는 루터교와 로마 가톨릭이 칭의에 대한 공동선언문을 발표하는데, 거기서도 비슷한 결론이 있었습니다. 먼저 그 공동선언문이 작성되기까지 루터교와 로마 가톨릭은 30년 이상 대화하고 논의했습니다. 공동선언문은 칭의가 오직 믿음으로 말미암는다는 말을 담고 있어서 그럴듯해 보입니다. 그러나 그 문서는 칭의를 죄 사함과 동시에 죄와 사망이 지배하는 권세로부터의 해방이라는 모호한 말로 정의하였고, 그 결과 칭의는 의롭다고 선언하는 것이 아니라 의롭게 되는 것이라는 로마 가톨릭의 주장이 계속 견지되었습니다.[114] 이것은 결국 루터를 정죄한 공동선언문에 그들이 동의한 셈입니다.

이에 대해 슈라이너는 "가톨릭과 루터교는 각자의 신학을 심각하게 변경함 없이 이 공동선언문에 서명할 수 있었다"[115]고 말했습니다. 루터가 칭의에 대한 결정적인 내용으로 말한 의의 전가가 없는데도, 루터의 후예들은 그 공동선언문에 서명한 것입니다. 또 루터가 로마서를 통해 칭의의 법정적인 성격을 말한 것은 로마 가톨릭과의 구별을 말한 것이었는데, 그들은 칭의를 죄 사함이자 죄로부터 해방이라고 말한 것에 동의함으로써 칭의의 법정적인 성격을 포기한 것입니다.[116] 그들은 결국 로마 가톨릭 쪽으로 기우는 모습만 보였습니다.

## '바울에 대한 새 관점'의 새로운 성경 해석

그러나 지금까지 언급한 움직임은 아무것도 아닙니다. 20세기 후반에는 그동안 개신교회가 알고 있던 것과 전혀 다른 성경 해석과 주장이 개신교회 안에서 일어납니다. 그것은 지금도 강력하게 영향을 미치고 있는데, 다름 아닌 바울에 대한 새 관점입니다. 새 관점은 오직 믿음을 종교개혁자들이 만든 개념으로 여기면서, 그들 나름의 성경 연구를 기반으로 이를 부정합니다. 오늘날 신학자들을 위시해 많은 목회자가 이러한 성경 해석을 수용하여 교회에서 앞장서서 가르치고 있습니다.

    새 관점은 칭의를 인간이 어떻게 그리스도인이 되는가에 대한 선언이 아니라, 신자가 이미 하나님의 백성 안에 들어와 있는 것에 대한 선언으로 주장하여 성경을 완전히 다르게 봅니다. 그러면서 신율법주의를 말한 백스터처럼 현재적 칭의와 미래적 칭의로 구분해서 말합니다. 두 칭의 모두 믿음으로 얻는다고 주장하면서, 현재적 칭의의 믿음은 하나님의 백성임을 구별해 주는 것이고, 최후에 있을 미래적 칭의의 믿음은 그 사람의 신실함을 포함하는 것이라고 주장합니다. 그러면서 이 땅에서 그 사람의 신실함은 미래에 의롭다 하시는 하나님의 선언에 토대가 된다고 주장합니다. 이것은 결국 신자에게 신실한 믿음이 있어야만 의롭게 된다는 주장입니다. 가이 워터스(Guy Waters)는 이러한 주장이 로마 가톨릭의 트렌트 공의회에서 결정한 칭의에 대한 근본적인 원리 중 하나와 본질적으로 일치한다고 말했습니다.[117]

    결국 바울에 대한 해석을 뒤집어서 말한 새 관점의 결론은, 로마 가톨릭의 칭의관인 행위를 더한 믿음으로 의롭다 함을 얻는다는 쪽으로 나아간 것입니다. 여기서 흥미로운 사실은 이러한 새 관점이 개신교회 안에서 많은 변화를 일으키고 있다는 것입니다. 복음주의 교회와 심지어 개혁주의를 따르는 교회 안에서까지 새 관점의 영향을 받고 있습니다.

이처럼 개혁주의 안에서 새 관점의 영향을 받은 대표적인 그룹으로 페더럴 비전(Federal Vision)이 있습니다. 그들은 개혁주의 전통에 헌신한 사람들로서 웨스트민스터 표준문서, 화란 개혁파 교회가 신앙고백의 기초로 삼고 있는 도르트 신조, 벨직 신앙고백서, 하이델베르크 요리문답 등의 교리 체계를 믿고 따르는 그룹입니다.

이들은 새 관점에 공감을 표하면서 새 관점과 개혁신학은 구원론에서 서로 호환성이 있다고 생각합니다. 그런 식으로 그들은 새 관점과 개혁신학을 통합하면서 칭의와 성화를 융합하는 견해를 주장합니다.[118] 결국 그들은 칭의를 믿음에 행위를 더한 것으로 말합니다. 알버트 몰러(Albert Mohler)는 페더럴 비전과 관련해 다음과 같이 평했습니다.

> 제네바(칼빈주의)와 비텐베르크(루터의 종교개혁) 등보다 트렌트 공의회 쪽으로 가장 적게 움직여야 할 개혁적 복음주의자들 가운데서 페더럴 비전은 영향력을 얻어 가고 있는 중이다.[119]

흥미롭게도 개신교회가 이러한 바울에 대해 새로운 해석과 관점을 따라, 오직 믿음을 한 시대의 유물이라고 여기면서 다시 로마 가톨릭 쪽으로 기울고 있습니다. 슈라이너는 오늘날 개신교회의 이러한 흐름을 다음과 같이 총평했습니다.

> 오늘날 많은 개신교도는 칭의에 대한 가톨릭적인 정의에 동의하

고서 아우구스티누스적인 관점에서 칭의를 해석하여 의롭게 '되다'를 의미하는 것으로 받아들이고 있다.[120]

즉, 성경이 말하는 의롭다 함을 법정적인 선언으로 여기는 것이 아니라, 가톨릭처럼 의롭게 된다는 의미로 받아들이는 것입니다. 만일 이러한 사실을 별것 아닌 것처럼 여기며 교회만 성장하면 된다고 생각하는 사람은, 어떤 의미에서 이기적이면서 반성경적인 태도를 가지고 있는 것입니다. 달리 말해, 그는 복음을 왜곡하고 희석하는 데 동참하고 있는 것입니다. 진실한 신자와 참된 목회자라면 이 시대와 맞물려서 이 문제를 고민하며, 오직 믿음에 대한 바른 이해와 신앙 속에서 살고자 해야 합니다.

## 정말 '오직 믿음' 자체가 율법폐기주의의 원인인가

그렇다면 오늘날 개신교회는 왜 종교개혁자들이 바로 잡은 오직 믿음을 믿고 따르기보다 종교개혁 이전의 왜곡된 칭의관으로 돌아가고자 하는 것일까요? 우리는 그 이유를 획일적으로 규정할 수 없어도, 전체적으로 볼 때 두 가지 이유로 설명할 수 있습니다. 하나는, 성경이 말하는 칭의 곧 오직 예수 그리스도를 믿으므로 의롭다 함을 얻는다는 것을 외칠 때 생겨날 치우침과 부작용이 역사 속에서 실제로 있었기 때문입니다. 또 한 가지 이유는, 개신교회 안에 나타난 그런 치우침을 보고, 어림짐작으로 그런 일이 일어날 것을 우려했기 때문입니다.

세계적인 신학자 중 하나인 김세윤 박사도 삶이 수반되지 않는 한국 교회의 현실을 지적하면서, 한때 비판했던 새 관점을 상당히 수용했습니다. 소위 '유보적 칭의론'을 말하는 가운데, 칭의된 자라도 최종 칭의에서는 탈락할 수 있다는 견해를 발표했습니다. 결국 종교개혁에 의한 오직 믿음을 거부한 것입니다. 그가 말하는 칭의는 오직 믿음으로 구원 얻는 것이 아닌, 의로운 행위를 가진 믿음으로 구원을 얻는 것입니다.[121]

결국 그러한 주장의 기저에는 율법폐기론에 드러난 한국 교회 현실에 대한 반발과 우려가 있었습니다. 그리하여 그도 로마 가톨릭 쪽으로 움직인 셈입니다. 자신은 나름 개혁적인 생각에서 주장한 것이지만, 종교개혁 전 로마 가톨릭 쪽으로 기운 것입니다.

우리는 율법폐기주의를 말하는 교회와 신자가 모두 오직 믿음을 믿었기 때문이라고 단정 지을 수는 없습니다. 거기에는 훨씬 더 다양한 이유가 있습니다. 거짓된 자들과 잘못된 신앙으로 그럴 수 있기 때문입니다. 그럼에도 오직 믿음을 문제시한 사람들은, 신자들이 율법폐기주의적인 삶을 갖는 것은 오직 믿음에 문제가 있기 때문이라고 주장했습니다.

이러한 율법폐기주의의 모습은 로마 가톨릭처럼 율법주의적인 종교 형태가 아닌 오직 믿음으로 의롭다 함을 얻는다는 성경의 진리를 믿고 전하는 곳에는 언제든지 있을 수 있습니다. 이러한 성경의 진리는 인간의 경험 세계에는 없기 때문입니다.

기독교 외에 다른 종교를 보십시오. 이단이든 사이비든 모든 종교는 인간이 무엇을 더해서 신에게 상승하고, 이데아에 이르고, 천국에 가고, 구원받는 개념을 가지고 있습니다. 그런데 성경이 말하는 오직 믿음은 바로 그런 개념을 깨뜨립니다. 다시 말해, 인간이 스스로 할 수 없는 일을 하나님이 친히 오셔서 행하심으로써, 오직 그분을 믿으면 인간을 구원하신다는 이 유일한 소식을 기독교가 말하기 때문입니다.

그래서 성경이 말하는 오직 믿음을 믿고 전한 곳에는 언제든지 이에 대한 오해와 극단적인 확신 등으로 율법폐기론에 빠질 수 있다는 우려가 있을 수 있습니다. 그러나 문제는 기독교가 그에 대해 잘못된 처방을 하고 있다는 것입니다. 성경을 따라 외친 오직 믿음과 그 속에서 일어난 생명의 역사와 참된 교회가 세워지는 것을 무시하고, 다양한 이유를 들어 오직 믿음 자체를 조정하려고 하는 것입니다.

그런데 이보다 더 심각한 것은, 이러한 주장과 움직임 속에서 교회의 인식이 아예 바뀌어버린 것입니다. 다시 말해, 오직 믿음을 기독교 내 어느 특정 그룹만이 말하는 것으로 생각하게 되었습니다. 그만큼 '오직'이 빠진 칭의관을 믿고 가르치는 현실이 개신교 안에 만연해 있습니다.

그러나 종교개혁자들이 말한 오직 믿음은 새관점론자들이 말하듯이 어느 한 시대에 만들어 외친 교리가 아닙니다. 오직 믿음은 성경이 말하는 바이고, 1세기부터 기독교 역사는 오직 믿음을 믿고 외쳤을 때 생명의 역사가 나타났습니다. 곧 구원의 역사와 함께 참된 교회가 세워졌습니다.

사실 오직 믿음에는 아무 문제가 없습니다. 비록 그에 대한 부작용과 오용이 있긴 했지만, 어느 시대 어느 곳에서든 오직 믿음을 정확히 알고 믿고 외친 곳에서는 복음의 생기와 생명력이 나타났습니다. 사람들은 그야말로 하나님의 은혜에 합당한 반응, 성령께서 갖게 하시는 반응을 보였습니다. 그리하여 놀라운 구원을 주신 하나님께 감사와 영광을 돌리는 삶으로 나아간 것입니다.

## 무릇 지킬만한 것보다 '복음의 본질'을 지키라

여기서 오직 믿음을 기피하거나 거부하는 모든 운동과 가르침이 끼치는 한 가지 해악을 정리하고 넘어가겠습니다. 그것은 로마 가톨릭이 오직 믿음을 거부하면서 가진 율법주의적인 신앙과 삶입니다. 로마 가톨릭은 중세시대 율법주의를 계승하면서 성상(聖像) 숭배 같은 잡다한 것을 뒤섞었습니다.

그런데 더 놀라운 것은 그러한 율법주의적인 종교에서 배교 현상이 일어났다는 사실입니다. 사람들은 참된 신앙에서 이탈해 자기 주도적으로 신앙생활을 하며 살아갔습니다. 이러한 율법주의적인 신앙과 삶이 결과적으로 얼마나 위험한지는 지금까지의 역사가 충분히 증거했습니다. 결국 어떤 연유로든 오직 믿음을 기피하고 거부하는 주장과 가르침은, 자신들이 우려하고 경계했던 율법폐기론의 반대 극단인 율법주의로 나아가는 특성을 드러냈습니다.

제임스 패커는 개신교회 안의 아르미니우스주의적인 칭의 개념이 원리적으로는 트렌트 공의회(로마 가톨릭) 교리에 상응하며, 아르미니우스주의는 로마 가톨릭처럼 '율법주의적'이라고 말했습니다.[122] 그 이유는 로마 가톨릭과 똑같이 칭의의 토대를 인간의 행위 안에서 발견하기 때문입니다. 안타까운 것은 그렇게 믿음을 의로운 행위로 여기며 아르미니우스주의를 따르는 사람들이 역사 속에서 계속 이어졌다는 사실입니다.

그들은 복음을 희석시키는 율법주의적인 신앙과 삶을 의도하지는 않았을지라도 결국 그것을 조장했습니다. 물론 오늘날 개신교회 안에서 크게 수용되고 있는 바울에 대한 새 관점도 율법주의로 이끄는 것은 마찬가지입니다. 그리스도의 완전한 의를 희생시키면서 결국 인간의 행위를 칭의의 토대로 삼기 때문입니다. 그러한 점에서 싱클레어 퍼거슨은 바울에 대한 새 관점이 율법주의적인 성경 읽기를 조장한다고 말했습니다.[123]

이처럼 종교개혁 이후 개신교회가 오직 믿음을 기피하고 거부하는 가운데 지금도 계속되는 것은 바른 신앙과 개혁이 아니라, 오히려 복음을 희석시키는 율법주의로 사람들을 내모는 것입니다. 그것이 외적으로는 예수를 열심히 믿는 것처럼 보일지 몰라도, 율법주의는 사실 율법폐기론과 함께 복음을 복음 되지 못하게 하는 커다란 해악 중 하나입니다. 바로 이 중대한 해악을 아는 것과 더불어 오직 믿음을 갖는 것이 얼마나 중요한지, 그리고 그 위에 선 신앙과 삶과 사역이 얼마나 결정적인지 잊지 말아야 합니다.

스프로울은 종교개혁자들의 오직 믿음에 대한 네 가지 확신을 다음과 같이 말했습니다.

> 첫째, 오직 믿음으로 의롭다 함을 얻는다는 사실은 복음의 본질이다. 둘째, 복음은 기독교와 구원의 본질적인 것이다. 셋째, 복음은 참된 교회가 되는 일에 본질적이다. 넷째, 오직 믿음으로 의롭다 하심을 얻는다는 사실을 거부하는 것은 복음을 거부하는 것이며 교회로서 서지 못하는 것이다.[124]

그가 말한 이 네 가지 사실에는 연결고리가 있습니다. 그래서 첫 사실부터 흐트러지면 모든 것이 해체됩니다. 교회의 외형은 있어도 복음을 거부하는 교회가 될 수 있습니다.

지금까지 살펴본 대로, 오직 믿음은 복음의 본질과 참된 교회가 세워지는 것과 밀접한 관련이 있습니다. 따라서 오직 믿음을 거부하면 결국 복음을 거부하는 것이고, 참된 교회로 서지 못합니다. 그러면 그저 율법주의적인 교회, 도덕주의적인 교회, 성장주의에 따른 교회에 머물고 맙니다. 안타깝게도 오늘날 신학생을 비롯해 많은 사람이 이러한 내용에는 별 관심이 없습니다. 이것은 사실 매우 충격적인 모습입니다.

잊지 마십시오. 오직 믿음보다 행위를 더한 믿음을 말함으로써 교회 체제를 유지하고 사람들을 율법주의적인 신앙생활로 이끈다면, 복음을 복음 되지 못하게 하는 것입니다. 우리의 사명은 그저 교회라는 이름의 단체를 유지하는 것이 아니라, 참된 교회를 세워가고 각 사람을 믿음 위에 굳게 세우는 것입니다.

교회 분위기나 목회 성공 여부가 중요한 것이 아닙니다. 중요한 것은 우리가 하나님 앞에 설 때까지 참된 신자, 참된 목회자로서 살고 사역하는 것입니다. 바로 그런 한 사람을 통해 참 신앙과 참된 교회가 세워진다는 사실을 기억하고, 오직 믿음을 알고 믿고 전하는 신앙과 삶, 사역이 되기를 소망합니다.

# 08
# 지금도 복음의 대답은 '오직 믿음'

사람이 의롭게 되는 것은 율법의 행위로 말미암음이 아니요 오직 예수 그리스도를 믿음으로 말미암는 줄 알므로 우리도 그리스도 예수를 믿나니 이는 우리가 율법의 행위로써가 아니고 그리스도를 믿음으로써 의롭다 함을 얻으려 함이라 율법의 행위로써는 의롭다 함을 얻을 육체가 없느니라 _갈 2:16

## 교회의 사활(死活)을 가르는 복음의 핵심

앞장에서 우리는 개신교회 안에서 일어난 오직 믿음에 대한 입장과 태도의 변화에 대해 살펴보았습니다. 그러한 변화는 오직 그리스도 때문에, 오직 믿음을 통해, 오직 은혜로 의롭다 함을 얻는다는 복음의 핵심에 사람의 행위를 더하는 진리의 변질이라는 관점으로 볼 수 있습니다.

오직 믿음은 오직 그리스도, 오직 은혜와 함께 복음의 핵심을 이루는 것으로, 루터가 말한 대로 교회가 서기도 하고 무너지기도 하는 교리입니다. 알버트 몰러는 실제로 루터가 말한 일이 일어나는 미국 교회를 보면서 "루터가 말한 척도에 비추어 볼 때 복음주의는 대체로 넘어지고 있는 중이다. 그것도 빨리 넘어지고 있다"[125]고 말했습니다.

오늘날의 한국 교회도 크게 다르지 않습니다. 그럼에도 우리는 오직 믿음으로 말미암는 구원의 복음을 믿고 말함으로써, 그 위에 참된 교회가 세워지는 것을 경험해야 합니다. 루터는 오직 믿음으로 의롭다 함을 얻는다는 진리에 대해 이렇게 말했습니다. "오직 이것만이 교회를 낳고 자라게 하고 세우고 보존하며 보호한다. 이것 없이는 교회는 단 한 시간도 존재할 수 없다."[126]

루터는 실제로 이것을 신앙과 삶과 사역 속에서 경험했습니다. 물론 당시 중세 교회는 교회의 조직과 제도가 율법주의적인 신앙 속에서 잘 유지되었고 사람들이 계속 모여 있었습니다. 그러나 루터가 말한 것은 그런 의미가 아니었습니다. 그는 '오직 믿음으로 의롭다 함을 얻는다'는 것이 필수적이고 본질적임을 알고 믿을 때, 참된 신앙과 구원이 있고 참된 교회의 태동과 성장과 보존이 있음을 말한 것입니다. 다시 말해, 복음이 복음 되지 않으면 교회는 넘어지고 참된 교회로 세워질 수 없다는 것입니다.

우리에게 있어야 할 것은 단순히 오직 믿음에 관한 지식이 아닙니다. 우리는 그것을 실제적으로 알고 믿는 믿음을 가지고, 그로 인한 은혜의 역사로서 영적인 성장과 보존을 경험해야 합니다. 이와 같은 경험적인 앎이 없으면 오직 믿음은 옛 유물처럼 보일 수밖에 없습니다.

## 믿음으로 말미암는 칭의의 요점

특별히 설교자는 죄인인 인간이 거룩하신 하나님과 올바른 관계를 가질 수 있는지에 대해 모호하게 말해서는 안 됩니다. 설교자에게는 사람들의 심기를 건드리지 않는 '시대에 맞는' 답을 주고 싶은 유혹이 있을 수 있습니다. 그러나 과거에도 그랬듯 지금도 설교자가 충실히 따라야 할 기준은 시대가 아니라 성경입니다.

성경은 우리가 가진 것으로는 의롭다 함을 얻을 수 없고, 오직 예수 그리스도를 믿음으로서만 가능하다는 사실을 분명히 말합니다. 사람이 어떻게 의롭다 함을 얻는지에 대해 핵심적으로 말할 내용은 세 가지입니다.

첫째는 성경은 '의롭다 하다'를 어떻게 말하는가 하는 것이고, 둘째는 하나님은 무엇에 근거해 의롭다 하시는가, 셋째는 의롭다는 근거를 어떻게 얻을 수 있는가 하는 것입니다. 로마 가톨릭뿐 아니라 개신교회 안의 칭의에 대한 타협적인 주장과 성경 해석은 모두 이 세 가지 문제와 결부되어 있습니다.

물론 성경이 믿음으로 의롭다 함을 얻는다고 말할 때 연결해서 말해야 할 내용이 많습니다. 이것을 종교개혁자들과 그들을 따르는 개혁주의자들은 일곱 가지 요점으로 말했습니다. 제임스 패커는 이 일곱 가지 요점을 다음과 같이 정리했습니다.

> 첫째로 모든 사람은 하나님의 심판대 앞에 선다. 그리고 하나님 앞에서 자신의 상태를 내보여야 한다. 둘째로 모든 사람은 본성상 그리고 실천적으로 죄인이며 하나님의 율법에 순종하지 않는다. 그

러므로 사람이 기대할 수 있는 것이라고는 하나님의 진노와 거절뿐이다. 셋째로 칭의는 죄책을 가진 인간을 용서하시는 하나님의 법적 행위로서, 죄인을 의로운 자로 받아들이고 상속자로 수용하는 것이다. 넷째로 칭의의 유일한 원천은 하나님의 은혜이지 인간의 노력이나 결단력이 아니다. 다섯째로 칭의의 유일한 토대는 그리스도께서 대신 얻은 의와 피 흘리심이지 우리 자신의 공로가 아니다. 여섯째로 칭의의 수단은 그리스도를 믿는 믿음이다. 이 믿음은 그리스도의 희생적 죽음이 모든 사람 곧 하나님께서 창세 전에 택한 모든 사람의 죄를 속죄했다는 사실에 대한 신뢰로 말미암아 위로와 힘을 얻는다. 일곱째로 믿음의 열매는 믿음이 실재한다는 증거이며 그리스도인 됨의 증거라고 볼 수 있는데, 그것은 바로 명백하게 드러난 회개와 선한 삶이다.[127]

우리는 이 일곱 가지 요점을 연결해서 생각할 때, 성경이 말한 이신칭의에 대해 풍성하게 이해할 수 있습니다. 그러나 여기서는 로마 가톨릭 쪽으로 기우는 개신교회의 문제와 연결해서 세 가지 요점만 상고해 보고자 합니다.

## '법정적인 선언'으로서 칭의

로마 가톨릭은 예수 그리스도를 믿음으로 의롭다 함을 얻는 것, 곧 하나님께서 의롭다 하신다는 것을 의롭게 되는 것으로 해석하여 주장했습니다. 그러나 종교개혁자들은 '의롭다 하다'

는 말을 법정적인 선언으로 보았습니다. 이후에 개신교회 안에서는 율법폐기론에 대한 경계와 반발로 법정적인 선언에 뭔가를 덧붙였습니다. 즉, 행함을 고려해 법정적 선언을 한 것으로 봄으로써, 결국 의롭다고 할 무엇이 있기 때문에 의롭다고 선언한 것으로 주장하고 있습니다.

그러나 그것은 인간이 주입된 은혜와 협력하여 그의 믿음이 사랑으로 가득할 때 의인이 된다고 말하는 로마 가톨릭의 주장과 유사합니다. 결국 오직 믿음이 아닌 믿음과 선행으로 의롭다 함을 얻는다고 말하는 것과 같은 주장인 셈입니다.

성경은 '의롭다 하다'는 말을 구약에서부터 법정적인 선언으로 말하고 있습니다. 그래서 바울에 대한 새 관점도 이러한 법정적 선언의 개념은 인정합니다. 예를 들어, 신명기 25장 1절은 "재판장은 그들을 재판하여 의인은 의롭다 하고 악인은 정죄할 것이며"라고 말하는데, 그때 의인을 의롭다 하는 것은 법정적인 의를 선언하는 것입니다. 그런 의미는 신약에도 이어지고 있어 종교개혁자들은 의롭다 하는 것을 법정적인 선언이라고 말합니다.

반면, 로마 가톨릭은 그러한 종교개혁자들의 주장을 '법적 허구'라고 비판했습니다. 그러면서 사람 안에 어떤 변화가 있거나 새로워지는 것 등 흔히 말하는 성화의 개념을 칭의의 개념에 더하여 말합니다. 흥미로운 사실은 칭의에 대한 로마 가톨릭의 잘못된 개념을 바로잡았던 개신교 안에서, 오히려 성경이 말하는 칭의의 법정적인 의미를 주저하면서 자꾸 모호한 태도를 취한다는 것입니다. '의롭다 하다'에 무엇인가를 더하여 말하는 쪽으로 기우는 것입니다.

물론 죄인이 의롭다 함을 받았다고 할 때, 그 죄인에게 생긴 변화는 말로 다할 수 없는 큰 변화입니다. 신분이 바뀌어서 거룩하신 하나님 앞에 서게 되었기 때문입니다. 그러나 오늘날 교회는 칭의를 법정적인 선언으로 이해하는 것을 율법폐기주의적인 모습이라고 반발할 것에 대해 우려합니다. 그리고 율법폐기주의적인 신앙과 삶을 실제로 갖게 될 것에 대한 우려로 칭의에 성화의 측면을 더하려는 유혹에 동조하기까지 합니다. 믿음에 선행을 더하여 의롭게 된다고 말하는 쪽으로 기울어지고 있는 것입니다.

## 의롭다 함을 받는 유일한 근거

이러한 이해와 주장은 칭의의 중요한 내용인 나머지 두 내용에도 연결되어 문제점을 드러냅니다. 특히 두 번째 내용에서 심각한 문제를 드러내는데, 그것은 바로 의롭다 함을 얻는 근거입니다. 의롭다 함을 얻는 근거는 이신칭의에서 가장 중요한 내용입니다. 우리는 죄 있는 자가 거룩하신 하나님께 의롭다 함을 받는 일이 어떻게 가능한지 명확하고 확실하게 알아야 합니다. 그렇지 않으면 오직 믿음에서 이탈하게 됩니다.

바울은 로마서 3장과 5장에서 죄인이 의롭다 함을 받는 데 있어 인간 편에서는 답이 없다고 명백히 말합니다. 예를 들면, 로마서 5장 12절 이하에서 그는 모든 인간이 아담 안에서 죄를 범한 조건, 즉 인간은 모두 부패한 채로 태어난다고 말합니다. 또 로마서 3장에서는, 인간은 본성이 죄악 되어 선을 행할 능력이 전혀 없고 선으로 향하지 않는 성향이어서, 죄를 범하여 누구도 예외 없이 하나님의 영광에 이르지 못하는 조건에 있다고 말합니다. 그리하여 "율법의 행위로 그의 앞에 의롭다 하심을 얻을 육체가 없나니"(롬 3:20)라고 분명히 밝힙니다. 인간 편에서는 거룩하신 하나님 앞에서 의롭다 함을 얻을 수 없고, 그런 길조차 만들 수 없습니다. 그리하여 인간에게 있는 것은 오직 정죄와 사망뿐이고, 로마서 3장 19절에서 말한 것처럼 인간은 모두 하나님의 심판 아래 있다는 것입니다.

그런 점에서 종교개혁자들은 성경에 기록된 오직 예수 그리스도를 믿음으로 의롭다 함을 얻는다는 사실을 매우 중요하게 말했습니다. 의롭다 함을 얻을 수 있는 근거인 예수 그리스도의 완전한 순종과 구속이 인간이 가진 조건에서 유일한 답이 되기 때문입니다.

로마서 4장은 인간이 경건해서 의롭다 함을 받은 것이 아니라 경건하지 않고 불의하고 추악하고 죄로 가득할 때, 즉 전적으로 부패하고 무능한 조건에서 의롭다 함을 받게 되었다고 말합니다. 그리고 로마서 3장은 아무런 희망도 없는 인간의 조건에서 그 일이 가능한 것은, 율법 외에 하나님의 한 의가 나타났기 때문이라고 말합니다. 그러면서 "그리스도 예수 안에 있는 속량으로 말미암아 하나님의 은혜로 값 없이 의롭다 하심을 얻은 자 되었느니라"(롬 3:24)고 말함으로써, 그 유일한 대답으로서 하나님의 한 의는 그리스도를 믿으므로 얻게 되는 의, 그리스도로 말미암은 의라고 말하고 있습니다.

종교개혁자들이 오직 믿음에 대해 가장 중요하게 생각한 것이 바로 이것입니다. 그리스도로 말미암은 의가 아닌 다른 의, 즉 우리의 무엇으로는 전혀 가능하지 않다는 것입니다. 그래서 그들은 성경에서 '하나님의 의'로 표현되는 '그리스도로 말미암은 의'를 강조하여 그것을 붙드는 수단으로써 오직 믿음을 말한 것입니다.

그러면서 그 의를 인간이 어떤 조건에서 얻게 되는지, 로마서 말씀을 따라 함께 강조한 것입니다. 그들은 결국 오직 믿음으로 의롭다 함을 얻는 것은 두 가지 사실 때문임을 명확히 말했습니다. 하나는 죄 범한 인간이 하나님 앞에서 의롭다 함을 얻기에는 전적으로 타락하고 무능하다는 것, 또 하나는 그런 조건을 가진 인간이 의롭다 함을 얻을 수 있는 길은 오직 예수 그리스도의 완전한 순종과 완전한 대속이라는 것입니다. 이 명확한 성경의 증거를 따라 죄인인 인간이 의롭다 함을 얻는 길은, 오직 예수 그리스도께서 완전한 순종과 대속으로 이루신 의에 전적으로 달려 있음을 강조했습니다. 다시 말해, 예수 그리스도의 의만이 칭의의 근거가 된다는 것을 강조한 것입니다.

우리가 칭의에 대해 말할 때 이것이 가장 중요합니다. 칭의에 대한 잘못된 이해로 율법폐기주의에 빠지는 것은 그다음 이야기입니다. 중요한 것은 성경이 칭의를 말할 때 무엇을 말하는가 하는 것입니다. 사람들이 칭의를 오용하고 왜곡해서 율법폐기주의에 빠지는 문제 때문에 성경이 말하는 내용을 변질시켜서는 안 됩니다.

사도 바울은 로마서 1장 18절부터 3장 20절에 걸쳐, 하나님 앞에서 모든 인간의 조건이 의로움과는 철저하게 거리가 멀다는 사실을 명확하게 말합니다. 그리고 그러한 조건에서 의롭다 함을 얻는 것은 우리 밖에 있는 근거로만 가능하다고 말합니다. 우리 밖에 있는 의, 곧 "그리스도 예수 안에 있는 속량"(롬 3:24)이 우리가 의롭다 하심을 얻는 유일한 길이라는 것입니다.

바울은 로마서 5장에서 "한 의로운 행위로 말미암아 많은 사람이 의롭다 하심을 받아 생명에 이르렀느니라"(롬 5:18), "한 사람이 순종하심으로 많은 사람이 의인이 되리라"(롬 5:19)고 말합니다. 모든 것이 예수 그리스도와 그의 의로운 행위, 곧 그분의 순종 때문임을 강조한 것입니다. 그래서 웨스트민스터 대요리문답은 이러한 예수 그리스도의 사역을 그리스도의 완전한 순종과 완전한 대속이라 말합니다.[128]

성경은 죄 있는 인간의 칭의와 구원의 근거를 이 외에 다른 것으로는 말하지 않습니다. 예를 들어, 갈라디아서 2장 16절은 "사람이 의롭게 되는 것은 율법의 행위로 말미암음이 아니요 오직 예수 그리스도를 믿음으로 말미암는 줄 알므로"라 말하고, 사도행전 4장 12절은 "다른 이로써는 구원을 받을 수 없나니 천하 사람 중에 구원을 받을 만한 다른 이름을 우리에게 주신 일이 없음이라"고 말하며, 고린도전서 15장 22절은 "아담 안에서 모든 사람이 죽은 것 같이 그리스도 안에서 모든 사람이 삶을 얻으리라"고 말합니다. 또 디모데전서 2장 5절이 "하나님과 사람 사이에 중보자도 한 분이시니 곧 사람이신 그리스도 예수라"고 말한 것도 모두 그 때문입니다.

## 위대한 교환, 이중 전가

문제는 죄 있는 인간이 거룩한 하나님 앞에서 의롭다 함을 얻는 것과 관련해, 이 유일한 근거를 알고서 붙들고 있는가 하는 것입니다. 앞장에서도 언급했지만, 존 웨슬리를 위시해 교회 안의 어떤 사람들은 칭의를 말하면서, 죄인이 의롭다 함을 얻는 유일한 근거인 예수 그리스도의 의를 말하는 데 주저하며 모호한 태도를 드러냈습니다. 심지어 바울에 대한 새 관점은 가망 없는 죄인이 그리스도를 믿을 때 최종적인 의, 곧 그리스도의 완전하고도 충분한 의를 전가받는다는 사실을 부정합니다. 로마 가톨릭은 전적으로 그리스도의 의로 의롭다 함을 얻는다는 것 곧 의의 전가를 법적인 허구라 말했는데, 새 관점의 대표주자인 톰 라이트(N. T. Wright)도 이와 유사하게 취급합니다.

그러나 바울은 로마서 3장에서 인간은 스스로 의롭다 함을 받을 수 없는 조건에 있다고 말한 뒤, 율법 외에 나타난 하나님의 한 의로만 가능하다고 말했습니다. 그러면서 그것을 어떻게 얻는지 구체적으로 말합니다. "예수 그리스도를 믿음으로 말미암아 모든 믿는 자에게 미치는 하나님의 의니 차별이 없느니라"(롬 3:22).

또 로마서 6장에서는 죄에서 벗어나 의롭다 하심을 얻는 것을 그리스도와 함께 죽고 산 자에게 허락된 일이라 말함으로써, 그리스도와 연합함으로 그리스도의 의를 얻는다는 사실을 거듭 강조합니다. 따라서 그리스도의 의를 얻는 것은 흔히 그리스도의 공로의 전가 또는 그리스도의 의의 전가로 일컬어집니다. 고린도후서 5장은 그에 대해 좀 더 구체적으로 말합니다. "하나님이 죄를 알지도 못하신 이를 우리를 대신하여 죄로 삼으신 것은 우리로 하여금 그 안에서 하나님의 의가 되게 하려 하심이라"(고후 5:21).

이것은 우리의 죄가 죄를 알지도 못하신 그리스도께 전가되어, 하나님이 그를 죄로 삼으시고, 대신 그리스도께서 우리를 위하여 이루신 의를 우리가 얻는 소위 '이중 교환'을 가르쳐주는 말씀입니다. 우리의 칭의는 그리스도의 의를 전가받아 얻는 것입니다. 이처럼 바울은 칭의를 예수 그리스도를 믿음으로 그리스도와 연합하여 그의 의를 얻는 것이라 말합니다. 즉, 그리스도께 속한 모든 것이 그와 혼인한 자에게도 속하여 그의 것이 되는 것입니다.

또 바울은 로마서 5장에서 그리스도의 한 의로운 행위가 그리스도를 믿는 자에게 의와 생명을 가져다준다고 말합니다. 이것도 그리스도께서 율법 아래서 의로운 삶을 살고 십자가에 달려 죽기까지 율법의 모든 요구(적극적, 소극적 요구)에 순종하심으로 얻게 된 의와 생명을, 그를 믿는 자들이 그분과 연합하여 갖게 된다는 사실을 가르쳐주는 것입니다. 모든 사람이 아담과 연합되었기에 죄인이고 죽어야 하는 것처럼, 그리스도를 믿는 자는 그분과 연합했기에 그의 의를 받게 되는 것입니다.

## 기독교는 그리스도의 완전한 순종과 대속 위에 서 있어야 한다

이처럼 죄인인 인간이 거룩하신 하나님 앞에 설 수 있는 의를 말할 수 있는 것은, 오직 그리스도 안에서 즉 그리스도의 의에 근거해서만 가능합니다. 하나님은 우리 안에 뭔가를 보고 의롭다 하시는 것이 아닙니다. 심지어 하나님께서 우리 안에서 행하신 것에 근거해 의롭다 하시는 것도 아닙니다. 다시 말해, 성화에 해당하는 내용을 가지고 우리를 의롭다 하시는 게 아니라는 말입니다.

그런 점에서 로마 가톨릭 쪽으로 기우는 사람들이 인간의 선한 행위 때문에 의롭다 함을 얻는다고 말하는 것은, 그리스도 예수 안에 있는 속량으로 말미암아 하나님의 은혜로 값없이 의롭다 함을 받는다는 진리를 폐하는 것입니다. 이것은 그리스도의 완전한 순종과 대속으로 인한 그리스도의 의를 칭의의 보조적인 근거로 전락시켜, 죄와 심판 아래 있는 인간에게 '율법 외에 하나님의 한 의가 나타났다'는 놀라운 은혜의 복음을 반쪽짜리 복음으로 만드는 것입니다.

과거나 지금이나 죄 있는 인간이 의롭다 함을 받는 길은 한 가지밖에 없습니다. 그것은 오직 그리스도의 완전한 순종과 구속으로 인한 의를 얻는 것입니다.

기독교는 가망 없는 인간에게 의를 얻게 하기 위해 오신 하나님의 아들 예수 그리스도께서 완전한 순종과 대속을 이룬 것 위에 서 있습니다. 바로 이것이 기독교가 세상의 종교와 같지 않은 이유입니다. 기독교는 아무리 악한 죄인이라도 이 그리스도의 의 때문에 하나님 앞에 설 수 있다는 복음을 말합니다. 죄 있는 우리의 무엇을 의롭다 함을 얻는 근거로 말한다면, 그것은 더 이상 기독교의 복음일 수 없습니다.

성경은 죄와 심판 아래 있는 인간이 의롭다 함을 얻는 은혜의 길을 말하며, 우리 인간 자신 안에는 그럴 만한 근거가 없다는 사실을 강조합니다. 그래서 율법 외에 하나님의 한 의가 나타난 것입니다. 의롭다 함을 얻을 수 있는 근거가 우리 안에 없기에, 우리 밖에 있는 그 '의'를 근거로 삼아주신 것입니다. 즉, 그리스도의 완전한 순종과 대속만이 우리를 의롭다 여김받게 하는 우리의 의입니다.

우리는 이 복음 진리를 떠나 로마 가톨릭으로 회귀하는 것과 율법주의를 거부해야 합니다. 율법폐기론을 경계하면서도 기독교 역사 속에서 반복해 온 율법주의와 율법폐기주의 사이의 진자운동을 피해야 합니다. 의롭다 함을 얻는 유일한 근거인 그리스도의 의에 우리의 행위를 더하려고 하지 말아야 합니다.

목회자는 그러한 소위 '새로운 가르침'을 내세워 사람을 모으고 교회에 충성하도록 해서는 안 됩니다. 그것은 복음을 가리고 율법주의를 유포하는 것입니다. 복음 안에서 참 신앙과 참된 교회를 이루기 위한 기본적인 전제는, 결국 그리스도의 완전한 순종과 대속으로 인한 의를 그대로 믿고 전하는 것입니다.

## 그리스도의 의는
## 어떻게 우리의 것이 되는가

지금까지 말한 내용과 연결해 세 번째로 확고히 할 사실이 있습니다. 그것은 의롭다 함을 얻을 수 있는 유일한 근거인 그리스도의 의를 우리가 어떻게 얻을 수 있는가 하는 문제입니다.

로마서 3장에서 바울은 율법 외에 나타난 하나님의 의가 어떤 자에게 미치는지 말합니다. 22절에서는 "예수 그리스도를 믿음으로 말미암아 모든 믿는 자에게 미치는 하나님의 의"라 말하고, 28절에서는 앞선 내용을 결론지으며 "그러므로 사람이 의롭다 하심을 얻는 것은 율법의 행위에 있지 않고 믿음으로 되는 줄 우리가 인정하노라"고 말합니다. 루터는 이 구절의 "믿음" 앞에 '오직'을 붙여 강조했습니다. 문맥상 바로 그 의미가 있기 때문입니다.

이 말씀은 모두 믿음으로 의롭다 함을 얻는다고 말합니다. 그래서 종교개혁자들은 의롭다 함을 얻을 수 있는 수단이 오직 믿음임을 강조했습니다. 종교개혁자들이 '오직'을 강조한 것은 로마 가톨릭이 믿음에 행위를 더해야 한다고 말한 것을 명확히 하기 위함도 있지만, 성경이 의롭다 함을 얻는 다른 수단을 배제하면서 믿음을 강조하고 있기 때문입니다.

그러나 안타깝게도 오늘날 개신교 안에서 오직 믿음을 주저하고 회피하고 거부하는 현상은, 지금까지 언급한 세 가지 요점을 통째로 부정합니다. 기독교 안에는 믿음과 관련해 많은 혼란이 있어 왔고 지금도 여전히 있습니다. 의롭다 함을 얻는 믿음, 달리 말해 구원 얻는 믿음을 우리의 뭔가를 덧붙인 믿음이라고 말하는 왜곡이 끊임없이 되풀이되고 있습니다. 로마 가톨릭의 말대로 믿음에 선행을 더하는 쪽으로 기울어지는 현상이 멈추지 않습니다. 그러므로 우리는 오직 믿음과 관련해 앞선 믿음의 사람들이 분명히 말해 왔던, 그리스도의 의를 얻는 수단인 믿음에 관하여 지금도 분명히 말해야 합니다.

바울은 로마서 3장 28절과 4장 그리고 갈라디아서에서 행위 또는 율법을 행하는 것을 대조하고 배격하면서, 의를 얻는 수단으로서 '오직 예수 그리스도를 믿음으로'라는 말을 강조합니다. 그 외 갈라디아서 3장 11절에서 바울은 "하나님 앞에서 아무도 율법으로 말미암아 의롭게 되지 못할 것이 분명하니 이는 의인은 믿음으로 살리라 하였음이라"고 말합니다. 또 사도행전 16장에서는 간수가 어떻게 해야 구원을 얻을 수 있냐고 물었을 때, "주 예수를 믿으라 그리하면 너와 네 집이 구원을 얻으리라"(행 16:31)고 말했습니다.

로마서 4장과 갈라디아서 3장에서도 아브라함을 인용하면서 계속 강조한 것은 행위가 아니라는 것입니다. 오히려 "아브라함이 하나님을 믿으매 그것을 그에게 의로 정하셨다"(갈 3:6)는 사실을 강조합니다. 그러면서 로마서 4장에서는 일을 하지 아니할지라도 경건하지 아니한 자를 의롭다 하시는 하나님을 말합니다. 이처럼 하나님은 구약에서부터 오직 믿음으로 의롭다 함을 얻게 하셨다는 사실을 연결해서 말해 줍니다.


## 교회 타락의 원흉으로 지목되는 '오직 믿음'

그럼에도 개신교회 안에서 로마 가톨릭으로 기우는 사람들은 의롭다 함을 얻는 믿음에 다른 것을 덧붙입니다. 그들은 종교개혁자들이 오직 믿음을 말함으로써 잘못된 구원관과 율법폐기론으로 이끄는 칭의관을 말했다면서 '오직'을 뺀 믿음을 말하고, 새 관점론자들은 의롭다 함을 얻는 믿음 속에 결국 행위를 포함시켜 말하게 된 것입니다. 오늘날 새 관점을 수용한 사람들은 그런 믿음을 가지고, 한국 교회의 타락상과 삶이 없는 신앙을 개혁해야 한다고 주장합니다.

이승구 교수는 2017년 종교개혁 500주년이 되는 해에 기독신문 인터뷰에서, 한국 신학계에 불고 있는 새 관점에 대해 말했습니다.

"현재 한국 교회에 믿음 외에 구원의 조건을 덧붙이는 사람들이 있다. 한국 교회가 개혁되기를 바라는 좋은 의도에서 그러는 것을 알고 있다. 그러나 성경은 그렇게 말하지 않는다."[129]

이것은 한국 교회가 개혁되기를 바라는 안타까운 마음으로 사람들이 새 관점을 수용하는 모습을 지적한 것입니다. 성경에 일치하는 삶이 없다고 하면서, 믿음에 다른 것 곧 믿음 외에 구원의 조건을 덧붙인다는 것입니다.

그러나 성경은 의롭다 함을 얻는 수단으로 오직 믿음만을 강조하기 위해, 아브라함이 행위로서 의롭다 함을 받은 것이 아니며(롬 4:2 참조), "사람이 의롭다 하심을 얻는 것은 율법의 행위에 있지 않고"(롬 3:28)라고 분명히 말합니다. 또 갈라디아서 2장 16절에서 말한 것처럼 율법의 행위로 말미암지 않고, 에베소서 2장 9절 말씀대로 구원은 행위가 아닌 은혜에 의한 것임을 강조합니다. 이처럼 성경은 의롭다 함을 얻는 것은 행위가 아니라 믿음임을 한결같이 강조합니다. 그리고 그 믿음조차도 하나님의 선물이어서 누구도 자랑하지 못한다는 말을 덧붙입니다.

그렇다면 성경은 왜 오직 믿음으로만 의롭다 함과 구원을 얻는다고 말하는 것일까요? 의롭다 함을 얻을 수 있는 유일한 근거에 우리의 어떤 것, 특히 우리의 어떤 공로도 덧붙여서 말할 수 없고 또 말해서도 안 되기 때문입니다. 이에 대해 하이델베르크 요리문답 61문은 이렇게 묻고 답합니다.

문: 당신은 왜 오직 믿음으로 의롭다 함을 얻는다고 말합니까?

답: 그것은 내 믿음이 무슨 가치가 있기 때문에 하나님이 받으시는 것이 아니고, 오직 그리스도의 의가 거룩하신 하나님 앞에서 내 의이기 때문이며 또 그의 의를 받아 내 것으로 삼는 데는 오로지 믿음 외에는 다른 길이 없기 때문입니다.[130]

이처럼 오직 믿음을 말하는 이유는, 그 믿음이 오직 그리스도의 완전한 순종과 대속을 바라보면서 그것을 받아들이는 일을 하기 때문입니다.

## 성화와 칭의를 구분하지 않는 자들의 오류

지금까지 언급한 세 가지 내용 중 두 번째 내용인 그리스도의 의에 대해 말한 것처럼, 예수 그리스도를 믿을 때 의롭다 함을 얻는 것은 우리 믿음 때문이 아니라 믿는 대상인 예수 그리스도 때문입니다. 바로 완전한 순종과 대속으로 우리가 의롭다 함을 얻을 수 있게 하신 예수 그리스도 때문입니다.

성경은 의롭다 함을 얻는 데 있어 인간의 어떤 행위나 공로를 인정하지 않습니다. 그것은 인간이 로마서 1장 18절에서 3장 20절까지 말한 조건 그리고 로마서 5장 12절 이하에서 말한 조건, 곧 아담 안에서 전적으로 타락하고 구원에 있어 전적으로 무능한 조건에 있기 때문입니다. 따라서 그런 조건을 가진 인간이 무엇을 해서 구원에 기여할 수 있다는 생각 자체가 문제 있는 것입니다. 에베소서 2장은 구원하는 수단인 믿음조차도 하나님의 선물이라 말하면서, "행위에서 난 것이 아니니 이는 누구든지 자랑하지 못하게 함이라"(엡 2:9)고 못 박습니다.

그렇다면 의롭다 함을 얻는 믿음은 과연 행위와 아무 상관이 없는 것일까요? 오직 믿음을 공격하는 사람들은 행함이 경시되면서 결국 율법폐기주의로 기운다고 반박합니다. 바로 그런 논리로 오직 믿음을 가장 먼저 공격한 로마 가톨릭은 "사람이 행함으로 의롭다 하심을 받고 믿음으로만 아니니라"(약 2:24)는 말씀으로, 의롭다 함을 얻는 것은 믿음과 행위라고 주장합니다. 새 관점론자들도 종교개혁자들이 말한 오직 믿음이 행함을 경시한다고 말하면서 이중 칭의를 주장하는 가운데, 결국 믿음에 행위를 덧붙입니다.

그러나 오직 믿음으로 의롭다 함을 얻는다는 것은 죄 있는 인간이 의롭다 함을 얻는 것에 자신의 어떤 행위나 공로가 개입되거나 더해질 수 없다는 뜻이지, 의롭다 함을 얻는 믿음이 행위와 무관하다는 말은 아닙니다. 종교개혁자들은 성경이 말하는 바를 따라서 의롭다 함을 얻는 믿음은 반드시 행함이 있는 믿음이라고 말했습니다. 믿음은 선한 행위를 산출하며, 그것을 통해 믿음이 참되다는 것을 증명한다고 했습니다.

오직 믿음에 대한 사람들의 혼란은, 믿음을 증거하는 행위를 의롭다 함을 얻게 하는 유일한 수단인 믿음과 구분하지 않고 믿음의 자리를 침범하게 하여, 의롭다 함을 얻는 근거로 삼으려 하는 데 있습니다. 로마 가톨릭이 칭의와 성화를 뒤섞어 칭의를 얻는 수단으로써 믿음과 함께 행위를 덧붙인 것과 같은 실수를 한 것입니다.

의롭다 함을 얻는 믿음에 대한 배타적인 강조는 우리에게 있어야 할 선한 행위를 거부하는 것이 아닙니다. 그 믿음이 행위를 낳는다는 사실을 명확하게 하려는 것입니다. 성화를 가진 믿음으로 의롭다 함을 얻는 것이 아니라, 성화의 삶을 살게 하는 믿음이 의롭다 함을 얻는 믿음입니다.

우리가 경계하며 거부해야 할 것은 오직 믿음이 아니라 '거짓 믿음'입니다. 거짓된 믿음은 의롭다 함을 얻게 하는 믿음과 아무 상관이 없습니다. 그럼에도 많은 사람이 거짓된 믿음으로 폐해를 보고, 오직 믿음으로 의롭다 함을 얻는다는 복음 진리가 율법폐기주의를 조장한다고 주장합니다.

오직 믿음을 '행함이 없는 거짓된 믿음'과 혼돈하지 마십시오. 그리스도의 의를 붙듦으로 의롭다 함을 얻게 하는 믿음은 언제나 행위로서 그 믿음의 참됨을 증거합니다. 의롭다 함을 얻는 믿음은 야고보서에서 말한 행함이 없는 죽은 믿음이 아니라 오히려 생명력 있는 살아 있는 믿음입니다. 그래서 행함으로 그 믿음을 증거하는 것입니다.

성경이 말하는 의롭다 함을 얻는 믿음은 오직 그리스도의 의만을 바라고 믿는 믿음입니다. 그러나 그리스도를 향한 그 믿음은 또한 생명력을 갖고 열매를 맺는 믿음입니다.

로마 가톨릭이나 그쪽으로 기우는 개신교 사람들이 오직 믿음이 믿음에서 행위를 배제한다고 말하지만, 그것은 어디까지나 의롭다 함을 얻는 데서 행위를 배제하는 것일 뿐, 그 믿음이 행위를 낳는다는 것까지 배제한 것은 아닙니다. 종교개혁자들은 선행이 없는 믿음은 참된 믿음이 아니라고 누누이 강조했습니다. 그리하여 믿음에 행위를 더하여 구원 얻는다는 로마 가톨릭의 주장뿐 아니라 믿음에서 행위를 배제한 율법폐기론도 거부한 것입니다.

## '오직 믿음'은
## 행위의 필요성을 폐하지 않는다

그렇다면 바울이 로마서에서 믿음으로 의롭다 함을 받는다고 말한 것과, 야고보가 야고보서에서 행함으로 의롭다 함을 받는다고 말한 것의 차이는 무엇일까요? 그것은 학자들이 흔히 말하듯, 바울과 야고보가 서로 다른 환경과 상황 속에서 생긴 각각의 문제를 다루고 있기 때문입니다. 곧 바울은 율법을 지킴으로써 의롭다 함을 얻고자 하는 자들에게 오직 믿음으로 의롭다 함을 얻는 것을 강조한 것입니다. 그리고 야고보는 행함이 없는 믿음 또는 순종이 없는 믿음으로도 구원받을 수 있다고 생각하는 자들을 다루면서, 무엇이 참 신앙인지를 말하기 위해 행함으로 의롭다 함을 얻는다는 사실을 강조한 것입니다. 그러므로 바울과 야고보는 서로 대립되거나 모순되는 내용을 말한 것이 아닙니다.

바울이 로마서와 갈라디아서에서 말한 구원적인 의미에서 의롭다 함을 받는 믿음을 가졌다면, 그 믿음은 야고보서에서 말한 대로 행함이 있어야 한다는 것입니다. 한마디로 구원 얻는 믿음은 행함이 있는 믿음이라는 것입니다. 그러므로 야고보는 오늘날 율법폐기론에 빠진 사람들을 위시해 머리나 입술로만 믿는다는 믿음, 또는 정신적인 동의 수준에서 믿는다고 말하는 믿음은 로마서에서 말하는 의롭다 함을 얻는 믿음이 아니라고 말하는 것입니다.

그런데 오늘날은 거짓된 믿음을 가진 사람이 많아 오직 믿음 자체를 의문시하고 거부하며 부정합니다. 많은 사람이 예수를 믿어 의롭다 함을 받았다고 말하지만, 그 믿음은 성경이 말하는 것과는 매우 다릅니다.

이 같은 지적은 얼마든지 있을 수 있습니다. 그런데 문제는 야고보서에서 말하는 행함으로 의롭다 함을 얻는다는 것을 마치 가톨릭이나 새 관점론자들이 주장하는 것과 같이 행위를 칭의의 조건으로 삼고자 하는 것입니다. 그들은 첫 번째 칭의를 받았어도 최종 칭의는 받지 못해 구원받지 못할 수 있다고 주장하면서, 구원 얻는 믿음에 행함을 포함시킵니다. 그들은 의롭다 함을 얻는 믿음이 행위를 산출하는 것이 아니라, 행함이 아예 구원을 결정하는 것으로 말하기 때문에 문제입니다.

더 안타까운 사실은 오늘날 개신교 안에서 그런 가르침으로 개혁을 말한다는 것입니다. 그런 식으로 삶이 무너진 신자와 교회를 개혁하겠다는 주장이 오히려 성경에 충실하다고 여기며 신선하게 받아들이고 있습니다.

그러나 오직 믿음을 종교개혁자들이 만든 교리로 치부하면서, 이미 중세 교회의 잘못된 신앙과 삶을 살았던 로마 가톨릭 쪽으로 다시 기우는 것은 굉장히 큰, 아니 결정적인 것을 잃어버리는 것입니다. 바로 기독교 복음을 잃어버리는 것입니다. 그것은 이 세상이 기다려 왔고 가장 듣고 싶어하는 순전한 복음을 잃어버리는 것입니다. 하나님이 이 세상에 오셔서 주시고 전하게 하신 순전한 복음을 복음 되지 못하게 하는 것입니다.

그것은 또 율법폐기론을 경계하다가 더 정교화 된 율법주의로 나가게 합니다. 역사 속에서 오직 믿음을 기피하거나 거부한 모든 운동과 주장이 가져온 해악은 복음을 희석시키는 것이었습니다. 아니, 복음을 더 이상 복음 되지 못하게 하고 율법주의적인 신앙으로 이끌었습니다. 그런 점에서 싱클레어 퍼거슨은 하나님의 후하신 사랑과 값없는 은혜를 축소하거나 왜곡하는 가르침은 무엇이든 율법주의라고 말했습니다.[131]

그런데 로마 가톨릭은 말할 것도 없고 개신교회 안에서 그리스도의 의의 전가를 주저하거나 기피하는 모든 가르침과, 새 관점같이 의롭다 함을 얻는 믿음에 행위를 내포한 가르침은 자연스럽게 사람들을 율법주의로 이끕니다.

## 오직 그리스도, 오직 은혜와 함께 선포해야 할 '오직 믿음'

오직 믿음은 의롭다 함을 얻는 유일한 근거인 그리스도의 완전한 순종과 대속으로 인한 그리스도의 의를 말하므로 오직 그리스도를 포함합니다. 또 죄와 심판 아래서 믿는 자에게 값없이 은혜로 그리스도의 의를 전가하여 갖게 한 것이므로 오직 은혜를 포함합니다. 그야말로 오직 믿음은 복음의 핵심인 오직 은혜와 오직 그리스도가 증거하는 내용을 모두 가지고 있습니다. 따라서 오직 믿음을 기피하는 것은 복음을 기피하는 것일 뿐 아니라 복음의 왜곡으로 이어집니다. 물론 오직 믿음을 오해하고 왜곡하여 율법폐기론에 빠지는 것도 마찬가지입니다.

오늘날 기독교의 문제는 오직 믿음을 말함으로써 생겨난 것이 아닙니다. 교회가 오직 은혜, 오직 그리스도와 함께 오직 믿음을 제대로 전하지 않음으로써, 많은 사람이 오직 믿음을 자신의 신앙과 삶으로 갖지 못하는 것이 문제입니다.

물론 우리는 오직 믿음을 전할 때, 율법폐기론에 빠지고 행함이 없는 죽은 믿음을 가진 사람들이 생겨나는 것을 종종 볼 수 있습니다. 그러나 그것은 오직 믿음을 전하는 복음이 교회 안에 일으키는 필연적인 결과도 아니고 전체적인 결과도 아닙니다. 오히려 오직 믿음을 전하는 복음이 사람들의 마음에 하나님 앞에서의 진실함과 하나님 은혜의 영광에 대한 깊은 감사를 심어주는 것을 자주 볼 수 있습니다.

오늘날 교회와 예수 믿는 사람들이 행함이 없고, 삶에 생기가 없으며, 형식적이고 위선적인 종교성만 남아 있고, 도덕적인 삶이 무너지는 것은, 교회가 오직 믿음을 전했기 때문이 아닙니다. 오히려 오직 믿음이 오직 은혜, 오직 그리스도와 함께 제대로 전파되지 않았기 때문입니다. 그래서 많은 사람이 복음의 진수를 알지 못하고, 복음의 부유함을 누리지 못합니다.

웰스가 말한 대로, 오늘날 교회는 교회성장을 위해 오직 믿음을 주저하다 보니 복음의 핵심을 그저 양념처럼 말하는 것에 그치고 맙니다. 그것은 교회의 겉모습은 그럴듯해 보여도, 실상은 복음을 가리고 제한하는 것입니다.

## 지금도 '순전한 복음'이 답이다

그렇다면 도덕성이 무너진 교회, 행함이 없는 신자들을 우리는 무엇으로 일깨워 빛을 밝힐 수 있을까요? 성경은 1세기부터 지금까지 똑같은 대답을 내놓습니다. 그것은 바로 복음을 가감 없이 확고하게 밝히며 전하는 것입니다.

1세기부터 지금까지 교회가 세련된 윤리 운동을 하여, 어두운 세상을 밝히고 죽은 영혼이 살아난 것이 아닙니다. 놀랍게도 순전한 복음을 전할 때 그러한 일이 있어났습니다. 오직 은혜, 오직 그리스도, 오직 믿음으로 의롭다 함을 얻는다는 복음, 바로 사도들이 전한 그 순전한 복음을 전할 때였습니다. 기독교 역사에 있었던 진정한 회심의 사례와 영적 각성과 참된 부흥의 역사가 그것을 증명합니다. 그 모든 역사는 놀랍게도 오직 믿음을 외치는 데 있었습니다.

오직 믿음과 함께 오직 그리스도와 오직 은혜라는 복음의 깊고 풍성한 내용은 어느 시대든지 죄와 사망 안에 있는 인간에게 최고의 소식이었습니다. 사람들은 그 복된 소식을 듣고 회개하여 참 신자가 되었고 교회는 각성했습니다.

루터에게 생긴 변화부터 시작해 종교개혁 때 수많은 사람이 회심하고 변화된 사례를 보십시오. 청교도 안에 있었던 회심과 영적 각성도 보십시오. 더 나아가 18세기 조지 휫필드나 하웰 해리스, 조나단 에드워즈의 영적 대각성과 부흥의 역사를 보십시오. 특별히 조나단 에드워드가 믿음으로 의롭다 함을 얻는다는 말씀을 몇 차례 설교했을 때, 한 여인이 그 말씀에 감동받아 반응한 것이 부흥의 시발점이 되었습니다. 웨일즈의 사도 바울이라고 일컫던 다니엘 로우랜드도 믿음으로 의롭다 함을 얻는다는 복음 설교를 듣고 뒤집어졌습니다. 그런 그가 복음을 전하기 시작하자 웨일즈에 큰 부흥이 일어났습니다.

이러한 지난 교회 역사는 하나님의 참된 역사가 어떻게 있게 되었는지 충분히 증거합니다. 그것은 바로 순전한 믿음을 불러일으키는 순전한 복음, 성경이 말하는 오직 믿음을 외칠 때였습니다.

그러나 오늘날 사람들은 19세기 이후에 일어난 부흥주의와 그 뒤를 이은 20세기 성장주의에 익숙해져 이 같은 사실을 잘 믿지 않습니다. 그 대신 다른 방법과 수단을 의지하려고 합니다. 그래서 존 암스트롱은 이렇게 말했습니다.

> 인간이 '내가 어떻게 하면 평화를 찾고, 결혼생활을 안전하게 유지하며, 재정적인 어려움을 극복할 수 있을까?'보다는 '거룩하신 하나님 앞에서 내가 어떻게 의롭다 함을 받을 수 있는가?'를 부르짖지 않으면, 영적인 대각성이 다시 일어나기는 어렵다.[132]

오직 믿음을 외치는 것에 생명의 역사와 영적 각성이 있다는 사실을 알고 믿습니까? 오직 믿음을 거부한 로마 가톨릭이 여전히 왕성하고, 또 율법폐기론을 우려해 오직 믿음을 기피하며 교회 성장에 힘을 쏟는 개신교도 외적으로는 사람이 많이 모이는 것처럼 보입니다. 그래서 오직 믿음이 현실적으로 그리 중요해 보이지 않을지도 모릅니다.

그러나 바울이 로마서와 갈라디아서에서 의롭다 함을 얻는 것은 율법의 행위로 되지 않는다고 말한 것과, 야고보가 의롭다 함을 얻는 것의 진정성을 행함이 있는 것으로 말했을 때, 이 모든 내용의 이면에는 한 가지 중요한 사실이 강조되고 있습니다. 그것은 바로 구원과 신앙의 진정성입니다.

바울이 율법으로 되지 않고 예수 그리스도를 믿음으로 된다고 한 것이나, 야고보가 행함으로 의롭다 함을 받는다고 할 때도, 그 이면에는 어떤 것도 뒤섞이지 않은 참된 믿음이 우리의 구원과 신앙에 기본이라는 사실을 전제합니다. 바꾸어 말하면, 뒤섞인 믿음, 형식적인 믿음은 모두 참되지 않다는 것입니다.

1세기부터 의롭다 함을 얻는 믿음을 말할 때 그 믿음은 그리스도 외에 다른 행위를 함께 붙들지 않는 것과, 그러한 믿음은 행함이 없는 믿음이 아니라는 사실이 깊이 깔려 있습니다. 이것은 오늘날에도 여전히 강조되어야 할 사실입니다.

## 배우고 확신하라, 그리고 그 일에 거하라

지금은 우리가 알고 있는 이신칭의 곧 믿음으로 의롭다 함을 얻는다는 것이 무엇인지, 그 진리가 의미하는 바와 그것이 교회에 미치는 결과가 무엇인지 다시 물어야 할 때입니다. 당신이 알고 있는 이신칭의는 어떤 것입니까? 그것은 율법폐기론과 율법주의에 빠지지 않을 정도로 바른 이신칭의입니까? 당신은 그러한 복음 진리를 선명하게 전하고 있습니까?

로마 가톨릭을 위시해 개신교 안에서 로마 가톨릭으로 기울어진 주장과 운동을 펴는 이들은 오직 믿음을 믿는 자를 율법폐기론과 연결시킵니다. 따라서 오직 믿음을 믿는 사람은 자신의 믿음이 그들이 지적하는 극단과 어떻게 구분되는지 선명히 알고, 오히려 오직 믿음을 거부하는 논리는 율법주의로 흐른다는 사실을 지적해야 합니다. 그것이 지금껏 교회를 지켜온 앞선 믿음의 사람들이 해온 일입니다.

우리는 율법주의와 율법폐기론의 양 극단에 빠지지 않고, 오직 믿음에 대해 알고 경험하고 그것을 살아내야 합니다. 물론 지금까지 역사가 보여주듯 그것은 쉬운 일이 아닙니다. 싱클레어 퍼거슨은 중세 교회가 은혜를 말하지 않고 행위를 강조한 것이 아니라, 오히려 은혜의 언어가 가득했음에도 율법주의가 판을 쳤다고 말합니다.[133] 그것은 오늘날 우리도 마찬가지입니다. 은혜와 하나님에 대해 많이 말하면서도 얼마든지 율법주의로 갈 수 있습니다.

17세기 토머스 보스턴도 스코틀랜드장로교회가 모두 오직 믿음을 믿는다고 말하면서도, 율법폐기론자뿐 아니라 율법주의가 많았다고 지적했습니다.[134] 이것은 결국 오직 믿음을 지식적으로 알고 있는지가 문제가 아님을 보여줍니다. 중요한 것은 1세기부터 교회 역사에 나타난 오직 믿음 안에 있는 하나님의 놀라운 은혜와 능력을 오늘날 우리도 현재적으로 보고 경험하는 것입니다. 하나님의 시각에서는 이것이 중요합니다.

교회 역사 속에서 반복된 율법주의와 율법폐기론은 결국 복음 안에 있는 풍성한 은혜와 능력을 제대로 경험하지 못하고 알지 못해 일어나는 것입니다. 퍼거슨은 이 두 가지가 "하나님의 선하고도 은혜로운 성품을 보지 못하는 데서 비롯한다"[135]고 말하면서, 오직 믿음을 오해하고 왜곡하여 갖는 그 두 가지에 대한 치료책은 다름 아닌 복음이라고 말했습니다.[136]

그러므로 오직 믿음을 알고 믿는 자신의 신앙과 삶과 사역 속에 어떤 증거가 나타나는지 한번 보십시오. 율법주의나 율법폐기주의가 아닌 복음으로 인한 생명력과 참된 교회의 모습이 있는지 말입니다. 만일 그런 경험과 증거가 없다면 복음을 통한 역사가 아닌 다른 것을 뒤섞은 것이 분명합니다.

율법주의나 율법폐기주의는 성령께서 복음을 통해 역사하시며 맺게 하시는 열매가 아닙니다. 로마서에서 반복해서 말한 대로 오직 은혜, 오직 그리스도, 오직 믿음은 인간의 무엇을 조금도 높이지 않습니다. 오직 그렇게 구원을 이루시는 하나님께만 영광을 돌리게 합니다. 그것이 정상적인 신자와 참된 교회의 모습입니다.

특별히 사역자는 이 일을 위해 부름받았음을 기억해야 합니다. 오직 그리스도, 오직 은혜와 함께 오직 믿음을 알고 믿고 전하도록 말입니다. 여기에는 어떤 식으로든 오직 믿음을 주저하고 기피하고 뒤로 미루게 만드는 유혹이 있습니다. 그러나 그것은 말 그대로 유혹일 뿐입니다.

우리는 한국 교회의 대세를 거스르거나 사람들이 거북해한다고 오직 믿음을 기피하거나 거부해서는 안 됩니다. 그것은 사역자로서 최대의 잘못을 범하는 것입니다. 그것은 결국 복음을 왜곡하고 가리는 것이기 때문입니다.

## 때를 얻든지 못 얻든지
## 항상 힘써 전파해야 할 말씀

우리는 오직 믿음을 그대로 믿고 전해야 합니다. 그 속에서 역사하시는 하나님을 믿고 담대히 전해야 합니다. 그 누구도 의롭다 함을 받을 수 없는 절망적인 조건에서 의롭다 함을 얻게 할 완전한 근거이신 그리스도의 의를 더 알기 위해 힘써야 하고, 이 부분에서 충만해야 합니다. 우리는 이것을 평생 말해도 모자랄 내용으로 알고 확고하게 말할 수 있어야 합니다.

그리스도의 완전한 순종과 대속에 의해 의롭다 함을 얻는다는 이 놀라운 복음은, 우리가 평생 반복해서 전해도 다 전하지 못할 내용입니다. 특별히 말씀을 맡은 사역자는 죄인을 구원하기 위해 완전한 순종과 대속으로 우리에게 의를 얻게 하신 그 놀라운 그리스도의 의를 전하는 것을 잠시라도 멈추지 마십시오. 오직 그분의 의를 믿어야 의롭다 함을 얻을 수 있다고 전하십시오. 그것에 다른 것을 뒤섞거나 더하지 마십시오.

죄와 사망 아래 있는 모든 인간은 오직 믿음의 말씀이 필요합니다. 이것을 듣고 싶어합니다. 그들은 오직 믿음을 들어야 합니다. 그것을 들을 때만 소망이 있습니다. 그것을 들을 때 살아나고 구원과 장래의 영광이 있습니다. 사망에서 벗어나게 되는 것입니다. 그러니 우리는 이 생명의 복음을 주저해서는 안 됩니다.

목회자는 이 일에서 최전선에 있는 사람입니다. 목회자는 단순히 사람을 교회로 끌어모으는 것을 사역의 목적으로 삼아서는 안 됩니다. 또 자신의 이미지를 잘 관리하면서 도덕적으로 깨끗한 목회자처럼 보이려는 수준에 머물러서도 안 됩니다.

물론 신자와 목회자는 말씀에 충실하여 선하고 진실하고 거룩하게 살아야 합니다. 그러나 그것이 전부가 되어서는 안 됩니다. 오늘날 한국 교회는 도덕적으로 깨끗한 목회자가 각광받는 풍토가 만연해 있지만, 하나님의 말씀을 맡은 목회자는 다름 아닌 복음에 생명을 걸어야 합니다. 목회자는 바로 이 복음을 위해 세움받았기에 이 부분에서 가감이 있어서는 안 됩니다.

미리 염려하고 두려워 믿음에 행위를 더해서는 안 됩니다. 복음에 그 어떤 것이라도 더한다면 즉시 그리스도의 완전한 순종과 대속은 희석되고 만다는 것을 기억하십시오. 그렇게 복음을 가감할 수 없고 결코 가감해서도 안 됩니다. 목회자는 복음이 찬란하게 드러나도록 복음을 비추는 자로 세움받았고 거기에 사용되어야 합니다.

오늘날 수많은 영혼의 절규를 들어보십시오. 전국에서 소리치는 갈급한 영혼의 아우성을 말입니다. 한국 교회 안에는 복음이 결핍되어 있고, 많은 교회가 예수 믿으면 행복해지고 복 받는다는 소리로 어려운 현실을 극복하려는 수준에 머물러 있습니다. 그것은 죄와 사망 아래 있는 절망적인 인간에게 하나님의 아들이 오셔서, 그가 의를 주심으로써 생명을 얻게 한다는 복된 소식을 모르는 것입니다.

기독교는 생명의 종교입니다. 복음은 오직 기독교만 가지고 있는 유일한 답입니다. 그러니 부디 이것을 전하십시오. 거룩하신 하나님 앞에 죄인이 감히 설 수 있는 근거를 하나님의 아들이 제시한 것을 말입니다. 우리는 이 복음 전하는 것을 주저해서는 안 됩니다. 오히려 우리의 삶이 다하도록 이것을 외쳐야 합니다. 부디 주께서 우리를 사용하시어 어두워진 한국 교회가 다시 밝아지는 은혜를 주시길 간절히 소망합니다.

# 09
## 보고 놀라서 찬양해야 할 '나타난 하나님의 영광'

웃시야 왕이 죽던 해에 내가 본즉 주께서 높이 들린 보좌에 앉으셨는데 그의 옷자락은 성전에 가득하였고 스랍들이 모시고 섰는데 각기 여섯 날개가 있어 그 둘로는 자기의 얼굴을 가리었고 그 둘로는 자기의 발을 가리었고 그 둘로는 날며 서로 불러 이르되 거룩하다 거룩하다 거룩하다 만군의 여호와여 그의 영광이 온 땅에 충만하도다 하더라 _ **사 6:1-3**

우리는 주의 다스림을 받지 못하는 자 같으며 주의 이름으로 일컬음을 받지 못하는 자 같이 되었나이다 원하건대 주는 하늘을 가르고 강림하시고 주 앞에서 산들이 진동하기를 불이 섶을 사르며 불이 물을 끓임 같게 하사 주의 원수들이 주의 이름을 알게 하시며 이방 나라들로 주 앞에서 떨게 하옵소서 _ **사 63:19-64:2**

기독교의 참된 신앙과 삶, 목회자의 사역과 메시지는 오직 성경 위에 서 있어야 하고, 그 사역과 메시지의 중심에는 오직 은혜, 오직 그리스도, 오직 믿음을 외치는 부요한 복음이 있어야 합니다. 이 복음을 알고 소유하고 증거하는 것이 사역자의 사명입니다. 그리고 결론적으로 우리에게 있어야 할 것은, 이 모든 일에 '나타난 하나님의 영광'을 보며 '오직 하나님께 영광'을 돌리는 것입니다. 이 다섯 가지 오직이 없이는 참된 신앙과 사역과 삶을 생각할 수 없습니다. 이 다섯 가지 오직을 결여한 사람은 여러 가지 사상과 논리가 잡다하게 뒤섞인 신앙과 삶을 갖게 될 것이며, 전하는 메시지도 견고하지 못하고, 사역의 토대와 방향성도 불확실할 것입니다. 우리는 바로 그러한 사실을 염두에 두고 마지막 오직, 곧 '오직 하나님께 영광'에 대해 진지하게 상고해 보고자 합니다.

### 먼저 주목해야 할 '나타난' 하나님의 영광

마지막으로 살펴볼 오직 하나님께 영광은 교회나 개인이 갖는 영광스러운 체험이나 부흥과 관련해서도 다룰 내용이 많습니다. 이 책에서는 '하나님의 영광'과 관련해 주목해야 할 두 가지 사실에 초점을 맞추어 다루고자 합니다. 하나는 하나님의 영광을 진실로 아는 문제이고, 또 하나는 그 영광을 누리며 하나님을 영화롭게 하는 것 또는 하나님께 영광 돌리는 문제입니다.

하나님의 영광에 대해 생각할 때, 주로 하나님께 영광 돌리는 것에 비중을 두는 경우가 많습니다. 우리가 하나님의 영광을 가리거나 욕되게 한다는 식의 문제의식도 그런 생각의 연장선상에 있습니다. 성경에서도 하나님의 영광에 대해 그와 같이 접근하는 말씀을 볼 수 있습니다. 예수님은 "너희 착한 행실을 보고 하늘에 계신 너희 아버지께 영광을 돌리게 하라"(마 5:16)고 말씀하셨고, 바울은 "먹든지 마시든지 무엇을 하든지 다 하나님의 영광을 위하여 하라"(고전 10:31)고 말했습니다. 이런 말씀을 통해 우리는 하나님께 돌려야 할 영광에 비중을 두고, 우리의 삶과 영적 현실을 비추어 보게 됩니다. 물론 그것은 성경의 가르침을 따른 것이고 따라서 마땅히 관심을 기울여야 하지만, 엄밀히 말해 하나님께 영광을 돌리는 것은 성경이 말하는 하나님의 영광에 있어서 이차적이고 부차적인 문제입니다.

성경은 우리가 하나님께 영광 돌리는 것에 앞서 하나님의 영광 그 자체인 '본유적(本有的)인 영광' 또는 '내재적인 영광', 좀 더 정확히 말하면 '그 영광이 나타난 것'을 중요하게 말하고 있습니다. 이것을 말하지 않고 하나님의 영광을 말하면 성경이 말하는 핵심을 놓치는 것이고 근거가 부족한 내용을 말하는 것입니다. 우리는 먼저 이것을 알아야 하고, 그것과 연결해 하나님께 영광 돌리는 것과 하나님을 영화롭게 하는 것을 말할 수 있어야 합니다.

우리는 하나님의 영광을 흔히 하나님의 속성으로서 말하는데, 조나단 에드워즈는 하나님의 영광을 그의 내적 위대함, 탁월함 또는 그의 충만하심의 외적 발현으로 표현했습니다.[137] 그런 외적인 발현 또는 나타내심을 구약에서 아주 흔하게 볼 수 있습니다. 창조부터 시작해 만물을 섭리하시는 것, 무엇보다도 하나님께서 자기 백성 가운데 행하시는 것 안에서 볼 수 있습니다. 예를 들면, 하나님께서 이스라엘 백성을 출애굽시키는 것에서부터 광야에서 그들 가운데 임한 구름과 솔로몬이 성전을 건축했을 때 임한 구름, 이사야 선지자가 본 하나님의 영광과 에스겔서에서 성전 문지방에 임한 구름에 나타난 하나님의 영광 등이 있습니다.

알렉산더 화이트(Alexander Whyte)는 "하나님의 영광은 창조와 섭리, 구속 사역에서 하나님의 완전하심이 나타남을 가리킨다"고 응축해 말하면서 "원래 하나님의 영광은 하나님이 모든 존재, 지혜, 권능, 거룩하심, 의로우심, 선하심, 진리를 소유하고 계심에 있다. 하나님은 그를 받아들이고 응답하는 모든 피조물에게 자신을 나타내심으로 영광을 받으십니다"고 했습니다.[138] 성경은 하나님 자신이 소유한 영광 곧 그의 본유적인 영광 또는 내재적인 영광을 말하는 가운데, 그런 하나님 자신을 나타내심으로 영광받으시는 것을 함께 말합니다. 따라서 비중은 당연히 하나님 자신의 내재적인 영광에 있습니다. 그래서 에드워즈는 하나님의 영광에 대한 정의를 '내적인 탁월함의 발산'으로 말함과 동시에, '하나님의 영광은 피조물이 하나님을 존귀하게 하는 것이고, 하나님이 피조물에게서 받는 찬양'이라고 함으로써, 피조물이 높이고 찬송하는 것을 하나님의 영광에 포함해 말했습니다.[139]

그러므로 우리는 하나님 자신의 내재적인 영광과 함께 그 영광의 발산, 나타내심으로 영광받으시는 것 곧 피조물과 우리의 반응을 함께 생각해야 합니다. 그리고 그것이 자신과 함께 있는 것 안에서만 오직 하나님께 영광이 자신에게 실재가 된다는 것을 알아야 합니다.

만일 내재적인 영광만 안다면 하나님의 영광은 관념적인 것에 지나지 않을 것입니다. 반대로, 하나님께 돌리는 영광만 알고 말한다면, 하나님께 영광 돌리는 것은 근거 없는 주관적인 행위에 지나지 않을 것입니다.

물론 어느 누구도 하나님의 내적인 영광의 실체를 알지 못하고 알 수도 없습니다. 그러나 하나님께서 영광을 나타내신 것을 통해 우리는 하나님의 영광을 알 수 있고 그에 합당한 반응, 즉 하나님께 영광 돌리는 데로 나아갈 수 있습니다. 다시 말해, 우리가 하나님께 영광을 돌리는 것은 하나님께서 자신의 영광을 나타내시는 것에 대한 반응이고, 그런 근거 위에서 가져야 합니다.

## 하나님의 영광을 아는 자의 탄식

우리는 그와 같은 예를 이사야 선지자의 경험에서 볼 수 있습니다. 그는 하나님의 영광에 대한 두 측면을 경험적으로 알고 증거합니다. 먼저 이사야 6장에서 선지자는 주께서 보좌에 앉으신 것과 그 보좌 앞에 스랍들이 자기 얼굴을 가리면서 "거룩하다 거룩하다 거룩하다 만군의 여호와여 그의 영광이 온 땅에 충만하도다"(사 6:3)라고 말하는 것을 보고 듣습니다. 그는 하나님의 영광스러우심을 볼 뿐 아니라, 스랍들의 말 속에서 하나님의 영광이 온 땅에 충만하다는 사실을 듣습니다. 그리고 이사야 46장에서는 하나님께서 이스라엘을 가리켜 "나의 영광"(사 46:13)이라고 말씀하시는 것을 들어 알게 됩니다.

그런데 이런 내용을 알고 있는 이사야 선지자는 63장 19절에서 "우리는 주의 다스림을 받지 못하는 자 같으며 주의 이름으로 일컬음을 받지 못하는 자 같이 되었나이다"라고 말합니다. 선지자는 온 땅에 하나님의 영광이 충만하다는 사실과 함께, 그 하나님께서 "나의 영광"이라고 말씀하신 이스라엘, 곧 주의 이름이 결부된 백성이 영광스럽지 못한 모습과 상태에 있다는 것을 자각하며 말한 것입니다. 다시 말해, 선지자는 하나님의 영광을 알고, 하나님의 백성이 하나님의 영광과 관련되어 있다는 것도 아는 자로서, 그 영광과 동떨어져 있는 백성의 현실을 보면서 괴로워하며 탄식하는 것입니다. 그리고 안타까운 마음으로 하나님께 간구합니다.

이처럼 이사야 선지자가 현실 속에서 하나님의 영광에 대한 목마름을 드러낸 것은, 우선 그가 하나님께서 나타내 보이신 영광을 알고 보았기 때문입니다. 이런 사실을 생각할 때 우리 또한 오직 하나님의 영광에 합당한 태도를 가지려면, 성경이 강조하는 하나님의 본질적인 영광의 나타남을 먼저 알아야 합니다. 단순히 지식이 아닌 하나님 자신을 실제로 아는 것 가운데 그분의 영광을 보아야 합니다.

## 자신의 영광을 나타내시는 하나님

그러면 하나님은 자신의 본질적인 영광, 내재적인 영광을 어떻게 나타내실까요? 그것은 에드워드 리(Edward Leigh)라는 청교도가 말한 대로 그의 말씀과 행위에서 나타납니다. 그 때문에 하나님이 하시는 모든 일은 그의 영광을 나타냅니다.[140] 이처럼 우리는 하나님이 하시는 모든 일을 통해 하나님의 본유적인 영광 곧 그분의 탁월하심과 위대하심을 보고 알게 됩니다.

그것을 어디서 볼 수 있습니까? 하나님의 영광이 나타난 주요 내용 곧 창조, 섭리, 구속, 종말의 완성에 나타난 것을 통해 볼 수 있습니다. 따라서 이 네 가지 핵심적인 사실에 나타나는 하나님의 영광을 간략하게 봄으로써, 하나님의 영광에 대한 이해를 얻고자 합니다. 비록 우리가 하나님의 내재적인 영광 자체는 알지 못하지만, 그 영광이 발산되어 나타난 그 같은 내용을 통해 하나님의 영광을 알게 되기 때문입니다.

## 창조에 나타난 하나님의 영광

먼저, 나타난 하나님의 영광의 첫 번째 내용은 하나님께서 자신의 영광을 우리가 사는 이 세계 속에 그리고 이 세계를 통해서 나타내신다는 사실입니다. 에드워즈는 하나님께서 만물을 창조하신 것이 자신을 위한 행동, 자신의 영광을 위한 행동이라고 말했습니다.[141] 또 바빙크는 "하나님의 영광은 하나님이 도처에 자기 피조물에게 자기를 나타내는 영광스러운 형태다"[142]라고 말했습니다. 따라서 모든 피조 세계에 나타난 이러한 하나님의 영광을 보면서 그저 그렇다고 생각한다면 하나님의 영광을 무시하는 것입니다.

시편 19편 기자는 피조 세계를 보면서 "하늘이 하나님의 영광을 선포하고 궁창이 그의 손으로 하신 일을 나타내는도다"(시 19:1)라고 말했습니다. 그는 만물 속에서 하나님의 영광을 보았습니다. 시편 57편을 쓴 다윗은 하나님의 영광을 보고 "하나님이여 주는 하늘 위에 높이 들리시며 주의 영광이 온 세계 위에 높아지기를 원하나이다"(시 57:11)라고 말했습니다. 하나님께서 무(無)에서 지금의 세계를 창조하신 것은 하나님의 영광의 발산이요, 그의 나타내심이며 완전하심을 드러내신 것입니다.

시편 기자처럼 우리는 먼저 이러한 영광을 볼 수 있어야 하고, 그 영광에 대한 탄복과 찬양이 있어야 합니다. 하나님의 영광을 부분적인 것으로 치우쳐서 보면 안 되고, 성경이 말한 영광을 전체적이고 종합적으로 보는 데서 나오는 반응이 있어야 합니다.

## 섭리에 나타난 하나님의 영광

하나님의 영광은 창조뿐 아니라 만물을 섭리하는 데서도 나타납니다. 하나님은 피조 세계의 질서를 유지하며 보존하시는 것 가운데 자신의 영광을 나타내십니다. 대부분의 사람이 우주 만물의 모든 것을 섭리하며 보존하시는 가운데 나타나는 하나님의 영광에 대한 자각이 없기에, 이 영광에 대한 반응이 없습니다. 이에 대해 바울은 로마서 1장에서 "하나님을 알 만한 것이 그들 속에 보임이라 하나님께서 이를 그들에게 보이셨느니라 창세로부터 그의 보이지 아니하는 것들 곧 그의 영원하신 능력과 신성이 그가 만드신 만물에 분명히 보여 알려졌나니"(롬 1:19-20)라고 말하면서, 그럼에도 "하나님을 영화롭게도 아니하며 감사하지도 아니하고"(롬 1:21)라며 지적했습니다. 그리고 웨스트민스터 신앙고백서는 이같은 섭리에 나타난 하나님의 영광과 관련해 다음과 같이 말합니다.

> 만물의 위대하신 창조자 하나님은 그분의 지혜와 권능과 공의와 선하심과 자비하심의 영광을 찬양하게 하기 위해 그분의 오류 없는 미리 아심과 자유롭고 불변하는 그분 뜻의 경륜을 따라 그분의 지극히 지혜롭고 거룩한 섭리로 말미암아 지극히 큰 것부터 작은 것

에 이르기까지 모든 피조물과 그 행위와 일들을 보존하시고 지시하시며 처리하시고 다스리십니다.[143]

이처럼 하나님은 자신의 영광과 자신의 위대하심을 지극히 큰 것에서부터 작은 것에 이르기까지 모든 피조물과 그들의 행위와 일을 보존하고 다스리는 데서 나타내시고 있습니다. 그래서 지금 우리 삶의 모든 것이 가능해진 것입니다. 우리는 먼저 이 영광을 보아야 합니다. 내 현실, 내 기분이 어떠한지와 상관없이, 하나님께서 자신의 영광을 나타내시는 그 큰 실체, 우리가 항상 마주하고 있는 이 실체를 보아야 합니다. 만일 이것을 놓쳐 하나님의 영광에 대한 자각과 인식이 없다면, 그 하나님의 영광에 대한 마땅한 반응은 없을 것이고, 결국 하나님의 영광을 무시하며 살 것입니다.

그런 점에서 오늘날 우리를 보면, 내가 좋다고 여길 만한 일이나 무엇이 있을 때 "할렐루야! 하나님께 영광!"이라고 말하지 정작 있는 영광, 나타내신 영광은 보지 못함으로써 그것에 합당한 반응을 보이지 않습니다. 결국 하나님의 영광을 무시하며 삽니다.

## 구속에 나타난 하나님의 영광

한편 성경은 하나님의 영광이 나타나는 그 큰 실체와 관련해, 더 많은 분량을 자기 백성을 구원하시는 것에 대해 말합니다. 하나님께서 자기 백성에게 자기 영광을 나타내신 것에 대해 반드루넨(VanDrunen)은 『오직 하나님의 영광』이라는 책에서 잘 정리해

주고 있습니다.[144]

먼저 그가 말하는 것을 개괄적으로 정리하면 이렇습니다. 곧 구약에서부터 하나님은 이스라엘 백성을 구원하시며, 그들과 함께하시는 가운데 자신의 영광을 선명히 나타내셨습니다. 특히 자기 백성을 구원하기 위해 그들의 대적을 심판하시며 기적을 행하시는 가운데 자신의 영광을 나타내셨습니다. 예를 들면, 이집트 군대가 출애굽한 이스라엘을 뒤쫓아왔을 때, 하나님은 "내가 그와 그의 온 군대로 말미암아 영광을 얻어"(출 14:4)라는 말을 반복하셨습니다. 그러면서 자신의 임재와 그 위대하심을 선명히 나타내셨습니다. 물론 우리도 이 같은 하나님의 영광이 오늘날에도 하나님의 백성과 교회에 나타나고 있음을 보아야 하고 또 구해야 합니다.

하나님은 이스라엘을 구원하시고 대적을 심판하시는 데서뿐 아니라, 광야에서도 이스라엘 백성을 위해 자신의 영광을 구름 속에서 가시적으로 나타내셨습니다. 출애굽기에서는 "그들이 광야를 바라보니 여호와의 영광이 구름 속에 나타나더라"(출 16:10)고 말하며, 시편 99편 기자는 그 광야의 경험을 상기하면서 여호와께서 구름기둥 가운데서 그들 곧 모세와 아론에게 말씀하셨다고 말합니다(시 99:7).

반드루넨은 광야에서 이스라엘 백성에게 나타내신 구름은 성령의 가시적인 현현이고, 그 안에는 보좌가 있어서 하나님이 거기에 좌정해 계셨다고 말하며, 광야에서 하나님의 영광의 가시적인 모습을 설명했습니다.[145] 그리하여 이스라엘은 그렇게 자신들에게 나타내신 하나님의 영광을 매우 가까이서 보고 경험했습니다.

그런데 이스라엘 백성이 그렇게 가까이할 수 있었던 하나님의 영광은, 한편으로는 그들에게 은총의 증표였지만 다른 한편으로는 죄에 대해 심판하시는 경고이기도 했습니다. 예를 들면, 하나님의 영광이 나타난 구름이 회막에 보인 것은 이스라엘 백성에게 복이 되었지만, 하나님을 거역하는 자들에게는 심판하기 위해 나타나는 영광이기도 합니다. 많은 사람이 하나님의 영광을 생각할 때 긍정적인 쪽으로만 생각하는데, 후자의 경우도 있음을 알아야 합니다.

또 하나님의 영광은 이스라엘이 가나안에 들어가서 성전을 지었을 때, 여호와의 성전에 나타나는 것에서도 보게 됩니다. 그러나 그들은 약속의 땅에서 여호와의 성전을 짓고 그의 영광을 본 지 얼마 지나지 않아 온갖 우상을 섬기며 하나님께 범죄합니다. 마침내 에스겔은 여호와의 영광이 성전 문지방을 떠나는 환상을 보게 되는데, 그것으로 하나님의 영광이 이스라엘에서 떠나는 슬픈 사실을 알게 됩니다.

결국 이스라엘은 바벨론에서 포로생활을 하게 됩니다. 그러나 하나님은 그 일이 있기 전 선지자 이사야와 에스겔을 통해 하나님의 영광이 다시 돌아올 것을 예언적으로 말씀하시고 실제로 그것을 이루십니다. 이에 대해 이사야 선지자는 이사야 40장에서 광야를 거쳐 예루살렘으로 이어지는 대로를 묘사하면서, 여호와의 영광이 나타나고 모든 육체가 그것을 볼 것이라고 말했습니다. 에스겔 선지자도 에스겔 10장에서 여호와의 영광이 떠나는 것을 말했지만, 나중에 43장에서는 이스라엘 하나님의 영광이 동쪽에서부터 동문을 통하여 성전으로 들어가고, 여호와의 영광이 성전에 가득할 것이라고 말했습니다.

그런데 포로에서 귀환한 선지자들은 다시 돌아올 그 영광을 성전

재건을 통해 나타난 하나님의 영광을 넘어서는 영광으로 예언합니다. 특별히 학개 2장 7절은 "모든 나라를 진동시킬 것이며 모든 나라의 보배가 이르리니 내가 이 성전에 영광이 충만하게 하리라"고 한 것이 성취되어 나타날 더 큰 영광을 바라게 했습니다. 포로에서 귀환하여 성전을 짓는 것과 맞물려 그 같은 영광을 말했습니다.

## 그리스도를 통해 나타난 더 큰 하나님의 영광

그렇다면 그때는 과연 언제일까요? 그것은 당연히 "모든 나라의 보배"로 말하는 메시아가 오시는 때를 말합니다. 이 같은 사실은 구약에 나타난 하나님의 영광이 결국 더 큰 성전인 그리스도께서 오시는 것으로 이어져, 하나님이 친히 이 땅에 오심으로써 성취된다는 놀라운 사실을 말해 줍니다. 그야말로 이 예언이 하나님의 아들 안에서 나타나는 더 큰 하나님의 영광으로 성취됨을 말해 주고 있습니다. 실제로 요한복음은 이 땅에 육신을 입고 오신 하나님의 아들 곧 예수 그리스도가 참되고 궁극적인 성전으로서, 사람들 가운데 거하시는 처소가 됨을 말해 줍니다.

> 말씀이 육신이 되어 우리 가운데 거하시매 우리가 그의 영광을 보니 아버지의 독생자의 영광이요… _요 1:14

그가 하나님의 영광을 가장 밝게 계시하며 나타내는 분으로 오신 것입니다. 에드워즈가 하나님의 내적인 위대함과 탁월함, 충만하심의 외적 발현이라고 말한 그 하나님의 영광을, 하나님 자신이 육신이 되어 사람들 가운데 거하면서 나타내신 것입니다. 그가 친히 육신을 입고 우리 가운데 거함으로써 나타내신 그 하나님의 영광스러운 임재는, 이전에 이 땅에 세워진 성전에서 본 하나님의 임재와 영광을 훨씬 능가하는 것이었습니다. 요한계시록 말씀대로 참되고 궁극적인 하나님의 성전은 바로 하나님 자신이기 때문입니다. 요한계시록은 새 하늘과 새 땅에는 "주 하나님 곧 전능하신 이와 및 어린 양이 그 성전"(계 21:22)이시기에 더 이상 성전이 없다고 말합니다. 구약의 선지자들은 그것을 멀리서 바라보며, 파괴되지 않는 새로운 성전으로 하나님의 영광이 돌아오고, 모든 열방이 거기로 모일 것을 예언하고 약속한 것입니다. 그리고 이것이 모두 예수 그리스도로 말미암아 성취되었습니다. 그리스도께서 하나님의 영광을 가장 탁월하게 나타내시는 새로운 성전으로서 모든 열방을 부르신 것입니다. 사도 바울은 바로 그것의 성취를 고린도후서 1장에서 이렇게 말합니다. "하나님의 모든 약속은 그리스도 안에서 예가 되니 그런즉 우리가 아멘하여 하나님께 영광을 돌리게 되느니라"(고후 1:20).

지금 온 열방은, 아버지의 독생자의 영광을 나타내신 그리스도께서 구약의 선지자들이 보고 예언한 것을 성취하여 성전으로 우리 가운데 거하심으로 우리에게 있게 된 구원과 수많은 복으로 인하여 하나님께 영광을 돌리고 있습니다. 이방인에 해당하는 우리를 포함해 지금 열방 가운데서 그에게 나오는 모든 자들이, 하나님이 육신이 되어 우리 가운데 오셔서 이루신 것으로 말미암아, 그 영광스러운 일을 놀라워하며 하나님께 영광을 돌리고 있습니다.

그런데 말씀이 육신이 되어 우리 가운데 거하심으로 나타내 보이신 아버지의 독생자의 영광 안에는 특별한 내용이 내포되어 있습니다. 그것은 그리스도께서 말씀하신 것인데, 바로 예수님의 제자들이 변화산에서 예수님의 영광을 본 것에 대한 기록입니다. 누가복음 9장은 그리스도께서 용모가 변하고 그 옷이 희어져 광채가 났다 말하고, 그때 제자들은 모세와 엘리야가 영광 중에 나타나 그리스도와 대화하는 것을 보았다고 말합니다. 거기서 예수님은 영광을 보이셨고, 제자들도 그 영광을 보았는데, 그때 예수님은 예루살렘에서 별세할 것을 말씀하셨습니다. 이는 결국 예수님의 죽음이 예수님의 영광에 포함되어 있다는 것을 말해 줍니다.

또 예수님은 독생자의 영광이 있는 분임에도 자신이 나중에 고난받고 자기 영광에 들어가야 한다고 말씀하셨습니다. 그리스도께서 고난받고 죽으신 그분의 낮아지심과 높아지심이 모두 영광과 연관되어 있음을 말씀하신 것입니다. 예를 들면, 요한복음 12장에서는 인자가 영광을 얻을 때가 왔다고 하시면서, 자신의 죽음으로 많은 열매를 맺을 것을 말씀하셨고(요 12:24), 이어서 13장에서는 지금 인자가 영광을 받았고, 하나님도 인자로 말미암아 영광을 받으셨다고 말씀하셨습니다(요 13:31). 그리고 마침내 예수 그리스도는 죽으시고 부활하심으로써 영화롭게 되셨고 영광 가운데 올라가셨습니다. 우리는 이 사실을 사도행전에서 스데반이 순교하면서 영광스러운 주님을 본 것으로 확인할 수 있습니다. 스데반은 하나님의 영광과 함께 영광 가운데 계신 예수님을 본 것입니다(행 7:55).

후에 사도 요한은 요한계시록 5장에서 천상에서 예수 그리스도를 향한 소리를 기록했습니다. "죽임을 당하신 어린 양은 능력과 부와 지혜와 힘과 존귀와 영광과 찬송을 받으시기에 합당하도다"(계 5:12). 죽임당하신 어린 양 곧 예수 그리스도께 영광을 돌리고 있는 것입니다. 이 같은 내용을 통해 우리는 구약에서부터 나타내신 하나님의 영광이, 하나님의 영광의 광채이시며 그 본체의 형상이신 그리스도 안에서, 그가 자기 백성을 구원하시고 그들과 더욱 친밀한 관계를 맺으시는 일 가운데서 가장 선명하게 나타남을 보게 됩니다.

물론 우리가 지금까지 살펴본 이 '나타난 영광'은 궁극적으로 하나님나라의 종말론적인 완성에서 온전히 보게 될 것입니다. 그 때문에 성경은 그 나라의 완성을 그리스도 안에서 우리가 하나님의 영원한 영광에 참여하는 것으로 말하고 있습니다.

## 죄인에게 허락된 하나님의 영광

그런데 여기서 놓치지 말아야 할 사실은, 그 나타난 하나님의 영광을 누가 알고 보는가 하는 것입니다. 누가 그 영광에 참여하게 되는가 하는 것입니다. 이에 대해 사도 바울은 고린도후서 4장에서, 예수 그리스도의 얼굴에 있는 하나님의 영광을 아는 빛을 하나님께서 "우리 마음"에 비추셨다고 말합니다(고후 4:6). 하나님의 영광의 빛이 예수 믿는 사람들에게 비춘 것입니다. 이것은 참으로 놀라운 사실입니다.

칼빈은 하나님의 영광이 온 세상에 드러난 것과 함께, 칭의와 십자가와 그리스도의 얼굴에서도 나타나서 우리가 그것을 볼 수 있다고 말했습니다.[146] 그러므로 확인해 보십시오. 자신이 지금까지 말한 이 나타난 하나님의 영광을 알고 보는 자인지 말입니다. 하나님의 영광의 광채요 그 본체의 형상이신 예수 그리스도의 얼굴에 있는 하나님의 영광을 아는 빛을 보고 그것을 기뻐하는지 확인해 보십시오. 죄를 범하여 하나님의 영광에 이르지 못하던 자였지만, 이제 그 영광에 이르게 되어 그 영광을 알고 예수 그리스도 안에서 새로운 존재가 된 것을 기뻐하며 누리고 있는지, 더 나아가 예수 그리스도를 믿음으로 그와 연합하여 하나님의 영광에 참여하는 자가 된 것을 한없이 기뻐하며 감사하고 있는지 보십시오. 이것이 하나님의 영광과 관련해 성경이 우리에게 펼쳐 보여주는 내용입니다.

우리 중 누구도 스스로 하나님께 속한 영광에 가까이 갈 수 없습니다. 모든 사람이 죄를 범하였기 때문입니다(롬 3:23). 그것은 오직 예수 그리스도를 믿어 그와 연합함으로써만 가능합니다. 그로 인해 예수 믿는 자는 이 땅에서부터 새로운 존재로 살며, 더 나아가 하나님의 영광에 영원토록 참여하는 자가 됩니다. 이처럼 성경은 하나님의 영광을 말하면서, 하나님의 영광에 이르지 못하던 자들이 예수 그리스도 때문에 하나님의 영광에 영원토록 참여하는 자가 된다는 사실까지 연결해서 말합니다. 결국 하나님의 영광이 그리스도 안에서 자기 백성에게 주어지게 된다는 것입니다. 이것은 성경이 하나님의 영광에 대해 우리에게 말해 주는 매우 놀라운 사실입니다. 죄 있는 인간에게 하나님의 영광이 주어진다는 것입니다. 이와 관련해 바울은 골로새서 3장에서 이렇게 말합니다. "우리 생명이신 그리스도께서 나타나실 그 때에 너희도 그와 함께 영광 중에 나타나리라"(골 3:4).

하나님의 영광에 대해 생각하려면, 또 그에 대해 어떤 반응을 가지려면, 먼저 자신이 위에서 말한 자여야 하고 또 자신이 그런 자임을 분명히 알아야 합니다. 이것 없이 하나님의 영광은 그저 멋진 용어와 구호에 불과합니다. 인간은 모두 죄를 범하였기에 하나님의 영광에 이를 수 없고, 그 영광을 보는 것만으로 죽는 존재입니다. 그런 자가 영광의 복음을 듣고 그리스도 안에서 하나님의 영광에 참여하는 자가 되는 것입니다. 그것도 영원히 말입니다. 이 사실 때문에 사도 베드로는 1세기 그리스도인에게 그리스도의 고난에 참여하는 것도 즐거워하라고 하며 그 이유를 이렇게 덧붙였습니다. "이는 그의 영광을 나타내실 때에 너희로 즐거워하고 기뻐하게 하려 함이라 너희가 그리스도의 이름으로 치욕을 당하면 복 있는 자로다 영광의 영 곧 하나님의 영이 너희 위에 계심이라"(벧전 4:13-14).

베드로는 이 말씀을 통해 그리스도인은 고난 중에 영광의 영이 계신 자이고, 주의 영광이 나타날 때 그 영광에 참여할 자라는 놀라운 사실을 말하면서, 예수 그리스도께 있었던 것과 똑같은 일이 우리 그리스도인에게도 있음을 말해 줍니다. 바로 우리가 하나님의 영광에 참여하는 것 안에는 고난이 함께 있다는 것을 말입니다. 이것은 기독교 세계의 놀라운 사실이면서도 우리가 하나님의 영광과 관련해 알아야 할 매우 중요한 사실입니다.

그리스도께서 고난을 겪고 그 이후에 영광에 이르셨듯, 우리가 장차 하나님의 영광에 참여하기 위해서는 고난을 함께 받아야 합니다.

이러한 사실에 대해 바울도 "우리가 그와 함께 영광을 받기 위하여 고난도 함께 받아야 할 것이니라"(롬 8:17)고 말했습니다. 또 빌립보서 3장에서는 그런 자들의 몸까지 장차 영광의 몸의 형체와 같이 변하여 영광에 참여할 것이라고 말했습니다(빌 3:21). 그런데 오늘날 많은 사람이 고난 없이 하나님의 영광에 참여하는 것부터 생각합니다.

## 하나님의 영광을 선포하기 위해 존재하는 피조 세계와 피조물

지금까지 살펴본 바와 같이, 성경은 하나님의 영광이 창조부터 구원의 완성까지 나타난다고 말합니다. 하나님은 그렇게 하심으로써 자신을 영화롭게 하십니다. 우리가 굳이 하나님께 영광을 돌리지 않아도, 하나님은 자신이 행하시는 모든 일을 통해 하나님과 같은 분이 없다는 것, 바로 그의 완전하심과 위대하심을 나타내심으로써 자신을 영화롭게 하십니다. 그것으로도 하나님은 충만하시고 충족하십니다.

그럼에도 피조 세계는 가만히 있을 수 없습니다. 피조물은 하나님의 영광이 나타남으로써 있게 된 존재이기에 그에 대해 마땅히 표현하는 것입니다. 시편 19편에서 말하는 바와 같이, 피조물이 하나님의 영광을 선포합니다. 이 모든 일이 하나님이 하신 일이요, 그의 완전하심으로 말미암은 것이라고 선언하는 것입니다.

우리가 아무리 많은 이론과 가설로 광대한 우주에 대해 말한다고 해도 이 우주를 설명할 수 없습니다. 이 우주는 하나님의 완전하심과 광대하심의 표현이기 때문입니다. 우리는 피조 세계의 시작인 창조에서부터 그것이 존재하는 섭리의 모든 것을 설명할 수 없습니다. 그것은 그 자체로서 하나님의 큰 영광을 표현하며 드러냅니다.

당연히 하나님의 형상을 지닌 인간, 인격을 가진 인간은 두말할 것도 없습니다. 설사 타락했을지라도 인간은 자신이 가지고 있는 인격의 기능을 사용해, 하나님께서 나타내신 영광에 반응하는 것이 당연합니다. 그러나 인간은 예수 믿기 전까지 이 나타난 하나님의 영광을 보지 못합니다. 창조 세계에는 하나님께서 나타내신 것이 있어서 그것을 부인할 수 없음에도, 인간은 로마서 1장이 말하는 대로 하나님을 영화롭게 하지 않고 감사하지도 않습니다. 그래서 결국 정죄와 심판에 이르는 것입니다. 하나님의 영광을 무시하고 인정하지 않은 것이 심판의 사유가 되기 때문입니다.

하나님의 영광을 알고 반응하는 것은 선택사항이 아닙니다. 우리가 예수를 믿으면서도 다른 것에 가치를 많이 두지만, 하나님의 영광은 그중에서 선택할 수 있는 것이 아닙니다. 그것은 궁극적인 것입니다. 따라서 우리가 하나님께서 나타내신 그 영광을 전혀 생각하지 않고 무시함으로써 하나님을 영화롭게 하지 않으며 살고 있다면, 그것이 바로 죄입니다. 우리가 이 세상에 살면서 정작 이 중대하고도 결정적인 것은 놓치면서 다른 것을 하는 것은 합당하지 않습니다.

그러므로 이렇게 나타난 하나님의 영광과 놀라움과 그 크신 일을 알고 보고 누리는 가운데, 그것을 기뻐하고 높이고 있는지 여부는 매우 중대한 문제입니다. 그것은 사역자든 신자든 우리가 관심을 가지고 마음을 쏟는 여러 문제 중에서도 가장 결정적인 것이고, 우리의 감사와 기쁨과 꺼지지 않는 열망의 가장 앞자리를 차지해야 할 문제입니다.

앞에서 말한 대로 하나님이 하시는 모든 일은 그의 영광을 나타냅니다. 그 속에는 창조와 섭리뿐 아니라 우리의 구원과 관련해 행하시는 모든 것이 포함되어 있습니다. 하나님께서 자기 백성의 구원을 위해 계획하시고 구원을 이루시는 모든 것, 그야말로 하나님이 친히 육신을 입고 오셔서 구속의 역사를 행하시는 것, 더 나아가 자기 백성의 구원과 그들 개개인의 심령 안에서 역사하시는 것까지 말입니다.

하나님은 우리를 거룩하게 하는 것과 예배를 통해 우리를 만나시며, 예배의 대상인 하나님 자신도 영화롭게 하시지만, 부분적으로 그를 예배하는 우리를 영화롭게 하고, 내세에서는 지극히 온전하게 우리를 영화롭게 함으로써 하나님 자신을 영화롭게 하십니다.[147]

우리가 두려워해야 할 것은, 오늘날 우리 자신을 포함한 교회와 신자들이 하나님께서 나타내시는 이 영광을 보지 못하거나 무시하고 있지는 않은가 하는 것입니다. 우리는 하나님께서 우리에게 나타내신 것조차도 영광스럽게 여기지 않고, 그것을 멸시함으로써 하나님의 영광을 욕되게 하고 있지는 않은지 물어야 합니다. 그런 의식 없이 하나님의 영광에 대해 이렇다 저렇다 말하는 것은 허영심에 따라 지적인 유희를 하는 것이 될 수 있습니다.

## 하나님의 영광

이에 대하여 우리 자신을 진지하게 돌아봅시다. 나

타난 하나님의 영광을 큰 기쁨과 두렵고 떨리는 마음으로 주목하고 있습니까? 하나님께서 창조와 섭리와 구원 계획을 통해 나타내신 영광을 봅니까? 하나님께서 그리스도 안에서 '나'라는 죄인을 구원하시고, 그렇게 구원 얻은 자들로 구성된 교회를 세우심으로 나타내신 헤아릴 수 없는 자비와 지혜를 보며, 그분의 탁월하심과 완전하심에 찬탄하고 그 이름의 영광을 찬양하고 있습니까? 이러한 일은 목사의 역량이나 인간의 열심에 따라 되는 게 아닙니다.

하나님께서 행하신 모든 일 속에 나타내신 그의 영광이, 우리가 예배할 때마다 놀라며 탄복하며 노래해야 할 내용입니다. 그것은 우리의 생명만큼 귀합니다. 아니 그 이상입니다. 그럼에도 우리가 그것을 너무 작게 여기고 있는 것은 아닌지 모르겠습니다. 우리는 하나님의 영광을 생각지 않으면서 신자로 살고 교회로서 존재할 수 있는지 의문을 가져야 합니다. 하나님의 영광을 멸시하면서도 형식적인 예배와 신앙생활로써 그 사실을 감추어, 그렇게 하고 있다는 것조차도 자각하지 못하는 것은 아닌지 자문해 보아야 합니다.

앞선 믿음의 사람들이 말했던 오직 하나님께 영광(솔리 데오 글로리아)에 대한 감흥과 반응이 없는 사람은 신자일 수 없습니다. 그리고 그것과 무관한 교회 또한 진정한 의미에서 교회일 수 없습니다.

우리가 정녕 하나님과 관련 있는 사람이라면, 예수 그리스도 안에서 하나님의 영광에 참여하는 자가 되었다면, 그런 사람으로 부름받아 교회를 섬기고 사역하고 있다면, 이 부분에 대해 선명한 답을 가져야 합니다. 그리고 자신의 모든 것을 하나님의 영광에 비추어 전환해야 합니다. 예배, 신앙생활, 사역, 일상의 삶, 사고방식과 생활방식,

심지어 말까지도 하나님의 영광에 비추어 생각해 보아야 합니다. 자기가 정녕 예수 믿는 사람이고 하나님의 영광과 관련된 신자라면, 모든 것을 하나님의 영광에 비추어 살고 사역하기를 원해야 합니다.

그리고 더 나아가 그 영광을 위한 눈물이 있어야 합니다. 물론 하나님의 은혜에 감격해 흘리는 눈물도 값집니다. 그러나 하나님의 영광과 동떨어진 교회와 신자들의 현실, 그러한 자신의 영적인 상태 때문에, 그러한 우리의 모습을 아시고 인내하면서도 사랑으로 부르시고 경책하며 도우시는 하나님의 마음을 아는 자로서 흘리는 눈물이, 특별히 교회를 섬기는 자들에게 있어야 합니다. 그것이야말로 이 시대에 신자와 목회자가 흘릴 수 있는 가장 가치 있는 눈물입니다.

과거 이스라엘은 오랫동안 하나님의 영광과 동떨어진 모습을 보였습니다. 그래서 선지자 에스겔은 하나님의 영광이 떠나는 환상을 보았습니다. 하나님은 그들을 떠나고 싶지 않으셨고, 오히려 그들을 통해 영광받기 원하셨습니다.

우리는 이런 하나님의 영광에 대한 내용을 곱씹으며 자신을 비추어 보고 값진 눈물을 흘릴 수 있기를 소망합니다. 교회가 수적으로 성장하는지는 그다음 이야기입니다. 특별히 이 부분에서 목회자가 먼저 회개해야 합니다. 목회자는 오늘날 교회 분위기에 휩쓸리지 말고 하나님을 먼저 생각해야 합니다. 하나님께서는 자기 백성에게 다가오셔서 자신의 영광을 나타내십니다. 죄인된 우리를 위하시는 하나님으로서 자신의 완전하심을 나타내십니다. 그러나 우리는 그러한 하나님의 영광에 우상숭배 같은 비인격적인 반응으로 일관하며, 사실상 그것을 무시할 때가 많습니다. 감정을 자극하는 음악이나 메시지, 심지어 정치적인 구호를 외치며 어떤 열정적인 분위기를 만들고, 잠시 함께 모여 그런 분위기에 취하는 것을 예배드린 것으로 여기며 만족하기도 합니다. 이러한 현실 가운데서 참으로 하나님의 이름과 영광을 귀히 여기며 교회를 섬기는 목회자에게 가장 필요한 것은 눈물입니다.

    이것은 '회개'를 타이틀로 내세운 어떤 운동을 벌이자는 제안이 아닙니다. 그렇게 해서 될 일도 아닙니다. 우리는 하나님의 영광이 무시되는 현실을 생각하면 걸어가다가도 마음을 찢고, 골방에서 기도하면서도 눈물을 흘려야 합니다. "오, 하나님! 이건 아닌데요…" 하며 하나님을 찾고 하나님께 간구하는 신자와 사역자로 서야 합니다. 하나님께서는 거기서부터 자신의 영광을 친히 회복하실 것입니다. 그와 같은 주님의 일에 우리가 사용될 수 있기를 소망합니다.

# 10
## 목마름으로 구해야 할
## '오직 그 영광'

웃시야 왕이 죽던 해에 내가 본즉 주께서 높이 들린 보좌에 앉으셨는데 그의 옷자락은 성전에 가득하였고 스랍들이 모시고 섰는데 각기 여섯 날개가 있어 그 둘로는 자기의 얼굴을 가리었고 그 둘로는 자기의 발을 가리었고 그 둘로는 날며 서로 불러 이르되 거룩하다 거룩하다 거룩하다 만군의 여호와여 그의 영광이 온 땅에 충만하도다 하더라 _ 사 6:1-3

우리는 주의 다스림을 받지 못하는 자 같으며 주의 이름으로 일컬음을 받지 못하는 자 같이 되었나이다 원하건대 주는 하늘을 가르고 강림하시고 주 앞에서 산들이 진동하기를 불이 섶을 사르며 불이 물을 끓임 같게 하사 주의 원수들이 주의 이름을 알게 하시며 이방 나라들로 주 앞에서 떨게 하옵소서 _ 사 63:19-64:2

### 하나님께 참되게 영광 돌리고 있는가

앞장에서 하나님이 행하신 모든 일에서 나타내신 하나님의 영광과, 그 영광에 반응하는 것이 피조물과 그분의 백성에게 마땅한 바라는 사실을 살펴보았습니다. 이제 이 장에서는 '나타난 하나님의 영광'에 대한 구체적인 반응으로서, '하나님을 영화롭게 하는 것' 또는 '하나님께 영광을 돌리는 것'에 대해 생각해 보고자 합니다.

웨스트민스터 신앙고백서 '섭리' 부분에서 말하듯, 하나님은 스스로 영광스러운 분으로 자신 안에서 완전히 만족하시기에 피조물이 필요하지 않으시고, 또 그들에게 영광을 구하지도 않으십니다. 그럼에도 하나님은 자신의 영광을 피조물 안에서, 피조물을 통해, 피조물 위에 나타내십니다. 하나님께서 지으신 모든 피조물이 자신들이 하나님에게서 나온 것을 스스로 드러내며, 그에게 영광을 돌리는 것입니다. 바울은 이처럼 하나님께서 만물 위에 행하신 모든 일, 특히 그 중에서도 이 세상의 구원을 계획하고 이루심으로써 자신의 영광을 나타내신 것을 알고 "만물이 주에게서 나오고 주로 말미암고 주에게로 돌아감이라"(롬 11:36)고 말한 뒤, 이어서 "그에게 영광이 세세에 있을지어다 아멘"(롬 11:36)이라고 말한 것입니다. 이처럼 나타난 하나님의 영광을 알고 그것에 놀라 탄복하면서 하나님께 영광을 돌리는 것이 우리에게 있어야 할 마땅한 반응입니다.

그러나 앞장에서 말했다시피 사람들은 하나님의 영광을 보고도 하나님께 영광을 돌리지 않습니다. 우리는 모두 최소한 창조와 섭리 속에 나타난 하나님의 영광을 봅니다. 그러나 그로 말미암아 하나님을 영화롭게 하거나 감사하지 않습니다. 그 영광을 알고 반응하는 자들은 오직 하나님의 백성입니다. 바울의 표현대로 말하면 "예수 그리스도의 얼굴에 있는 하나님의 영광을 아는 빛"이 마음에 비친 사람들입니다(고후 4:6). 나타난 하나님의 영광에 대한 반응, 곧 하나님께 참되게 영광 돌리는 것이 우리 신앙과 삶과 사역에 실제적으로 있으려면, 이와 같이 우리가 먼저 하나님의 영광을 아는 자여야 합니다.

물론 교회 다니는 사람 중에 하나님의 영광이라는 단어를 모르거나 안 쓰는 사람은 없습니다. 특히 목회자는 더 빈번하게 사용합니다. 그러나 중요한 것은 실제로 우리가 하나님의 영광에 대한 인식과 함께 거기에 대한 반응이 있는가 하는 것입니다. 이것은 우리에게 매우 중요한 질문이기에 반드시 멈추어 생각해 보고 그에 대한 답을 가져야 합니다.

개인적으로 30년 전보다 오늘날이 오히려 하나님의 영광과 더 거리가 멀어진 것은 아닌가 하는 생각이 듭니다. 하나님의 영광은 물론이고 교회의 영광, 하나님의 백성 됨의 영광도 모르는 것처럼 보입니다. 하나님께 합당한 영광을 돌리지 않고, 오히려 더욱 욕되게 하는 모습이 흔하고, 현재까지도 그러한 모습이 계속 이어지는 현실에 우리가 어느새 많이 무뎌진 것은 아닌가 생각합니다.

저는 25년 전 하나님과 동떨어진 오늘날의 모습을 비추는 말씀을 전하고, 그것을 책 두 권으로 낸 뒤 10년이 지나 다시 한 권으로 내면서, 그 책 서문에 다음과 같이 썼습니다. 그것은 하나님의 영광과 관련해 세월이 지나도 달라지지 않고 오히려 더 안 좋아진 현실에 대한 것이었습니다.

> 오늘날 한국 교회는 사람 중심적인 분위기를 너무나 농후하게 드러내고 있습니다. 그리고 그로 인한 불협화음과 분쟁, 각종 타락상이 세상의 비판과 조롱의 소재가 되어버렸습니다. 또 오늘날 한국 교회는 하나님께 영광을 돌리기는커녕 오히려 하나님의 이름과

영광을 욕되게 하고 있습니다. 어느 때에야 교회가 하나님의 영광을 더 알고 싶어하고 그분께 온전한 영광을 돌리게 될까 묻고 싶을 정도입니다. (중략) 그런데 문제는 … 우리가 하나님의 영광에서 멀어져 있을 뿐 아니라, 오히려 그분의 영광을 욕되게 하고 있다는 것을 모른다는 것입니다.[148]

## 우리에게 있어야 할 탄식

그 뒤로 10여 년이 지난 지금 모두 공감하듯 그때보다 더 안 좋아진 현실을 보고 있습니다. 이제 교회의 분쟁 소식은 너무 흔해 뉴스거리조차 되지 않습니다. 과거에는 커다란 횡령 사건이나 목회자들의 성적 타락이 뉴스거리가 되었지만, 이제는 그런 일도 흔해서 사람들이 놀라지도 않습니다. 그러면서 많은 사람이 교회 이미지가 나빠지는 것과 교인이 줄어드는 것, 전도의 문이 막히는 것 등을 걱정합니다.

그러나 성상석이라면 그보다는 하나님께서 자기 백성을 누고 내 영광이라고 한 그 영광이 계속 짓밟히고 있는 것을 더 걱정하고 고통스러워해야 합니다. 그런데 사람들은 하나님의 영광보다 교회의 이미지와 성도의 수에만 예민하게 반응합니다.

우리는 자신이 속한 교회 이미지보다 하나님의 영광을 먼저 생각하고 귀히 여기는지 돌아보아야 합니다. 만일 우리가 정녕 하나님의 영광을 아는 자라면, 성도가 줄어드는 것보다, 전도의 문이 막히는 것보다, 하나님의 이름의 영광이 무시되고 짓밟히는 것에 더 마음이 쓰일 수밖에 없습니다. 우리에게는 그 무엇보다 하나님의 영광이 가장 우선이고 귀한 것입니다.

본문에서 자기 백성, 곧 교회를 내 영광이라고 한 것에 비추어 교회의 영광을 한번 생각해 보십시오. '하나님의 영광을 아는가?'라는 질문은 그런 실질성을 내포한 것입니다. 하나님의 영광을 말하면서 자기 영광을 구하거나 부도덕하고 음란한 모습으로 살고 있다면, 하나님의 영광을 구한다고 하면서 예배가 사람 중심적인 요소로 채워져 있다면, 또 하나님의 영광을 말하면서 위선적인 모습으로 죄를 죄로 여기지 않으며 산다면, 그것은 분명 하나님의 영광과 거리가 먼 것입니다. 그것은 실제로 하나님의 이름과 영광을 안다고 할 수 없습니다. 그런 모습과 상태에서 본문의 이사야 같은 반응은 가질 수 없습니다. 오히려 이사야가 탄식한 이스라엘 백성같이 탄식의 대상이 될 것입니다.

오늘날 한국 교회가 다음세대를 걱정하면서 다음세대라는 말을 많이 사용하는데, 그보다 하나님의 영광을 먼저 생각해야 합니다. 하나님께서 내 영광이라고 말한 교회의 영광이 쑥대밭이 되어 세상의 농락거리가 된 지 오래입니다. 이러한 현실을 자각하면서 이사야 선지자가 하나님의 영광과 관련해 가진 두 측면의 영광에 대한 이해와 반응이 우리에게 있는지 돌아보아야 합니다.

하나님의 백성이 '주의 다스림을 받지 못하는 자 같고 주의 이름으로 일컬음을 받지 못하는 자' 같이 된 것을 본 이사야의 반응은, 단순히 의식이 있어서 보인 정도의 반응이 아닙니다. 이사야는 하나님의 영광을 알고 있었기에 그렇게 반응한 것입니다. 하나님의 영광을 알고 그 영광과 관련된 하나님의 백성의 상태를 보고 그렇게 말함으로써, 이사야 64장으로 이어지는 기도를 한 것입니다. '오, 주는 하늘을 가르고 강림하소서!'(사 64:1)라고 말입니다. 그는 하나님께서 하늘을 가르고 강림하셔야 한다고 구했습니다. 이러한 이사야의 이해와 반응은 우리에게도 마땅히 있어야 하고, 그 하나님의 영광을 생명만큼 귀하게 여겨야 합니다.

## 교회, 하나님의 영광과 결부된 존재

신자는 모두 하나님이 그리스도 안에서 행하신 구원의 일 가운데 그의 영광을 나타내신 대상입니다. 또 그의 이름으로 일컬음을 받은 백성입니다. 그러므로 신자는 하나님의 이름의 영광이 있는 사람들입니다.

성경은 종종 하나님의 이름과 영광을 동일시합니다. 하나님은 이사야 48장에서 "내 이름을 위하여 내가 노하기를 더디 할 것이며 내 영광을 위하여 내가 참고"(사 48:9)라고 말씀하십니다. 또 출애굽기에서 모세가 하나님께 "주의 영광을 내게 보이소서"(출 33:18)라고 했을 때, 하나님은 "여호와의 이름을 네 앞에 선포하리라"(출 33:19)고 대답하셨습니다. 이처럼 성경은 하나님의 영광과 이름을 중복해서 사용합니다.

또 시편 79편에서 "우리 구원의 하나님이여 주의 이름의 영광스러운 행사를 위하여 우리를 도우시며 주의 이름을 증거하기 위하여 우리를 건지시며 우리 죄를 사하소서"(시 79:9)라고 구함으로써 하나님의 이름과 영광을 동일시하고, 이사야 48장에서도 하나님은 "어찌 내 이름을 욕되게 하리요 내 영광을 다른 자에게 주지 아니하리라"(사 48:11)고 말씀하심으로써 이름과 영광을 동일시합니다.

시편 102편 기자 역시 주의 이름을 경외하는 것과 주의 영광을 경외하는 것을 동일시하고(시 102:15), 시편 148편 기자도 하나님의 이름을 찬양하는 것과 여호와의 영광을 높이며 찬양하는 것을 동일시해서 말합니다(시 148:13).

그러므로 그리스도 안에서 하나님의 영광이 나타난 우리, 곧 하나님의 이름의 영광이 결부된 우리는 하나님의 영광과 무관하게 살 수 없습니다. 오히려 하나님의 영광이 우리 존재와 삶의 특징이자 목적이며 가장 소중한 것이고 또 그래야만 합니다. 지금까지 말한 하나님의 영광, 곧 우리에게 나타나는 하나님의 영광, 특히 그리스도 안에서 알고 얻고 영원히 참여하게 될 하나님의 영광보다 귀한 것은 없습니다. 심지어 내 생명보다도 말입니다. 이 같은 사실 때문에 예수 믿는 자와 그리스도의 몸 된 교회는 하나님의 영광을 위해 존재하며 살아갑니다.

맬컴 워츠(Malcolm H. Watts)는 "교회는 하나님의 영광을 반영하고 선포하기 위해 존재한다"(고후 3:18; 엡 3:21)[149]고 말했습니다. 그래서 바울은 빌립보서 1장에서 그리스도인에게 "예수 그리스도로 말미암아 의의 열매가 가득하여 하나님의 영광과 찬송이 되기를 원하노라"(빌 1:11)고 말했고, 고린도전서 10장에서는 "너희가 먹든지 마시든지 무엇을 하든지 다 하나님의 영광을 위하여 하라"(고전 10:31)고 말한 것입니다.

이것이 지금 우리에게 있어야 하는 것입니다. 이것이 없다면, 신자의 모든 신앙생활과 삶과 사역은 외형은 그럴듯해 보여도 방향을 잃은 것입니다. 물론 오늘날 전체적으로 하나님의 이름의 영광이 욕먹는 현실 속에서도, 나타나는 하나님의 영광을 알고 누리며 그것을 드러내며 사는 진실한 신자와 사역자와 교회가 있는 줄 압니다. 그럼에도 하나님의 영광과 관련해 우리 자신과 교회를 볼 때, 세월이 지날수록 전체적으로 좋아지지 않는 것만큼은 분명한 듯합니다. 더 안타까운 것은 그러한 모습을 보면서도 우리가 어떻게 해야 할지 모른다는 사실입니다.

만약 하나님의 영광이 그리스도인과 교회의 존재와 삶과 사역의 목적이 되지 않는다면, 오늘날 우리의 예배와 모임과 활동과 봉사와 섬김은 모두 인간의 다른 집단과 별로 다를 바가 없습니다. 그것은 하나님께서 이미 구약의 역사와 지난 교회 역사 속에서 반복적으로 증거한 것입니다. 겉으로는 아무리 화려해 보여도 그것은 모두 빈껍데기에 불과합니다. 하나님의 이름과 영광이 나타난 하나님의 도성 예루살렘, 특히 성전도 마찬가지였습니다. 많은 사람이 성전에 모여서 행하던 예배와 종교의식과 활동이 모두 그렇게 되어버렸습니다.

우리가 그리스도인답고 하나님의 교회다운 모습을 가지려면, 또 우리 모든 삶의 최고 목적인 하나님의 영광을 제대로 갖고 존재하면서 살려면, 우선 하나님께서 우리에게 나타내신 영광, 우리와 결부된 그 영광이 우리의 존재와 생명만큼 귀하고 복 되다는 것을 알고, 그 영광을 누리는 상태에 있어야 합니다. 우리의 교회와 신앙과 삶과 사역이 그러해야 합니다. 그처럼 우리가 교회에 나타난 하나님의 영광의 고귀함과 복 됨을 확고히 알아야, 실제로 하나님께 영광 돌리는 신앙으로 살며 사역할 수 있습니다.

## 하나님의 영광은
## 죄를 대적하고 심판하신다

그렇다면 우리의 삶과 사역 가운데 하나님의 영광의 임재를 보고, 또 하나님께 영광을 돌리려면 어떻게 해야 할까요? 이에 대해 소극적인 면과 적극적인 면에서 몇 가지 언급하고자 합니다. 특별히 우리는 하나님께 영광 돌리는 적극적인 일을 말하기 전에, 먼저 소극적인 면을 건너뛰어서는 안 된다는 것을 기억해야 합니다.

예를 들면, 요한복음이 "그를 믿는 자마다 멸망하지 않고 영생을 얻게 하려 하심이라"(요 3:16)고 말한 것같이, 멸망하지 않는 것의 가치도 알면서 영생을 얻는 적극적인 내용도 함께 알아야 합니다. 멸망하지 않는다는 소극적인 내용을 건너뛰고 영생을 이야기하면, 영생의 가치가 충분히 드러나지 않습니다. 성경은 항상 죄와 악이 공존하는 세상에 사는 우리에게 소극적인 면과 적극적인 면을 함께 언급합니다. 설사 둘 중 하나만 말해도 거기에는 다른 하나가 내포되어 있습니다. 그것은 하나님의 영광과 관련해서도 마찬가지입니다.

소극적인 차원에서 하나님의 영광은 죄를 대적하여 나타납니다. 앞에서 말한 대로 이스라엘 백성에게 나타난 하나님의 영광은 분명 그들에게는 말할 수 없는 복입니다. 하나님은 그들을 대적한 자들에게 나타나 하나님의 어떠하심과 그의 백성 된 자와 함께하신다는 사실을 보이셨습니다. 그러나 그들이 하나님께 지속적으로 죄를 범했을 때, 그들에게 나타난 하나님의 영광은 그들을 향한 경고와 심판으로 바뀌었습니다.

예를 들면, 민수기 14장은 하나님을 원망하던 이스라엘 온 회중이 모세와 아론을 돌로 치려고 했을 때, 여호와의 영광이 회막에서 이스라엘 모든 자손에게 나타나 그들을 모두 멸하겠다고 말씀하셨습니다 (민 14:10-12 참조). 민수기 16장에서도 고라가 온 회중을 선동해 모세와 아론을 대적했을 때, 여호와의 영광이 나타나 동참한 자들을 모두 벌하겠다고 하셨습니다. 물론 그때 모세의 중보로 하나님은 고라와 함께한 핵심적인 사람들만 심판받게 하셨습니다. 이것은 성경이 하나님의 영광과 죄가 공존할 수 없음을 분명히 보여주는 것입니다.

여호수아는 여리고 성을 무너뜨린 후 아이 성에서 패배한 원인이 죄라는 사실을 나중에 하나님께 듣습니다. 그리고 제비를 뽑음으로써 그 원인자를 밝히는데, 아간이 원인임이 드러나자 여호수아는 이렇게 말했습니다. "내 아들아 청하노니 이스라엘의 하나님 여호와께 영광을 돌려 그 앞에 자복하고 네가 행한 일을 내게 알게 하라"(수 7:19). 이것은 아간의 죄가 하나님의 영광과 연루되었음을 알고 말한 것입니다.

성경 역사 속에서 이스라엘은 자신들에게 나타난 하나님의 영광을 지속적으로 욕되게 합니다. 그래서 하나님은 하나님의 이름이 결부된 그들을 징계하셨습니다. 심지어 하나님의 영광의 임재를 나타내는 성전까지 파괴되는 큰 사건을 통해, 죄와 하나님의 영광이 공존할 수 없음을 강력하게 보여주셨습니다.

하나님은 노하기를 더디하시며 인자를 계속 베푸시지만, 자신의 영광이 죄로 가려지고 짓밟히는 것을 마냥 허락하지는 않으십니다. 이스라엘의 역사는 우리에게 그러한 사실을 잘 보여줍니다. 하나님께서 자신의 백성이 하나님의 이름의 영광을 높이며 드러내는 대신 그것을 저버리고 하나님보다 다른 것에 마음을 쏟을 때, 곧 우상을 섬김으로써 하나님의 영광을 가릴 때, 나타난 하나님의 영광은 그들에게 경고와 심판으로 바뀌고, 결국 그 영광이 그들에게서 떠나는 것을 나타내셨습니다.

하나님은 이사야 42장에서 "나는 내 영광을 다른 자에게, 내 찬송을 우상에게 주지 아니하리라"(사 42:8)고 말씀하셨습니다. 하나님은 실제로 자신의 영광을 계속해서 욕되게 하는 이스라엘과 그의 성전을 파괴하면서까지 그 말씀대로 하시면서, 스스로 자신의 영광을 위하는 일을 하셨습니다.

이것은 오늘날 교회가 잊지 말아야 할 중요한 사실입니다. 교회가 커지고 사람이 많아졌다고 우리에게 뭔가 대단한 것이 있는 것처럼 여기는 착각을 경계해야 합니다. 그러는 중에 하나님의 영광은 경고와 심판으로 바뀔 수 있습니다.

## 먼저 죄에서 돌이키라

물론 하나님은 이스라엘 백성을, 성전이 파괴되고 포로로 잡혀가 있는 상태로 계속 버려두지 않으셨습니다. 도리어 하나님은 이스라엘 백성으로 인해 이방 가운데 자신의 이름과 영광이 더럽혀지는 것을 싫어하시어, 스스로 자기 이름의 영광을 위하는 일을 행하겠다고 말씀하셨습니다.

> 내가 이렇게 행함은 너희를 위함이 아니요 너희가 들어간 그 여러 나라에서 더럽힌 나의 거룩한 이름을 위함이라 여러 나라 가운데에서 더럽혀진 이름 곧 너희가 그들 가운데에서 더럽힌 나의 큰 이름을 내가 거룩하게 할지라 내가 그들의 눈 앞에서 너희로 말미암아 나의 거룩함을 나타내리니 내가 여호와인 줄을 여러 나라 사람이 알리라 _ 겔 36:22-23

이 말씀은 하나님이 스스로 자기 이름의 영광을 위해 죄와 자신의 영광이 공존하는 것을 허락하지 않으심을 보여줍니다. 그러므로 하나님의 영광이 죄로 가려진 현실 속에서 하나님께 영광을 돌리고자 한다면, 우리는 먼저 하나님의 영광에 적대하는 죄에서 돌이켜야 합니다. 이것을 직당히 긴니뛰어시는 인 됩니다. 죄 문제를 건너뛴 채 내세우는 하나님의 영광은 모두 허상이고 우리가 만든 하나의 논리일 뿐입니다.

『오직 하나님께 영광』이라는 책에서도 언급했듯, 성경은 하나님의 영광과 맞물려 있는 죄를 다룹니다. 자기 영광을 구하는 것, 부도덕하고 음란한 삶, 눈먼 희생제물을 바치듯 하나님을 향한 형식적인 예배, 위선적인 삶과 혼합주의적인 신앙 등을 말입니다.

이러한 죄가 다 있어도 그것이 하나님의 영광을 거스른다는 깊은 자각과 뼈아픈 회개가 없습니다. 그러면서도 뭔가 좋은 일이 일어날 거라는 막연한 희망을 갖습니다. 그러나 그렇게 인위적으로 만들어진 것은 진정한 의미에서 하나님이 임재하셔서 갖게 하시는 생명력 있는 역사, 자신의 영광을 드러내시는 역사는 아닐 것입니다.

우리가 계속 이 상태로 나아간다면, 하나님은 오늘날 교회와 신자 안에 있는 죄가 하나님의 영광과 공존할 수 없음을 결국 이 나라와 교회 안에 나타내실 것입니다. 우리에게 복이 되어야 할 하나님의 영광과 그분의 임재가 결국 경고와 심판으로 우리를 흔들게 될 것입니다. 그러므로 하나님께 영광을 돌리고자 한다면, 또 하나님의 영광의 임재가 교회 공동체에 임하는 것을 보고자 한다면, 특히 하나님께서 그것을 선명히 나타내시는 것을 보고 싶다면, 개인적으로든 교회적으로든 하나님의 영광과 공존할 수 없는 죄를 반드시 경계해야 합니다. 또 하나님의 영광을 욕되게 하는 죄가 있다면 회개해야 합니다.

우리는 이러한 회개를 싫어해서는 안 됩니다. 회개가 있다는 것은 하나님 앞에서 자신을 솔직하게 인정하고, 하나님 앞에 비추어서 자신을 정확하고 제대로 봤다는 것입니다. 이는 하나님의 은혜를 덧입는 소망을 품게 합니다. 성경이 하나님의 영광과 연관지어 말하는 죄, 곧 자기 영광을 구하는 삶과 사역, 부도덕하고 음란함의 반복, 하나님을 형식적으로 예배하는 것, 위선적인 모습과 혼합주의적인 신앙과 삶이 모두 하나님의 영광을 거스르는 죄임을 알고 심각하게 여겨야 합니다. 특히 그런 조건에 있으면서도 하나님께 영광을 돌리기는커녕 오히려 하나님의 영광을 욕되게 하는 죄 됨을 크게 자각하고 회개해야 합니다.

## 나타난 하나님의 영광을 주목하며 찬양하라

물론 우리가 하나님의 영광과 관련해 생각할 것은 죄의 문제만이 아닙니다. 우리는 그것에 더하여 적극적인 것까지 생각해야 하는데, 여기서 세 가지 정도만 언급하겠습니다.

첫째, 우리가 하나님께 영광 돌리는 것의 진정성과 지속성을 위해, 나타난 하나님의 영광의 실체를 정확히 알고 믿는 것입니다. 바울이 로마서 11장 끝에서 말한 것 같은 반응이 자신에게도 일어날 정도로 말입니다. 거기서 바울은 "그에게 영광이 세세에 있을지어다"(36절)라며 탄복했습니다. "깊도다"(33절)라고 말한 하나님의 지혜와 지식의 풍성함이 나타난 실체, 특히 구원 역사 속에서 나타난 하나님의 지혜와 지식을 그가 알고 믿었기 때문입니다. 그는 그것이 무척이나 경이롭고 놀라웠습니다. 한마디로 하나님의 탁월하심과 위대하심, 완전하심과 그의 영광을 본 것입니다.

우리도 그렇게 영광 돌리고 싶을 정도로 나타난 하나님의 영광의 실체를 알아야 합니다. 그것에 대한 앎이 없이는 하나님의 영광을 위해 사는 것, 그를 영화롭게 하는 것을 지속할 수 없습니다. 우리는 바울처럼 자신의 존재와 신앙을 흔들고 감탄케 할 나타난 하나님의 영광의 실체를 알고 믿는 것부터 구해야 합니다. 하나님의 영광이 나타난 창조의 큰 일에서부터 작은 일에 이르기까지 모든 것에 나타난 하나님의 영광, 특히 하나님께서 자기 백성에게 나타내신 자신의 영광, 무엇보다도 하나님이 육신이 되어 죽기까지 낮아지시고 높아지신 것을 통해 나타내신 그 영광의 어마어마한 실체를 알아야 합니다.

더 나아가 그 영광으로 자기 백성을 부르시고 구원하심으로써 자기 영광에 참여하게 하시는 이 말할 수 없는 복을 알아야 합니다. 그 모든 것 속에서 하나님의 완전하심을 봄으로써, 그 나타난 영광으로 인하여 바울처럼 탄복할 정도로 그 영광의 실체를 정확히 알고 믿어야 합니다.

깊도다 하나님의 지혜와 지식의 풍성함이여 _ 롬 11:33

미쁘다 모든 사람이 받을 만한 이 말이여 그리스도 예수께서 죄인을 구원하시려고 세상에 임하셨다 하였도다 _ 딤전 1:15

이와 같은 바울의 탄복은 창조와 섭리를 보면서 영광 돌린 것에서도 드러났지만, 오직 은혜, 오직 그리스도, 오직 믿음으로 얻게 되는 놀라운 구원 계획을 이루시고 나타내신 것에서 더욱 강력하게 나타났습니다. 이처럼 우리도 창조와 섭리에 나타난 하나님의 영광을 보면서 찬양하며 영광을 돌려야 합니다. 또 그리스도 안에서 자기 백성을 택하여 구원하신 사실과 그 내막을 상세히 알고 묵상함으로써, 나 같은 죄인을 자신의 영광에 참여하게 하셨다는 경이로운 사실로 더욱 영광을 돌려야 합니다.

영광스러우신 하나님께서 친히 그렇게 하셨다는 것은 무척이나 경이로운 일입니다. 그야말로 '오직 은혜'의 부요한 사실로 인해, '오직 그리스도'라고 말하는 이 놀라운 사실로 인해, '오직 믿음'으로 구원을 얻게 하신 이 사실로 인해, 하나님께 영광 돌리고 감사하고 싶은 것입니다. 에베소서 1장 말씀대로 "그의 은혜의 영광을 찬송"(엡 1:6)할 수밖에 없는 것이 정상입니다.

만일 그 은혜의 영광을 항상 찬양하고 감사하며 사는 것이 자신의 삶 속에 없다면, 나타난 하나님의 영광을 더 깊이 알고 묵상하십시오. 그것의 복 됨을 항상 헤아려 보십시오. 그러는 가운데 성령께서 얼마든지 우리에게 부요함을 더하실 것입니다. 그리하여 하나님의 영광에 반응하게 하실 것입니다. 아니, 그렇게 할 수밖에 없습니다.

오늘날 교회 안의 사람들 특히 사역자들이 하나님께 영광 돌리는 삶과 사역을 하지 않고 자신의 성공과 명예를 구하면서, 사역조차도 사람들의 비위를 맞추는 인간 중심적인 말씀 증거를 하는 결정적인 이유는 하나님의 영광, 아니 하나님 자신을 아는 것에서부터 문제가 있기 때문입니다. 쉽게 말해, 하나님을 피상적으로 알기 때문이고 하나님의 영광을 잘 모르기 때문입니다. 그러므로 하나님께 영광 돌리는 신자와 사역자로 살고 싶다면, 나타난 하나님의 영광 바로 그 특별한 사실을 더 깊고 정확히 아십시오.

## 모든 영광의 주인이신 하나님께 드리는 예배

두 번째로 하나님께 영광 돌리는 것과 관련해서 말할 내용은 예배입니다. 우리는 예배를 통해 하나님을 진실로 영화롭게 합니다. 토머스 왓슨(Thomas Watson)은 하나님을 영화롭게 하는 것은 감사, 예배, 사랑, 순종 이 네 가지라고 설명했는데[150] 그 외에 더 말할 수도 있습니다. 그러나 하나님을 영화롭게 하는 데 가장 중요한 핵심은 예배입니다. 우리는 예배를 통해 공동체적으로 하나님의 이름을 부르며, 모든 영광이 하나님께 속한다고 선포하면서 찬양하기 때문입니다. 하나님은 우리가 공동체적으로 그같이 하나님께 영광 돌리는 것을 기뻐하십니다.

반드루넨은 성경이 이 같은 사실을 증거한다고 하면서 "성경이 다른 어떤 행위보다도 하나님을 영화롭게 하는 것에 훨씬 더 많이 결부시키는 활동이 있는데 그것은 예배다. 예배는 모든 영광을 오직 하나님께 돌린다"[151]고 말했습니다.

우리는 그 같은 사실을 천사들이 하늘에서 "죽임을 당하신 어린 양은 능력과 부와 지혜와 힘과 존귀와 영광과 찬송을 받으시기에 합당하도다"(계 5:12)라고 찬양하며 경배하는 모습 속에서도 보게 됩니다. 또 계속해서 하늘에서 "찬송과 영광과 지혜와 감사와 존귀와 권능과 힘이 우리 하나님께 세세토록 있을지어다"(계 7:12)라고 찬양하는 것과, 하늘의 허다한 무리가 "할렐루야 구원과 영광과 능력이 우리 하나님께 있도다"(계 19:1)라고 찬양하는 것을 보게 됩니다. 이처럼 요한계시록이 하늘에서 하나님께 영광 돌리는 일이 있다는 것을 많이 증거하고 있는 것은, 천국에서도 하나님께 영광 돌리는 것이 무엇보다 예배로 행해진다는 것을 말해 줍니다.

천사들은 항상 그래왔지만, 지금도 하나님을 경배하며 그분이 하신 일로 그분께 영광을 돌리고 있습니다. 그런데 놀라운 사실은 시편 기자들이 그렇게 하나님께 영광 돌리고 있는 천사들에게 하나님께 영광을 돌리라고 외친다는 사실입니다. 시편 103편에서는 "여호와의 천사들이여 여호와를 송축하라"(시 103:20)고 말하고, 이어서 "그에게 수종들며 그의 뜻을 행하는 모든 천군이여 여호와를 송축하라"(시 103:21)고 하면서 그들에게 예배를 격려하고 있습니다. 다윗도 시편 29편에서 "너희 권능 있는 자들아 영광과 능력을 여호와께 돌리고 돌릴지어다 여호와께 그의 이름에 합당한 영광을 돌리며 거룩한 옷을 입고 여호와께 예배할지어다"(시 29:1-2)라고 권했습니다. 반드루넨은 하나님의 백성이 천사들의 예배를 격려하여 말하는 것을 다음과 같이 설명했습니다.

> 성경은 지상에서 하나님을 예배하는 사람들과 하늘에서 하나님을 예배하는 천사들 사이의 이 신비한 교제와 소통을 묘사할 때 전자는 후자에게 계속 예배를 드리라고 권면할 뿐만 아니라 후자에게서 영감을 끌어오는 것으로 보인다.[152]

이것은 이 땅에서 예배하는 자들이 하나님을 예배할 때 그에게 영광 돌리는 것에 대한 영감을, 천사들이 하나님을 찬양하면서 그에게 영광 돌리는 것에서 끌어온다는 말입니다. 이에 대한 실례로 그리스도께서 이 땅에 오셨을 때, 천사들과 사람들이 보인 반응을 들 수 있습니다.

처음 하나님이 친히 육신으로 오신 이 어마어마한 사건을 모든 천군 천사가 "지극히 높은 곳에서는 하나님께 영광"(눅 2:14)이라고 찬양했습니다. 나중에는 목자들도 이와 똑같이 자신이 듣고 본 모든 것으로 인해 하나님께 영광 돌리고 찬송했다고 기록합니다(눅 2:20). 요요한계시록 5장에서도 죽임당한 어린 양을 향해 천사들이 "능력과 부와 지혜와 힘과 존귀와 영광과 찬송을 받으시기에 합당하도다"(계 5:12)라고 찬양하면서 영광을 돌리고 난 뒤 "하늘 위에와 땅 위에와 땅 아래와 바다 위에와 또 그 가운데 모든 피조물이 이르되 보좌에 앉으신 이와 어린 양에게 찬송과 존귀와 영광과 권능을 세세토록 돌릴지어다"(계 5:13)라고 말하는 내용이 기록되어 있습니다.

이것은 결국 영적 존재인 천사든 누구든 예배는 오직 하나님만 영광 받으시기에 합당함을 선포하고 찬양하는 것이며, 오직 하나님께 영광을 돌리는 것이어야 함을 명확하게 보여주는 것입니다. 우리는 이러한 모습을 구약의 시편이나 역대서, 선지서 등에서 쉽게 찾아볼 수 있습니다.

## 공동체가 함께 모여 영광을 돌리라

하나님은 개인적으로 하나님을 예배하고 기도하는 것으로도 영광을 받으시지만, 일차적으로는 공동 예배를 통해 영광 받으신다는 것을 성경은 증거합니다. 특별히 구약에서는 이스라엘 백성이 거룩한 절기에 공적으로 모일 것을 말하고 있고, 신약에서는 예수님도 안식일마다 회당에서 예배하거나 예루살렘에 올라가 절기 지키시는 것을 봄으로 알 수 있습니다. 또 오순절에 사람들이 모임으로써 신약 교회가 태동된 사실과, 히브리서 기자가 모이기를 폐하지 말라고 한 것에서 보듯, 하나님은 공동 예배를 통해 영광 받으신다는 것을 성경은 계속해서 증거합니다.

이처럼 예배는 일차적으로 공동 예배를 통해 하나님께 영광을 돌리는 것을 의미합니다. 여기서 공동 예배란 예수 그리스도를 믿어 구속함을 받은 자들, 곧 그리스도의 몸에 지체된 자들이 특별히 주일에 모여 공동체적으로 예배하는 것을 말합니다. 이러한 공동 예배는 천상에서 천사들이 하나님 보좌 앞에서 드리는 예배이고, 구원받은 모든 무리가 장차 하나님 보좌 앞에 모여서 드릴 예배이기도 합니다.

반드루넨은 "천국은 무엇보다도 예배 처소이고, 좀 더 구체적으로 말해서 공동 예배를 드리는 곳이다"[153]라고 말했습니다. 히브리서 기자는 바로 그 사실을 정확히 말합니다. 그는 우리 그리스도인들이 하나님의 도성인 하늘의 예루살렘에 이르렀다고 하면서, 그곳은 천만 천사들이 기뻐하면서 함께 모이는 곳이요, 하늘에 기록된 장자들의 모임이 열리는 곳으로 그야말로 하늘의 교회라고 말합니다(히 12:22-23).

여기서 천사들과 함께 하늘에 기록된 장자들의 모임은 무엇보다도 하나님께 영광 돌리는 공동 예배 모임을 말합니다. 히브리서 기자가 예수 믿는 우리가 장래 그럴 것이라고 말하는 것은, 우리가 이 땅에서부터 그 같은 예배를 알고 드리는 경험의 연장선상이라는 것을 시사해 줍니다. 반드루넨은 그 사실을 인식했습니다. "우리가 여기 이 땅에서 예배를 통해 하나님께 영광 돌리는 것은 하늘의 예배에 미리 참여하는 것이고, 현재적으로 그 예배의 일부이기도 하다. 장차 우리가 하늘에서 영원토록 온전히 드리게 될 하늘의 예배를 우리는 불완전하게나마 이 땅에서 시작하는 것이다."[154] 이 때문에 우리가 이 땅에서 드리는 예배도 오직 하나님을 영화롭게 하는 예배여야 하고, 자신의 영광을 나타내신 하나님을 즐거워하는 최고의 표시요 주요 방식이어야 합니다.

그런 점에서 우리가 정녕 오직 하나님의 영광을 위한 신앙과 삶을 갖고 싶다면, 우리의 예배는 오직 하나님의 영광이 중심에 있는 예배, 진실로 오직 하나님께만 영광을 돌리며 창조와 섭리, 구원과 장차 자신의 영광에 참여하게 하실 그 하나님을 즐거워하는 예배여야 합니다.

## 예배를 개혁하라

이에 대해 요즘 그런 예배가 어디 있냐, 그건 너무 비현실적인 이야기라고 생각하는 사람이 있을지 모르겠습니다. 그것은 어쩌면 어려서부터 보고 배운 예배가 그것밖에 없기 때문일 것입니다. 오늘날 말, 외적 행위, 찬송 가사로 하나님의 영광을 운운하시만, 우리의 예배는 너무 인위적이고 예배하는 우리 자신에게 더 집중되어 있습니다. 만일 우리의 예배가 오직 하나님께 영광 돌리며 하나님을 즐거워하는 예배가 아니라면, 그것은 기독교라는 이름 아래 실상은 이상한 종교 행위를 하는 것에 지나지 않습니다.

안타깝게도 오늘날 교회가 그런 모습을 보입니다. 오직 하나님께 영광 돌리는 예배가 되는 것을 흐리게 만드는 것이 교회 예배에 너무 많이 들어와 있습니다. 예를 들면, 예배 중에 사람의 마음을 끌기 위한 불필요한 멘트, 찬양에 동원된 자극적인 음악 도구, 예배와 찬양 인도 방식에서 사람들의 감정을 끌어올리기 위한 인위적인 방법, 찬송 가사가 하나님께 찬송하는 것에 비중이 있기보다는 자신의 무엇에 집중하는 내용 심지어 설교까지 모두 사람들의 호응을 의식하고 그들에게 맞추어 전하고 있습니다. 그야말로 오직 하나님께 영광을 돌리며 그분을 즐거워하기보다는 우리 자신이 즐거운 예배, 한마디로 우리 자신을 만족시키는 예배를 드리고 있습니다. 그러면서도 찬양 끝에는 "하나님께 영광을!"이라며 박수합니다. 여기에는 사람들에게 보이기 위한 위선적인 모습이 있을 수밖에 없습니다.

예배는 오직 한 가지 방향과 목표가 있어야 합니다. 그것은 오직 하나님께 영광을 돌리며, 하나님을 즐거워하는 것입니다. 예배에 대한 우리의 개념 자체가 먼저 그렇게 바뀌어야 합니다. 예배는 오직 하나님께 영광이라는 중대한 사실을 천상과 지상이 모두 공통적으로 알아야 한다는 것이 성경이 계시해 준 내용입니다. 그런데 우리가 이것을 잊어버려 예배의 개념 자체가 왜곡되어 버린 것입니다.

이런 사실을 생각할 때 오늘날 우리의 예배는 많은 것을 개혁해야 함을 절감합니다. 예배의 모든 순서, 곧 찬송과 기도와 말씀, 신앙고백 등이 하나님께로 향하여 그를 영화롭게 하는 것이 되어야 합니다. 이를 위해 인위적인 모든 요소를 배제하고 개혁해야 합니다. 예배를 인도하는 목회자는 자신을 드러내거나 높이지 말아야 합니다. 오히려 온 회중의 마음이 오직 하나님께 영광을 돌리도록 예배순서 하나하나와 예배 중에 말하는 모든 멘트, 찬송, 말씀 등을 준비하고 인도하며, 자신은 그것에 도구가 되어야 합니다. 목회자는 그와 같은 중대한 책무를 맡고 있음을 기억해야 합니다.

이를 위해 우리는 나답과 아비후가 취한 다른 불에 해당하는 것을 우리 예배에 취해서는 안 됩니다(레 10:1). 하나님은 자신에게 영광 돌리는 예배가 되도록 말씀에 계시하신 것 외에 다른 어떤 것도 용인하지 않으십니다. 그런 하나님의 마음을 알고 우리는 그렇게 반응해야 합니다.

주님께서는 "하나님은 영이시니 예배하는 자가 영과 진리로 예배할지니라"(요 4:24)고 말씀하셨는데, 워츠는 '영과 진리'로 예배하는 것을 하나님의 성품과 조화되고 그의 계시에 따라 규제되는 예배라고 설명했습니다.[155]

하나님께 예배하는 자들이 하나님의 성품에 반하는 모습을 갖는다고 생각해 보십시오. 하나님을 예배하는 곳에서 자기만 생각하고 자기를 위로하는 행동을 한다고 생각해 보십시오. 거룩하신 하나님의 성품에 반하는 모습과 태도를 설교자와 회중이 갖는다고 생각해 보십시오. 그분의 계시를 따르지 않는 방편을 자꾸 쓴다고 생각해 보십시오. 그것은 참된 예배가 될 수 없습니다.

우리는 그런 예배를 드리면서 성도들이 기분 좋아하는 모습을 보며 하나님이 영광받으신다고 착각해서는 안 됩니다. 그런 식의 예배는 하나님께서 영광을 받으시는 것이 아니라 그저 자신이 그렇게 생각한 것일 뿐입니다. 목회자는 그러한 예배를 드리면서 성도들이 좋아하니까 은근히 목회를 잘하고 있고 교회가 잘 운영되고 있다고 착각합니다. 아닙니다. 비록 예배드리는 사람의 수가 적어도 우리는 성경이 말한 오직 하나님께 영광 돌리는 예배를 드려야 합니다. 그것이야말로 지극히 귀하고 복된 것입니다.

하나님은 자신을 참되게 예배하는 데서 자신의 임재를 나타내시고 영광을 받으십니다. 하나님은 자신의 임재를 크게 나타내심으로 우리 중에 계신다는 것을 자각하게 하시고, 그와 함께 놀라운 은혜를 경험하게 하십니다. 그것은 모두 오직 하나님께 영광 돌리는 참된 예배에만 있습니다. 우리는 놀라운 영적 각성과 부흥 속에서 나타나는 강력하고 특별한 역사를 말하기 전에, 먼저 단 한 번의 예배에서도 오직 하나님께 영광 돌리는 가운데 갖는 은혜를 경험해야 합니다.

목회자는 오직 하나님께 영광을 돌리므로 하나님의 임재를 경험하는 참된 예배보다, 당장 뭔가 감동을 주는 것처럼 보이는 인위적인 수단을 동원해 거기에 의존하기 쉽습니다. 그러나 그것은 하나님께서 명하시지 않은 다른 불을 가지고 제사를 드리는 것과 같습니다.

정녕 하나님의 영광을 위하고 싶다면 예배 속에 있는 이러한 모습을 계속해서 개혁해야 합니다. 그리하여 오직 하나님께 영광을 돌리는 예배로 반드시 나아가야 합니다. 그러한 예배가 아니면 예배가 아니라고 생각해야 합니다. 우리는 그런 예배가 하나님께 영광이고, 우리에게 은혜가 됨을 알고 타협하지 말아야 합니다. 특히 그런 예배 안에서 영적인 소생과 성숙이 있는 성령의 역사가 있음을 알고, 그런 예배를 드리고자 해야 합니다.

## 삶이 하나님의 영광을 증거하는 표지판이 되게 하라

마지막으로 언급할 내용은, 자신의 삶과 사역 속에서 하나님의 영광을 의식하며 그의 영광을 위해 행하고자 하는 것입니다. 한마디로 모든 삶에서 하나님을 영화롭게 하는 것입니다. 바울은 "그런즉 너희가 먹든지 마시든지 무엇을 하든지 다 하나님의 영광을 위하여 하라"(고전 10:31)고 말했습니다. 이것은 우리 삶의 모든 것, 우리가 행하는 모든 것을 말합니다. 이에 대해 칼빈은, 이 말씀에서 바울은 아무리 하찮은 일이라도 하나님의 영광이 관계되지 않은 우리의 생활이나 행위는 없음을 가르친다고 설명했습니다.[156]

사실 삶으로 하나님께 영광 돌리라는 기본적인 사실은 우리가 지식적으로 알고 있습니다. 그런데 여기서 한 가지 강조하고 싶은 것은, 예수 믿는 우리와 교회가 하나님께서 자신의 완전하심과 그의 영광을 나타내신 존재로서 하나님의 이름의 영광과 결부되어 있다는 사실입니다. 본문에서 이사야가 탄식한 것도 바로 그것입니다. 하나님의 백성은 주의 이름으로 일컬음을 받은 자임에도 그렇지 못한 자같이 되었고, 마땅히 주의 다스림을 받아야 하는 자임에도 주의 다스림을 받지 못하는 자같이 되었다는 것입니다. 그것은 모두 죄악 된 삶으로 비참한 상태에 있음을 말합니다.

우리의 삶은 '나타난 하나님의 영광'과 하나님의 이름을 보게 하는 증거요 표지판입니다. 그런 점에서 바울은 예수 그리스도의 얼굴에 있는 하나님의 영광을 아는 빛을 받은 그리스도인을 그리스도의 향기(고후 2:15), 그리스도의 편지(고후 3:3)라 말했습니다.

오늘날 신자와 목회자와 교회의 모습으로 인해 생긴 가장 큰 문제는, 사람들이 나타나는 하나님의 영광을 보지 못한다는 것입니다. 오히려 우리로 인해 하나님의 이름과 영광이 더럽혀진다는 것입니다. 오늘날 많은 사람이 하나님의 이름과 예수 그리스도를 농담거리로 여기면서 그분의 영광을 짓밟습니다. 그것은 모두 하나님의 이름이 결부된 우리의 모습과 상태 때문이고, 여기에는 특별히 목회자가 크게 한몫했습니다.

하나님의 영광과 관련해서 우리 삶에 중간 지점은 없습니다. 우리 삶이 하나님 이름의 영광을 드러내든지, 아니면 위선적이고 무너진 삶의 모습으로 그분의 이름의 영광을 욕되게 하든지 둘 중 하나입니다. 예수 믿는 내 옆에 누가 있든 없든, 누가 나를 보든 안 보든, 예수 믿는 우리는 하나님께서 자신의 완전하심을 나타내신 존재임을 잊지 말아야 합니다. 다시 말해, 우리에게는 하나님께서 나타내신 영광이 있고, 그 이름의 영광이 결부되어 있습니다. 나 혼자 몰래 죄를 범해도 하나님께서 나타내신 영광은 나로 인해 무시되고 짓밟힐 수 있습니다. 따라서 우리의 존재와 삶이 하나님 이름의 영광과 분리되어 있지 않다는 것을 항상 기억하며 살아야 합니다.

## 개혁해야 할 삶의 구체적인 영역

여기서 반드루넨이 말한 두 가지 사실을 덧붙이고자 하는데, 그것은 이 두 가지가 실질적인 면에서 하나님을 영화롭게 하는 삶을 방해하는 것이면서, 오늘날 거의 모든 사람이 갖는 것이기 때문입니다. 그중 하나는 우리 내면에 있는 장애물이고, 다른 하나는 '신기술'(新技術)이라는 장애물입니다.

반드루넨은 하나님을 영화롭게 하는 데 내면의 방해물로 '자기애'(自己愛)를 말합니다.[157] 우리는 하나님의 영광과 자기애가 상반됨을 깊이 생각해 보아야 합니다. 그는 하나님을 영화롭게 하는 것을 방해하는 자기애는 결국 "오만함, 자만심, 허영심, 과시욕, 자기 중심성으로 채워진 자기애"라고 덧붙였습니다. 그러면서 사람들이 오늘날 자기애 문화에 젖어 하나님께 영광 돌리는 예배, 곧 하나님을 경외하며 예배하는 것에서 어려움을 겪고 그것부터 못한다는 것을 지적하고 있습니다.[158]

그렇습니다. 하나님을 영화롭게 하기 위해서는 하나님을 경외해야 합니다. 그런데 사람들이 자기애에 빠져 하나님을 경외하는 것부터 힘들어합니다. 하나님을 영화롭게 하는 것에서 점점 더 멀어져가고 있습니다. 결국 자기애라는 죄가 하나님을 영화롭게 하는 데 큰 장애물인 것입니다. 이처럼 자기애에 빠져서 말하고 행하면 결국 하나님을 경외하는 것도 실패하고, 하나님을 영화롭게 하는 것도 실패합니다. 그러므로 하나님의 영광을 위해 살고 싶다면 이 죄를 경계해야 합니다.

반드루넨이 또 하나의 장애물로서 말하는 신기술은 흥미롭게도 오늘날 많은 사람이 갖고 있는 현대의 방해물입니다. 우리가 하나님께 영광 돌리려면 예배와 기도에 마음을 집중해야 하는데, 이것을 흐트러뜨리는 것이 바로 컴퓨터나 핸드폰 같은 인터넷 도구 곧 신기술입니다.

오늘날 교회 안에는 예배시간에도 핸드폰을 보는 사람이 적지 않습니다. 이것은 하나님을 모독하고 하나님의 영광을 욕되게 하는 것입니다. 그런 사람은 예배의 자리에 와 있지만, 실상은 하나님의 영광과 전혀 상관없는 예배를 드리고 있는 것입니다. 반드루넨은 바로 이런 것이 산만함과 경박함을 불러일으켜 하나님께 영광 돌리는 예배와 기도를 방해하는 매우 실제적인 방해거리라고 지적하면서[159] 다음과 같이 말합니다.

> 신기술이 우리가 전자기기들을 사용하지 않을 때조차도 집중해서 깊이 생각하는 것을 더 어렵게 만드는 방식으로 우리 마음의 습성과 두뇌의 구조를 형성해 가고 있다면, 그리스도인에게 자기 삶의 방식을 개혁해야 할 절박한 이유가 있는 것이다.[160]

많은 사람이 우리가 일상에서 흔히 사용하는 신기술 기기가 오직 하나님의 영광을 위해 사는 것에 장애물이 된다고 생각하지 않습니다. 그러나 우리가 하나님을 예배하고 기도하는 데 그러한 것은 많은 방해가 됩니다. 실제로 자기애에 사로잡혀 하나님께 영광을 돌리지도 못하지만, 이런 도구로 인해 산만함과 경박함이 몸에 배어, 하나님을 경외하고 영화롭게 하는 것이 어렵다는 것을 이미 경험하고 있습니다. 그런 점에서 우리 사녀 세대는 더합니다.

이런 신기술이 우리 삶에 미치는 영향은 실로 막대합니다. 어떤 사람은 그것이 하나님께 영광을 돌리는 것과 무슨 상관이 있냐고 하겠지만, 그것은 우리 마음을 하나님의 영광에서 돌이키게 하고, 하나님께 영광을 돌리는 예배와 기도 등에서 경외심을 잃게 만듭니다. 예배 시간에 하나님을 높여야 하는데 집중하지 못하게 하는 것입니다.

오늘날 교회 안에는 컴퓨터나 핸드폰에 빠져 산만함과 경박함이 습관화 되고 두뇌 구조로 형성되어 있는 사람이 제법 많습니다. 감각적인 것에 익숙해져 자신의 신앙 행위와 삶에서 하나님을 두려워하거나 경외할 수 없고, 은혜의 방편에도 산만함을 가지고 반응합니다. 예배시간에 말씀이 잘 들리지 않고 찬송도 형식적으로 부릅니다.

진실로 자신의 신앙과 삶, 특히 예배와 기도에서 하나님께 영광 돌리고 싶다면, 반드루넨의 말처럼 그런 삶의 방식을 개혁해야 합니다. 그렇지 않고서는 하나님께 영광 돌리는 삶과 사역은 가능하지 않습니다.

그러므로 먹든지 마시든지 무엇을 하든지 하나님의 영광을 위해 살고 사역하기 위해서는, 자신의 마음과 두뇌를 신기술에 속박당하지 않고 그것에 마음을 빼앗기지 않도록 개혁하십시오. 삶의 개혁은 아주 큰 사건에 있는 것이 아닙니다. 일상의 작은 습관이 자기 본성과 감각을 위해 쓰이지 않고, 하나님의 영광을 위해 쓰이도록 개혁하는 것에 있습니다.

## 하나님의 영광을 아는 자의 부담

마지막으로 한 가지를 호소하고 싶습니다. 우리에게 나타난 하나님의 영광을 멸시하는 듯한 우리의 상태를 자각하고 공감하게 되었다면, 우리에게는 최소한의 반응 곧 하나님의 영광에 대한 갈망과 간구가 있어야 합니다.

우리는 지금 하나님께서 나타내신 영광을 가려 무색하게 만들고 있을 뿐 아니라 아예 욕되게 하는 현실에 살고 있습니다. 심지어 그것을 심각하게 여기지도 자각하지도 않는 현실에 살고 있습니다. 우리는 하나님께서 나타내신 영광을 가리고 무색하게 하며 심지어 욕되게 하는 현실 앞에서, 선지자 이사야 같은 마음과 반응이 있어야 합니다. 그것은 세 가지입니다.

첫째, 이사야는 하나님의 영광을 사무치게 알고 있었다는 것입니다. 그는 하나님의 나타나심으로 그의 영광이 온 땅에 충만하고, 특히 자기 백성에게 나타난 그분의 영광을 알았습니다. 그것이 그가 하나님의 영광에 대해 가진 반응의 근원이었습니다. 우리도 그와 같이 눈을 떠서 하나님의 영광을 보고 제대로 알아야 합니다. 자신의 존재와 삶을 뒤흔들고 즐거워하며 경배하고 싶을 정도로 이 영광을 알아야 합니다.

이를 위해 나타난 하나님의 영광을 헤아려 보고, 그것이 얼마나 놀랍고 복되고 은혜롭고 영광스러운지 보십시오. 특히 예수 믿는 자들의 모임인 교회에 이것이 얼마나 복되고 영광스러운지를 보십시오.

둘째, 이사야가 하나님의 영광이 나타난 그의 백성, 하나님 이름의 영광이 깊이 관련된 바로 그 백성이 하나님의 영광과 거리가 먼 모습임을 하나님의 영광에 비추어 보고 자각하였다는 것입니다. 이것이 있어야 그다음 단계로 갈 수 있습니다.

우리는 여러 기준을 가지고 현실을 부정적으로 평가하는 데 익숙합니다. 그러나 이사야같이, 하나님의 영광을 알고 그 시각 곧 하나님의 영광에 비추어 우리의 모습과 상태를 보며, 그것을 마음에 품고 부담을 가져야 합니다. 이사야에게는 그로 인한 마음의 눌림이 있었습니다. 마치 바울이 교회를 생각하며 마음이 눌렸다고 한 것처럼 말입니다(고후 11:28).

오늘날 교회의 안타까운 현실을 자신과 분리하지 말고, 하나님의 시각에서 자신의 모습을 보아야 합니다. 우리의 모습을 다른 기준이 아닌 그의 영광에 비추어 보며, 쓰라린 마음을 품고 하나님의 긍휼을 구해야 합니다. 그와 같이 우리 자신을 낮출 때 하나님이 역사하실 줄 믿습니다.

## 교회를 위하여 주의 영광을 위하여 잠잠하지 맙시다

셋째, 선지자는 하나님의 영광에서 멀어진 자기 백성의 모습과 상태를 안타까워하는 데서 멈추지 않고, 본래 어떤 모습이어야 하는지에 대한 확신을 가지고 회복을 구합니다. 곧 우리는 하나님의 영광이 나타나는 백성이어야 한다는 확신을 가지고, 그와 같이 회복시켜 주시기를 하나님께 구한 것입니다. "원하건대 주는 하늘을 가르고 강림하시고 주 앞에서 산들이 진동하기를 불이 섶을 사르며 불이 물을 끓임 같게 하사 주의 원수들이 주의 이름을 알게 하시며 이방 나라들로 주 앞에서 떨게 하옵소서"(사 64:1-2).

한마디로 그는 하나님의 영광을 나타내 달라고 구한 것입니다. 이 간구야말로 지금 우리가 해야 할 간구입니다. 조국 교회와 우리의 영적인 상태를 보면서, 우리도 하나님 앞에 이와 같이 간절히 구해야 합니다. 주의 백성 된 것의 복됨과 영광을 가진 교회, 하나님 교회의 본래 모습과 생명성과 복음의 부요함을 가진 교회, 세상이 부러워할 교회의 모습을 보게 해달라는 기도가 우리의 것이 되어야 합니다. 패배주의로 뒤덮인 현실 속에서 이사야처럼 구해야 합니다.

"오, 주는 하늘을 가르고 강림하시옵소서. 다시 주의 영광을 선명히 보게 하여 주옵소서. 그것의 복됨을 우리를 넘어 세상까지 보게 해 주옵소서!"

이사야 선지자는 "나는 시온의 의가 빛 같이, 예루살렘의 구원이 횃불 같이 나타나도록 시온을 위하여 잠잠하지 아니하며 예루살렘을 위하여 쉬지 아니할 것인즉"(사 62:1)이라고 말했습니다. 우리도 그같이 잠잠치 말아야 하지 않겠습니까? 여호와께서 이러한 현실을 넘어 다시 우리 가운데 자기 영광을 선명히 나타내시기를, 그리하여 온 땅에서 찬송받으시기를 구하기에 쉬지 말아야 하지 않겠습니까?

우리는 우리에게 있어야 할 목마름을 이사야 선지자의 기도 속에서 봅니다.

주여 하늘에서 굽어 살피시며 주의 거룩하고 영화로운 처소에서 보옵소서 주의 열성과 주의 능하신 행동이 이제 어디 있나이까 주께서 베푸시던 간곡한 자비와 사랑이 내게 그쳤나이다 주는 우리 아버지시라 아브라함은 우리를 모르고 이스라엘은 우리를 인정하지 아니할지라도 여호와여, 주는 우리의 아버지시라 옛날부터 주의 이름을 우리의 구속자라 하셨거늘 여호와여 어찌하여 우리로 주의 길에서 떠나게 하시며 우리의 마음을 완고하게 하사 주를 경외하지 않게 하시나이까 원하건대 주의 종들 곧 주의 기업인 지파들을 위하사 돌아오시옵소서 주의 거룩한 백성이 땅을 차지한 지 오래지 아니하여서 우리의 원수가 주의 성소를 유린하였사오니 우리는 주의 다스림을 받지 못하는 자 같으며 주의 이름으로 일컬음을 받지 못하는 자 같이 되었나이다 원하건대 주는 하늘을 가르고 강림하시고 주 앞에서 산들이 진동하기를 불이 섶을 사르며 불이 물을 끓임 같게 하사 주의 원수들이 주의 이름을 알게 하시며 이방 나라들로 주 앞에서 떨게 하옵소서 _ 사 63:15-64:2

이 기도는 지금 우리에게 필요한 기도가 아닙니까? 이 기도에 우리의 현실이 그대로 반영되어 있지 않습니까? 우리도 이렇게 기도드립시다. 다시 시온의 의가 빛같이, 예루살렘의 구원이 횃불같이 나타날 때까지, 오늘날 조국 교회에 다시 하나님의 영광이 크게 나타나는 것을 보기까지, 혹 그러한 일이 다음세대에 있게 되더라도 그 때까지 쉬지 맙시다. 잠잠하지 맙시다. 하나님의 영광에 대한 목마름을 가지고 구합시다. 더불어 우리에게 필요한 개혁을 합시다. 교회에 하나님의 영광이 다시 나타나는 것을 위해 필요한 말씀을 전합시다. 또 예배를 온전하게 합시다. 우리는 그것을 위해 부름받았습니다. 그런 부르심 앞에 숨지 말아야 합니다. 피하거나 포기하지 말아야 합니다. 우리의 사역 기간 이후라도 하나님의 영광이 다시 선명히 나타나기를 갈망하며, 조국 교회와 이웃 교회와 우리 자신이 섬기는 교회를 품고 구해야 합니다.

이사야 63장과 64장 말씀은 주의 이름으로 일컬음받지 않는 자 같은 조건에서, 회복과 소생과 각성이 필요한 우리를 위해 하나님께서 주신 계시입니다. 하나님의 교회 위에 주의 영광이 선명히 드러나는 참된 부흥은, 이사야 선지자에게 있었던 것 같은 자각과 반응을 통해 임하게 됨을 이 말씀은 우리에게 알려줍니다. 하나님도 우리에게 자신의 영광 나타내시기를 기뻐하시니, 우리도 그것을 바라고 사모하며 구하라고 이러한 말씀을 주신 것입니다.

선지자같이 우리의 현실을 하나님의 영광에 비추어 보면서, 하나님의 마음에 공감하여 흘리는 눈물은 참으로 값진 것입니다. 우리가 그와 같은 눈물로 하나님 앞에 구하는 가운데, 부흥케 하시는 하나님의 역사를 우리 각자의 삶에서 그리고 우리 교회와 사역의 현장에서 보게 되기를 간절히 소망합니다.

지금 우리의 현실은 점점 더 어두워지는 것 같지만, 하나님은 누군가를 통해서라도 그 일을 하시고 그다음을 진행해 가십니다. 불씨가 있어 불길이 이는 것처럼 우리 각자가 불씨로 사용되기를 바라며 구합시다. 당장 사람의 수가 중요한 것이 아닙니다. 하나님의 영광을 위하는 근본적인 방향성과 목표를 갖는 것이 더욱 중요합니다. 그 불씨를 통해 큰 역사를 이루시는 분이 하나님이기 때문입니다.

모쪼록 주님께서 진실로 우리와 함께하셔서, 다른 사람까지 알아볼 정도로 하나님의 영광의 현현을 오늘날 우리 교회에, 사역의 현장에 나타내 주시기를 함께 간절히 구합니다. 우리의 눈이 우리 자신의 필요를 보는 것을 넘어 하나님의 영광을 간절히 사모함으로 바라보며, 우리 자신의 교회뿐 아니라 온 교회를 마음에 품고 기도하는 열정이 우리에게 더하여지기를 소망합니다.

## 주

01  데이비드 웰스, 『하나님의 거룩한 사랑』, 이용중 역(서울: 부흥과개혁사, 2015), p.307.

02  같은 책, p.311.

03  데이비드 웰스, 『용기 있는 기독교』, 홍병룡 역(서울: 부흥과개혁사, 2008), pp.47-49.

04  존 맥아더 외, 『솔라 스크립투라』, 안보헌 역(서울: 생명의말씀사, 2000), p.214.

05  같은 책, pp.214-215.

06  클라렌스 바우만, 『벨직 신앙고백서 해설』, 손정원 역(서울: 솔로몬, 2016), p.81

07  존 맥아더 외, 앞의 책, p.217.

08  제임스 보이스, 『성경의 무오설』, 황영철 역(서울: 생명의말씀사, 1983), pp.187-188.

09  데이비드 웰스, 『하나님의 거룩한 사랑』, p.311.

10  제임스 보이스, 앞의 책, pp.188-189 재인용.

11  알렉스 몬토야, 『열정적 설교』, 최예자 역(서울: 프리셉트, 2013), p.13.

12  대럴 존슨, 『설교의 영광』, 류근상 역(서울: 크리스챤출판사, 2010), p.18.

13  같은 책, p.10 재인용, 제2스위스 신앙고백 1장 4항 참조.

14  같은 책, p.247 재인용.

15  존 맥아더, 『목회자는 설교자다』, 이대은 역(서울: 생명의말씀사, 2015), p.157 재인용.

16  스티븐 웰럼, 『오직 그리스도』, 김찬영 역(서울: 부흥과개혁사, 2018), pp.9-10.

17  마이클 호튼, 『그리스도 없는 기독교』, 김성웅 역(서울: 부흥과개혁사, 2009).

18  존 맥아더, 『주님 없는 복음』, 황을호 역(서울: 생명의말씀사, 2017).

19  제임스 보이스, 『개혁주의 서론』, 김수미 역(서울: 부흥과개혁사, 2010), pp.115-116.

20  스티븐 웰럼, 『오직 그리스도』, p.21.

21  같은 책, p.22.

22  '그 배교'는 데살로니가전서 5장에서 말하는 종말에 있을 대단위 배교를 가리킨다(저자의 다른 저서인 『기독교 세상의 함정에 빠지다』를 참고하라).

23  스티븐 웰럼, 『오직 그리스도』, p.39.

24  같은 책, p.40.

25  제임스 보이스, 벤자민 새스, 『복음주의의 회복과 고백』, 김기찬 역(서울: 생명의말씀사, 1998), p.151.

26  같은 책, p.151.

27  같은 책, pp.149-150.

28  스티븐 웰럼, 『오직 그리스도』, p.17 재인용.

29  마크 존스, 『마크 존스의 예수 그리스도』, 오현미 역(고양: 이레서원, 2018), p.19 재인용.

30  같은 책, p.20 재인용.

31  데이비드 웰스, 『위대하신 그리스도』, 윤석인 역(서울: 부흥과개혁사, 2010), pp.250-251을 참조하라.

32  데이비드 웰스, 『용기 있는 기독교』, p.263 이하를 참조하라.

33  같은 책, pp.261-262.

34  같은 책, p.262.

35  마크 존스, 『마크 존스의 예수그리스도』, p.28 재인용.

36  같은 책, p.28.

37  같은 책, p.34.

38  데이비드 웰스, 『용기 있는 기독교』, pp.280-302.

39  같은 책, p.281.

40  마크 존스, 『마크 존스의 예수 그리스도』, p.74.

41  제임스 보이스, 『개혁주의 서론』, p.120.

42  데이비드 웰스, 『용기 있는 기독교』, p.280.

43  제임스 보이스, 『개혁주의 서론』, pp.124-125.

44  같은 책, p.127 이하 참조.

45  "그러므로 자기를 힘입어 하나님께 나아가는 자들을 온전히 구원하실 수 있으니 이는 그가 항상 살아 계셔서 그들을 위하여 간구하심이라"(히 7:25), "나의 자녀들아 내가 이것을 너희에게 씀은 너희로 죄를 범하지 않게 하려 함이라 만일 누가 죄를 범하여도 아버지 앞에서 우리에게 대언자가 있으니 곧 의로우신 예수 그리스도시라"(요일 2:1).

46  마크 존스, 『마크 존스의 예수 그리스도』, p.80-81.

47  같은 책, pp.86-87.

48  스티븐 웰럼, 『오직 그리스도』, p.203 재인용.

49  마크 존스, 앞의 책, pp.104-105.

50  스티븐 웰럼, 『오직 그리스도』, p.18.

51  같은 책, p.389.

52  마이클 호튼, 『그리스도 없는 기독교』, p.52.

53  데이비드 웰스, 『위대하신 그리스도』, p.434.

54  같은 책, p.434.

55  같은 책, p.442.

56  박순용, 『오직 은혜입니다』(서울: 부흥과개혁사, 2012), p.13.

57  싱클레어 퍼거슨, 『오직 은혜로』, 조계광 역(서울: 지평서원, 2011), p.15.

58  칼 트루먼, 『오직 은혜』, 박문재 역(서울: 부흥과개혁사, 2018), pp.66-67.

59  제임스 보이스, 필립 라이켄, 『개혁주의의 핵심』, 이용중 역(서울: 부흥과개혁사, 2010), pp.28-29.

60  칼 트루먼, 앞의 책, p.1.

61  싱클레어 퍼거슨, 『오직 은혜로』, p.13.

62  제리 브리지스, 『넘치는 은혜 변화되는 삶』, (서울: 네비게이토, 2020), p.7.

63  더글러스 본드, 『복음주의 은혜론』, 정재우 외 역(서울: 개혁주의신학사, 2017), p.19.

64  싱클레어 퍼거슨, 『온전한 그리스도』, 정성묵 역(서울: 디모데, 2018), pp.13-14.

65  같은 책, p.103.

66  같은 책, p.97.

67  같은 책, pp.97, 125.

68  같은 책, p.109.

69  같은 책, pp.107-109.

70  같은 책, p.112.

71  같은 책, p.115.

72  같은 책, p.124.

73  같은 책, pp.107, 109-110.

74  같은 책, p.204.

75  같은 책, p.209.

76  칼 트루먼, 『오직 은혜』, p.65.

77  같은 책 p.65.

78  같은 책, p.197.

79  같은 책, pp.204-205.

80  싱클레어 퍼거슨, 『온전한 그리스도』, pp.177-178.

81  에드워드 피셔, 『개혁 신앙의 정수』, 황준호 역(서울: 부흥과개혁사, 2018).

82  싱클레어 퍼거슨, 앞의 책, p.98.

83  제이슨 앨런, 제라드 윌슨 외, 『종교개혁의 5가지 원리』, 조계광 역(서울: 생명의말씀사, 2019), p.70.

84  브라이언 채플, 『은혜가 이끄는 삶』, 황을호 역(서울: 생명의말씀사, 2017), p.174.

85  싱클레어 퍼거슨, 『온전한 그리스도』, pp.197-198.

86  케빈 드영, 『그리스도인의 구멍난 거룩』, 이은이 역(서울: 생명의말씀사, 2013), p.79.

87  싱클레어 퍼거슨, 앞의 책, p.228.

88  케빈 드영, 앞의 책, pp.81-82.

89  박순용, 『오직 은혜입니다』(서울: 부흥과개혁사, 2013).

90  칼 트루먼, 『오직 은혜』, pp.269-270.

| | |
|---|---|
| 91 | 같은 책, p.297 재인용. |
| 92 | 같은 책, p.297. |
| 93 | 같은 책, pp.363-373. |
| 94 | 같은 책, p.365. |
| 95 | 같은 책, p.365. |
| 96 | 같은 책, p.366. |
| 97 | 같은 책, p.370. |
| 98 | 같은 책, p.375. |
| 99 | 제임스 보이스, 『개혁주의 서론』, p.143. |
| 100 | 가이 워터스 외, 『칭의 교리에 대한 도전에 답하다』, 권오성 역(파주: 솔라 피데출판사, 2012), p.13. |
| 101 | 같은 책, p.15. |
| 102 | 같은 책, p.18. |
| 103 | 제임스 패커, 『알미니우스주의』, 이스데반 역(서울: 기독교문서선교회, 2019), p.52. |
| 104 | 존 맥아더 외, 『솔라 피데』, 조계광 역(서울: 생명의말씀사, 2001), p.100. |
| 105 | 같은 책, p.100. |
| 106 | 같은 책, p.100. |
| 107 | 같은 책, p.107. |
| 108 | 제임스 패커, 앞의 책, p.68. |
| 109 | 토머스 슈라이너, 『오직 믿음』, 박문재 역(서울: 부흥과개혁사, 2017), p.157. |
| 110 | 같은 책, pp.158-160. |

111 R. C. 스프로울, 『오직 믿음으로』, 안보헌 역(서울: 생명의말씀사, 1999), p.25.

112 같은 책, p.33.

113 같은 책, p.33.

114 토머스 슈라이너, 『오직 믿음』, p.380.

115 같은 책, p.382.

116 같은 책, p.384.

117 가이 워터스 외, 『칭의 교리에 대한 도전에 답하다』, p.34.

118 같은 책, p.35.

119 같은 책, p.286.

120 토머스 슈라이너, 앞의 책, p.383.

121 고경태 외, 『현대 칭의론 논쟁』(서울: 기독교 문서선교회, 2017), p.30.

122 제임스 패커, 『알미니우스주의』, p.57.

123 싱클레어 퍼거슨, 『온전한 그리스도』, p.16.

124 R. C. 스프로울, 『오직 믿음으로』, p.17.

125 가이 워터스 외, 『칭의 교리에 대한 도전에 답하다』, p.285.

126 R. C. 스프로울, 『개혁주의 은혜론』, 노진준 역(서울: 기독교문서선교회, 1999), p.65.

127 제임스 패커, 『알미니우스주의』, pp.48-49.

128 김의환, 『개혁주의 신앙고백』(서울: 대한예수교장로회총회, 2003), p.136.

129 이승구, 〈기독신문〉(2017년 2월 7일자).

130 자카리아스 우르시누스, 『하이델베르크 요리문답해설』, 원광연 역(서울: 크리스천다이제스트, 2016), p.540.

131 싱클레어 퍼거슨, 『온전한 그리스도』, p.125.

132 존 맥아더 외, 『솔라 피데』, p.160.

133 싱클레어 퍼거슨, 앞의 책, p.119

134 에드워드 피셔, 『개혁 신앙의 정수』, 황준호 역(서울: 부흥과 개혁사, 2018), p.293 각주1을 참고하라.

135 싱클레어 퍼거슨, 앞의 책 p.15.

136 같은 책 p.211.

137 조나단 에드워즈, 존 파이퍼, 『하나님의 영광을 위한 하나님의 열심』, 백금산 역(서울: 부흥과개혁사, 2003), pp.330, 334.

138 알렉산더 화이트, 『웨스트민스터 소교리문답 강해』, 박문재 역(서울: CH북스, 2022), p.14.

139 조나단 에드워즈, 존 파이퍼, 앞의 책, pp.335-336.

140 데이비드 반드루넨, 『오직 하나님의 영광』, 박문재 역(서울: 부흥과개혁사, 2017), pp.43-48 참조.

141 조나단 에드워즈, 존 파이퍼, 앞의 책 p.273.

142 데이비드 반드루넨, 앞의 책, p.51.

143 조엘 비키, 싱클레어 퍼거슨, 『개혁주의 신앙고백의 하모니』, 신호섭 역(서울: 죠이북스, 2023), p.65.

144 데이비드 반드루넨, 앞의 책, pp.67-68 참조.

145 같은 책, p.81.

146 마이클 리브스, 『종교개혁 핵심질문』, 오현미 역(서울: 복있는사람, 2017), p.280.

147 데이비드 반드루넨, 앞의 책, p.47.

148 박순용, 『오직 하나님께 영광』(서울: 지평서원), 서문 중에서.

149  맬컴 위츠, 『개혁교회란 무엇인가』, 윤석인 역(서울: 부흥과개혁사, 2013), p.112.

150  토머스 왓슨, 『신학의 체계』, 이훈영 역(서울: CH북스, 1998), p.23.

151  데이비드 반드루넨, 『오직 하나님의 영광』, p.164.

152  같은 책, p.167.

153  같은 책, p.188.

154  같은 책, p.188.

155  맬컴 위츠, 『개혁교회란 무엇인가』, p.74.

156  박순용, 『오직 하나님께 영광』, p.332.

157  데이비드 반드루넨, 『오직 하나님의 영광』, p.234.

158  같은 책, p.234.

159  같은 책, pp.195-204 참조.

160  같은 책, p.203.

## 복음의 다섯 꼭짓점

초판 1쇄 발행  2024년 10월 28일

지은이       박순용

펴낸이       곽성종
기획편집     방재경
디자인       투에스북디자인

펴낸곳       ㈜아가페출판사
등록         제21-754호(1995. 4. 12)
주소         (08806) 서울시 관악구 남부순환로 2082-33
전화         584-4835(본사) 522-5148(편집부)
팩스         586-3078(본사) 586-3088(편집부)
홈페이지     www.agape25.com
판권         ⓒ박순용 2024
ISBN         978-89-537-9682-9 (03230)

저작권법에 의하여 한국 내에서 보호받는 저작물이므로
무단전재와 복제를 금합니다.

아가페 출판사